上海检察文库

检察业务论丛

刑法中减轻处罚适用问题研究

Xingfazhong Jianqing Chufa Shiyong Wenti Yanjiu

王丽珂◎著

中国检察出版社

图书在版编目（CIP）数据

刑法中减轻处罚适用问题研究 / 王丽珂著 . —北京：中国检察出版社，2023.12

ISBN 978-7-5102-3035-6

Ⅰ. ①刑… Ⅱ. ①王… Ⅲ. ①刑罚—法律适用—研究—中国 Ⅳ. ①D924.134

中国国家版本馆 CIP 数据核字（2024）第 090666 号

刑法中减轻处罚适用问题研究

王丽珂 著

责任编辑：夏妍妍
技术编辑：王英英
美术编辑：徐嘉武

出版发行：中国检察出版社
社　　址：北京市石景山区香山南路 109 号（100144）
网　　址：中国检察出版社（www.zgjccbs.com）
编辑电话：（010）86423796
发行电话：（010）86423726　86423727　86423728
（010）86423730　86423732
经　　销：新华书店
印　　刷：北京联兴盛业印刷股份有限公司
开　　本：710 mm × 960 mm　16开
印　　张：11.75
字　　数：195 千字
版　　次：2023 年 12 月第一版　2023 年 12 月第一次印刷
书　　号：ISBN 978-7-5102-3035-6
定　　价：42.00 元

总 序

“实践没有止境，理论创新也没有止境。”注重发挥理论研究对检察工作的先导性、基础性、统摄性作用，及时为检察实践和改革创新提供高品质的理论支撑和智力支持，是上海市检察机关的优良传统，也是上海市检察机关推进新时代检察工作高质量发展，推进检察队伍革命化、正规化、专业化、职业化建设的重要抓手。

近年来，上海市检察机关持续学深悟透践行习近平新时代中国特色社会主义思想，全面贯彻习近平法治思想，发扬上海检察理论研究根植实践、勇立潮头、锐意创新、笃行致远的理论品格，依托“大调研”“大研究”工作格局，不断深化理论研究与实务探索的良性互动，持续创新丰富课题制、年会制、论坛制等载体和平台，产生了一批较高质量的理论研究成果，在引领理念、辅助决策、服务办案、助推改革等方面发挥了积极作用，为推动新时代上海检察工作行稳致远提供了有力支撑。

“上海检察文库·检察业务论丛”系列丛书以“理论建设与业务建设相辅相成、学术研究与实践应用统筹兼顾”为目标，主要择优收录本市检察业务专家、检察理论骨干人才和在本市检察系统挂职学者，就新时代检察机关法律监督工作相关重点问题撰写的专著、译著，旨在为检察官构建更为广阔的检察研究成果展示交流平台，以文见人、以文树人，建设高质量检察智库。

丛书编录秉持放眼全局、立足实践，以展示检察学术研究成果的方式，生动展现上海检察官在推进全面依法治国、坚持和完善中国特色社会主义检察制度，促进深化对检察工作基础性、战略性、全局性问题进行的深入思考、理论阐述和研究探索，以期形成既有学科覆盖面与研究的系统性，又具有鲜明的时代特征、检察特质和上海特色的检察理论研究成果体系，从而为推动新时代检察工作高质量发展，更好地发挥法治固根本、稳预期、利长远保障作用提供理论支撑和智力支持。

理论是实践的先导、行动的指南。当前，世界百年未有之大变局加速演进，世界之变、时代之变、历史之变的特征更加明显。党的二十大开启全面建设社会主义现代化国家新征程，面对高质量发展对高水平法治保障新要求，面对人民群众在民主、法治、公平、正义、安全、环境等方面更趋多元多样的需求，迫切需要从检察理论和实践的结合上深入回答关于中国式现代化进程中法治保障的时代课题。上海检察机关将把牢宪法对检察机关的职责定位和上海在国家改革发展大局中的战略定位，以时不我待“争一流、走在前、排头兵”的担当，不断推进理论探索和创新，为在法治轨道上全面建设社会主义现代化国家贡献检察力量。

由于水平有限，难免纰漏，不当之处，敬请批评指正。

“上海检察文库”编委会

2022年12月

序　一

刑法中量刑问题的研究与我国刑事法治的发展紧密关联。量刑问题中的量刑情节研究，尤其是减轻处罚的适用问题，具有极其重要的理论地位和实践价值。华东政法大学刑法专业王丽珂博士的专著《刑法中减轻处罚适用问题研究》在厘清减轻处罚的实质维度以及适用规则的前提下，肯定了减轻处罚作为一种处罚事由、裁量方式以及量刑情节的功能和地位，强调了减轻处罚的适用原则既要符合刑法基本原则，又要满足刑罚个别化的要求，契合减轻处罚的内在价值。应该看到，该专著既有对理论问题的深度挖掘，也有对实践运用问题的创新讨论。专著通过厘清减轻处罚的适用与刑事责任、认罪认罚从宽制度的关系，明确了减轻处罚对于量刑规范化的重要意义以及在实现罪刑均衡中的价值。

研究量刑情节中的适用问题具体而复杂，这既涉及对量刑情节内涵的把握，也包括对情节功能的理解，极具理论和实践价值。王丽珂博士的专著通过实证分析和理论演绎，解决了基准刑与减轻处罚情节的关系。作者认为，基准刑决定着法定减轻处罚情节的适用方法和效果。作者同时认为，减轻处罚不仅对基准刑具有调节功能，而且还能最终发挥科学规范的量刑效能。该专著针对具体实践中遇到的减轻处罚适用问题展开深入讨论。从“下一个量刑幅度”的限制问题，到刑期与刑种的减轻问题，再到如何解决实践中的刑期、刑量倒挂现象。其中不乏有真知灼见和独到见解。

量刑情节的适用问题研究不仅仅是规范刑法学的范畴，需要秉承一体化的刑法思维，综合考虑其与犯罪学、刑事政策学等领域的关联，关注其背后的刑事政策问题、社会问题，才能进一步解决减轻处罚在司法实践中的适用困境。王丽珂博士在专著中区分法定和酌定减轻处罚在实践中的不同适用问题，并提出相应的适用规则。为避免量刑过程中不以功能区分而造成的减轻处罚适用混乱，作者主张通过影响责任刑与预防刑两方面的角度来厘定减轻处罚问题的适用规则。这种考虑既避免对量刑情节的重复评价又避免对量刑情节的适用偏颇，充分体现各情节在刑罚裁量中的功能价值，契合量刑规范化的要求，使得刑罚裁量结果兼具均衡性和合理性。

我认为，王丽珂博士的专著具有两个显著的研究特点，一是基础理论研究扎实，为后续的研究奠定了坚实基础。专著着眼于现行量刑指导意见中对于减轻处罚的规定，力图从量刑规范化的角度找到减轻处罚问题在司法实践中的最优解。量刑从来都不是简单地把抽象的法律规则应用于具体个案而得出的量刑结论。减轻处罚问题不仅关系到具体的减轻处罚事实情节，更是需要运用相关的法律规则，借助严密的刑事逻辑推理以及辩证逻辑思维，从而最终得出反映罪行的社会危害性和犯罪的人身危险性等相适应的量刑结论。专著中对于减轻处罚情节的量化方法和适用方法，以及对部分酌定减轻处罚情节能否法定化以及法定化的具体实现途径的讨论，充分体现了对量刑逻辑思维的运用和量刑方法乃至量刑规则的设计，理论内涵十分丰富。二是研究成果较为务实，为司法实践提供指导和借鉴作用。专著中既有对相关司法解释以及规范性文件的细致解读，也有对刑法分则类案中相关问题的深度讨论。作者针对分则中特别自首这一减轻处罚情节，提出了适当扩大特别自首情节适用范围以及明确分则中设置减轻处罚情节标准的完善路径。专著既有对量刑量化问题的深刻反思，也有对量刑技术的不懈追求。

刘宪权[①]

2024 年 7 月

① 刘宪权，华东政法大学“经天学者”讲席教授，博士生导师。

序　二

量刑情节是刑罚论中的重要问题。减轻处罚作为量刑情节中重要的从宽情节，司法实践中存在诸多疑难问题，值得深入研究。王丽珂博士的这部学术专著《刑法中减轻处罚适用问题研究》，是她在博士毕业论文的基础上修改完善而成，全面系统地探讨了减轻处罚适用中存在的实体及程序问题。

首先，在域外制度比较与我国立法发展沿革的基础上，作者准确界定了减轻处罚的本质含义以及所应当涵盖的适用规则，综合考量减轻处罚承载的刑法价值目标、罪与刑之间的对等性，以及实现一般公正和个案公正的平衡的价值追求。作者指出，减轻处罚作为一种量刑情节，在适用过程中需要兼顾犯罪人权利与社会公众利益的双面考量，从报应主义和刑罚功利主义的关系角度来进行实质把握，将减轻处罚界定为基于刑罚报应与预防的关系，以减轻处罚事由为核心，围绕法定刑幅度的适用限制进行量刑裁量。

其次，作者系统讨论了减轻处罚的适用问题与宽严相济刑事政策在导向功能、调节功能和弥补功能方面的密切关系。作者对法定减轻处罚情节和酌定减轻处罚情节分别进行了论述。在基准刑与法定减轻处罚情节的关系方面，明确了减轻处罚情节对基准刑的调节使得减轻处罚事由的评价效能最终作用于量刑的规范效能，形成科学的刑罚裁量，实现罪责刑相适应和刑罚个别化。在酌定减轻处罚情节方面，作者更多地关注酌定减轻处罚情节的实体和程序要件，厘清该情节在实现罪刑均衡和刑罚个别化、化解社会矛盾方面的价值，并提炼出酌定减轻处罚的实体考量因素。

最后，作者深入阐释了减轻处罚情节的竞合适用问题，如何解决多功能量刑情节的竞合适用问题，这是本书研究的重点。学界十分关注量刑情节从轻、减轻或从重处罚的适用问题，以及多功能量刑情节竞合时的处理问题。本书所提出的观点为量刑司法实践提供了解决方案，促进了量刑情节理论研究的进一步发展。同时，作者也关注并致力于解决分则个罪中的减轻处罚情节适用问题，充分阐述了减轻处罚在惩治与预防犯罪方面的作用，具有较强的司法指导价值。

总的来看，本书具有很强的学术理论和实践应用价值，所阐述的不少观点及对策建议不乏创新之处，对于量刑方面的理论研究与司法实践不无裨益。我作为王丽珂的博士生导师，过去几年来见证了她在做好检察官本职工作、肩负家庭生活重担的同时，勤奋读书，努力攻博，可以想见其中蕴含多少艰辛和不易。王丽珂在博士论文写作过程中全力投入，专心致志，坚持不懈，最终完成了这部高质量的学术专著。在所在单位及上级领导和同志们的关心和支持下，最终得以付诸出版，在此向王丽珂博士表示衷心祝贺！善专者精，善研者行，期待丽珂未来继续在学术道路上砥砺前行，在司法实践中努力探索，不断超越自己，为国家和社会做出更大的贡献！

是为序。

张勇[①] 于华政园

2024 年 7 月

① 张勇，华东政法大学教授，博士生导师。

目录
contents

导　言

一、问题的提出

量刑情节的研究与我国刑事法治发展历程息息相关，随着当前刑事犯罪结构的转变，犯罪治理模式也与时俱进地发生变化。刑罚裁量作为实现刑事法治正义最直接的体现，个案正义通过每个具体量刑情节在刑罚裁量中的作用发挥而实现。其中，减轻处罚作为刑罚裁量中重要的一部分，在刑法制度中存在已久。

刑法裁量在不同时期和地区具有不同的精神内核，既有中国古代以“慎刑”“仁”“爱”思想为核心的德政理念，又有西方民主与契约精神下的刑法理念。但减轻处罚的本质含义究竟为何，是应当从其适用对象还是减轻处罚事由，抑或是减轻处罚的减轻效果来定义，目前学界缺乏系统的论述和研究。我国刑法中对于减轻处罚的规定，不论是法定减轻处罚的“本法规定”还是酌定减轻处罚的“案件的特殊情况”，都只是抽象出减轻处罚情节的判断依据，将关注点限定在其量刑效果上，既未清晰减轻处罚的具体含义，也未对减轻处罚的情状事由进行细化，更未明确减轻处罚情节的要素结构，总体而言缺乏对减轻处罚所应当包括的实质内涵进行阐释，使得减轻处罚与其他从宽处罚情节的适用关系缺乏理论支撑。

在未对减轻处罚的实体要素以及内涵厘定清楚之前，减轻处罚适用的抽象原则与现行的刑事政策之间的关系如何；作为最能体现宽严相济刑事政策的量刑情节，减轻处罚情节在认罪认罚从宽制度下应当如何适用等，都是研究减轻处罚适用中应当首先解决的问题。而减轻处罚在司法实践中，不仅存在处罚的幅度范围应当如何考量的难题，如“法定刑以下”中“下一个量刑幅度”的限制是否具有合理性，是否会限制其在刑罚裁量中的适用效果，而该幅度限制是否应当同样适用于酌定减轻处罚情节；更有刑种与刑期、附加刑减轻的现实问题，这些问题的解决必然要涉及减轻处罚的基本内涵以及基本立场。

理论研究要为司法实践中的具体应用寻找解决路径。减轻处罚的适用不能仅依托司法自由裁量权而缺乏规范的运作机制，不论是减轻处罚的减轻限度还是与其他从宽处罚情节的适用区分，要构建精细化的减轻处罚裁量机制，必须要对减轻处罚的适用中面临的实体以及程序困境进行探索。尤其是酌定减轻处罚作为实现刑罚个别化最重要的量刑情节，在司法实践中几乎被虚置，既无实体上对酌定减轻处罚情状的因素规定，程序上也存在核准程序过严等限制。如何为酌定减轻处罚厘定合理的适用空间，从各种影响减轻处罚适用的模糊实体因素中提炼出具有共性且能够体现减轻处罚适用的核心因素，是亟待解决的问题。

我国的从宽处罚情节甚少单独规定量刑效果，减轻处罚也多与从轻、免除处罚形成多功能量刑情节，不同从宽处罚情节之间的适用问题在我国目前的量刑规范性文件中并没有详细规定。根据现行量刑指导意见的适用规则，各量刑情节的适用是先确定其对刑罚量的影响比例，再进行量刑测算，如果最终测算结果是在法定刑幅度以下，且该案中存在减轻处罚情节，则就在法定刑幅度下确定刑量；如果该案中没有减轻处罚情节，则将刑量确定为该幅度的法定最低刑。这种量刑规则对于各从宽情节的适用而言都只关注其量刑效果，没有从减轻处罚情节的核心因素出发，对刑事案件中的犯罪事实与减轻处罚事由进行责任分配；这种估堆式以及模糊式的量刑规则很难做到对被告人的权益保障，量刑的规范性会再次陷入估堆测量泥潭中，无法建立客观公正的量刑准则，实现罪刑相适应。

目前，我国刑法条文中共有 25 个规定减轻处罚的条文，除 8 处规定在刑法分则条文中，其余多数集中于刑法总则。但司法实践中，分则个罪中的情况纷繁复杂，为更好地契合我国目前刑罚轻缓化的趋势，充分发挥减轻处罚在刑罚裁量中的价值，应适当扩大分则中减轻处罚情节的适用范围，为未造成严重后果且有特定罪后行为的情节寻求适用减轻处罚的可能性，勾勒构建该制度所应有的规范蓝图，促进其精细化运作。

二、研究价值及意义

量刑问题作为刑法理论的缩图，与刑法诸多问题的研究存在密切联系，而量刑情节显然是研究量刑问题的核心，其中减轻处罚的正确适用问题更是检验量刑是否公正、合理的试金石。本书从三个维度对减轻处罚的适用问题展开讨论。第一个维度是减轻处罚的本体情状，从减轻处罚在刑罚裁量中的功效出发，对减轻处罚的概念进行系统的梳理，肯定其不仅作为一种刑罚处罚事由，更重要的是作为一种裁量方式和量刑情节，为减轻处罚的适用规则奠定基础。第二个维度是从减轻处罚在现行刑事政策以及刑事司法适用中的问题展开讨论，通过厘定减轻处罚的适用原则以及其与刑事政策、认罪认罚从宽制度的关系，基于减轻处罚对于量刑规范化的重要意义以及在实现罪刑均衡中的价值，本书主张扩大增加分则中减轻处罚情节的适用范围，肯定部分罪后行为作为减轻处罚情节存在的合理性，并为司法实践中进一步落实宽严相济刑事政策提供理论支撑，契合刑罚轻缓化的趋势。第三个维度是从减轻处罚在司法实践中的适用困境入手，主张从法定与酌定减轻处罚的特征出发，解决该制度在司法适用中的难题，并提出相应的适用规则，为避免量刑过程中不以功能区分而造成的减轻处罚适用混乱，本书主张通过影响责任刑与预防刑两方面的角度来厘定减轻处罚问题的适用规则，既避免对量刑情节的重复评价又避免对量刑情节的适用偏颇，充分考虑各情节在刑罚裁量中的功能价值，契合量刑规范化的要求，保证刑罚裁量结果的均衡性和合理性，实现刑罚个别化。

三、文献综述

（一）研究现状

我国关于减轻处罚的研究多着眼于减轻处罚在司法实践中的适用问题，早先的论文研究多集中在法定减轻处罚的适用范畴，关注的重心在减轻处罚的功能定位以及在量刑过程中的作用，也有部分论文论及减轻处罚与其他从宽处罚情节的适用关系，研究的角度多是从量刑规范化改革的方向界定减轻处罚的规范适用。酌定减轻处罚适用问题的讨论在许霆案后引起了学术界和实务界的广泛关注，随着《刑法修正案（八）》修正限制减轻处罚的适用幅度，量刑规范化不断推进，减轻处罚的适用问题再次回归到学界的讨论范畴内。

首先是对减轻处罚概念的争议，究竟什么是减轻处罚，或者说，减轻处罚究竟应当是怎样的？减轻处罚的概念，我国刑法学界主要有以下几种观点：减轻处罚指的是判处低于法定最低刑的刑罚（高铭暄主编《刑法学原理》）；减轻处罚从两方面理解，首先是指依法判处低于法定最低刑的一般减轻，而酌情判处低于法定最低刑的刑罚的应称为特殊减轻（陈兴良《刑法适用总论》）；在法定刑以下（不含本数）判处适当的刑罚或者刑期称之为减轻处罚（赵延光《量刑公正实证研究》）；减轻处罚有法定与特殊之分，指的是某犯罪因具有某种特别原因而使得法定刑（周光权《法定刑研究》）；减轻处罚是指在所犯之罪应适用的具体法定刑下的一个或几个量刑幅度内选择适用刑种或刑期的情况（石经海《量刑个别化的基本原理》）；还有一些观点将减轻处罚的界定归于减轻处罚情节之中，减轻处罚情节是指审判机关对犯罪分子在法定最低刑以下判处刑罚时所依据的事实情况，包括应当和可以两种情节（陈忠林《刑法（总论）》）；还有观点将减轻处罚情节认为是法院在量刑时必须考虑到的情况，以减轻对罪犯的处罚（朗胜《刑法实践热点问题探索》）。

减轻处罚的概念在域外也存在不同的解释学说，日本刑法学者的研究着眼于将减轻处罚的事由划分为法律上和裁判上的事由，并进一步细化为必要和任意减轻事由，不同的减轻处罚事由遵守不同的减轻规定（[日]大谷实《刑法总论》）。德国刑法学者对于减轻处罚的事由分为一般考虑与分则构成中的理由，并且在德国刑法典中规定了不同的减轻处罚模式，一种模式是量刑范围的上限与下限均可以降低；另一种是仅可以降低法定最低限，德国刑法中也存在非类型化的减轻处罚事由，类似我国的酌定减轻处罚（[德]汉斯·海因里希·耶赛克，托马斯·魏根特《德国刑法教科书》）。俄罗斯刑法学者认为，法院之所以可以对犯罪人判处较轻的刑罚，是因为有减轻处罚情节证明该人的危害程度更小，因此可以对其判处更轻或者接近最低限额的刑罚，这种制裁限度的限度不仅包括在可处罚的刑种范围内选择，也可以在法律的其他可选择性制裁中选择其他更轻的刑种。对于酌定减轻处罚的规定与我国刑法规定相似，都是在“特殊情况下”可以判处低于法定刑的刑罚（[俄]库兹涅佐娃、佳日科娃主编《俄罗斯刑法教程（总论）下卷·刑罚论》）。

对于减轻处罚的幅度问题也是学界较为关注的适用问题之一，通说是“量刑幅度说”，认为应当分别适用该罪行所对应的条文中不同条款或者相应的量刑幅度。陈航在《现代法学》发表的《试论“可以”情节的取消——以未遂犯的处罚原则为例》中提出：“在法定刑以下减轻处罚，应是指低于法定刑幅度中的最低刑处罚。”1990年最高人民法院研究室《关于如何理解和掌握“在法定刑以下减轻”处罚问题的电话答复》的观点否定了“刑种说”，因为“在同一法定刑幅度中适用较轻的刑种或者较低的刑期，是‘从轻处罚’，不是‘减轻处罚’”。从减轻的幅度来看“量刑幅度说”比“刑种说”更大，也更加符合从轻与减轻处罚的“逻辑关系”，某种程度上与宽严相济刑事政策更为契合。但是这也导致减轻处罚条款的适用过于僵硬，使得量刑不均衡的现象频发。陈忠在《对减轻处罚的理解和法律适用》文章中提出，减轻处罚情节在共同犯罪中的适用存在减轻幅度适用的难题。张波在《减轻处罚之“法定刑”含义新探》，以及肖松平在《减轻处罚适用中的一个难题及其解决——兼谈〈刑法〉第 37 条的理解和运用》中都提出当管制为法定最低刑时如何适用的问题，同样周连勇在《自首又立功能否两次减轻处罚》中也对兼具两个以上从轻、减轻处罚情节时如何适用的问题作出提问。这些文章都是从减轻处罚在司法实践适用中存在的具体问题为主题展开讨论，并未对减轻处罚适用的实质内涵展开讨论。

在《刑法修正案（八）》中对减轻处罚的减轻幅度作出限制之前，关于减轻处罚的减轻幅度问题讨论存在多种观点，王恩海发表于《政治与法律》的《“减轻处罚”含义新探——对最高人民法院〈答复〉的质疑》提出“刑格说”，将减轻处罚的范围限制在法定刑与下一刑格之间的幅度，并且主张减轻是减轻到下一个刑格。还有观点是对于法定刑的理解，张波在《减轻处罚的含义新探》中建议将法定刑理解为法定最高刑，并且尝试从法律方法的角度去解释减轻处罚；李翔发表于《中国刑事法杂志》中的《论我国刑法中的减轻处罚——兼评修正后〈刑法〉第 63 条第 1 款》提出“二次量刑说”，主张对于减轻处罚适用应“二次量刑”，第一次仅选择法定刑幅度以及刑种，这仅是概括性的量刑，而这次裁量结果指的即为“法定刑幅度之下”的“法定刑”。而黄京平、蒋熙辉发表的《减轻处罚情节的适用归责探究》中则提出将减轻处罚条款改为授权性条款，赋予法官在法定刑以下判处刑罚的权力，但既要受法定减轻处罚情节的限制，又有酌定减轻处罚中的核准程序限制。

无论是对减轻处罚的概念含义的探寻还是对减轻处罚在实践中的适用问题探索，都不应忽视其他国家及地区对于减轻处罚的规定，从域外法律规定中探寻减轻处罚的处罚依据以及适用规则。大陆法系侧重于减轻处罚事由的类型界分，英美刑法学者侧重于减轻处罚公正报应与预防功利的关系立场。茅中华的《刑罚代价论》著作中论述所有关于刑罚正当性的争论都是围绕刑罚的目的展开，不同阵营的学者对于该问题的回答都是基于不同学派的哲学理论抽象归纳出的结果，刑罚目的的实现必须通过刑法的适用，而减轻处罚的适用更是其中重要的组成部分，对于最终刑罚目的的实现具有积极的一面，反映了刑罚的报应性。

（二）研究现状评析

目前学界对于减轻处罚的概念界定中，关于减轻处罚的性质，多数观点是认可其作为一种刑罚处罚，主要是对法定刑的裁量适用，在法定刑以下判处刑罚，对法定刑的范围限制以及程度限制均是讨论的重点。但是这些讨论中，对于具体法定刑的幅度范围的讨论都是模糊的，对于减轻处罚的减轻限制究竟是基于减轻处罚事由本身还是立足于本身的法定刑规定，尚未形成一致意见。对于减轻处罚定义的讨论，均未着力于减轻处罚的本质论述，导致其属性、要素及结构特征难以清晰厘定，充其量只是明确了减轻处罚与法定刑，或是与其他情节之间的关系范畴。各国或各地区刑法学者对减轻处罚及其裁量的相同问题有不同的解读，更多可以归于各国各地区法系渊源以及价值、文化背景的差异，但是本质还是源于各国各地区刑事立法规范设置的不同，必然导致减轻处罚呈现不同的表现形态和适用规则。

四、主要研究方法

为更好地阐释刑法中减轻处罚的适用问题，本书采用历史研究法、比较研究法、文献研究法以及实证研究法等多重研究方法相结合的方式进行研究论述。

（一）历史研究法

通过对减轻处罚体例变化的历史进程梳理，从中国古代的“慎刑”思想到西方的民主与契约精神，分阶段对减轻处罚的发展历程进行反思，厘定当前阶段我国减轻处罚制度的价值内涵以及存在的不足之处。并从减轻处罚的历史演变进程中找寻其规范化和科学化的价值精神，更精准地定位减轻处罚在刑罚裁量中的地位和功能。

（二）比较研究法

本书通过对比我国减轻处罚与域外国家减轻处罚的规定以及适用规则，为我国减轻处罚的适用规则的完善提供更好的借鉴，也通过提炼域外减轻处罚制度中的合理因素，为探究我国减轻处罚制度的价值向度提供支撑。同时，也为更好地构建适合我国减轻处罚情节的适用规则提供域外经验。

（三）文献研究法

通过收集、鉴别、整理目前学界对于减轻处罚制度的研究文献，更加深入地了解减轻处罚理论的研究情况，对于文献资料中涉及减轻处罚的价值、内涵、功能以及适用规则等方面进行详细思考，并对争议问题进行收集归纳。同时对于现行刑法条文中涉及减轻处罚的条文进行文理、论理解释，在刑法规范与学理之间找寻符合减轻处罚价值和目的适用规则以及合理性。

（四）实证研究法

实证研究的目的在于揭示事物的规律和其本身所具有的内在逻辑。减轻处罚作为刑罚裁量中的重要情节，其在司法实践中的实际运用对于揭示减轻处罚在适用中的问题意义重大，通过对实务案件中减轻处罚情节的适用进行统计分析，从案例中寻找适用规律以及暴露出的问题，为更好地解决减轻处罚的适用问题找寻思路。

五、本书结构

本书分六个章节对刑法中减轻处罚的适用问题展开讨论，首先通过系统地梳理域外以及现行学界对于减轻处罚的概念界定以及类型分类，抽离出减轻处罚的本质概念，为减轻处罚的适用研究奠定研究基础。原则对于减轻处罚的适用意义重大，减轻处罚的适用既有符合刑法基本原则的部分，又有自身特有的适用原则，其更是宽严相济刑事政策在刑罚裁量中的主要体现，且与认罪认罚从宽制度的适用关系也是本书需要解决的重点问题之一。在对减轻处罚的理论基础和适用原则确定的基础上，本书接着分法定减轻处罚与酌定减轻处罚两个章节，重点对法定与酌定减轻处罚在适用中存在的实体与程序问题展开讨论。第五章重点关注减轻处罚与其他量刑情节的交叉适用问题，并在区分责任刑与预防刑的基础上，提出了行之有效的适用规则。本书的最后一章重点关注了分则中减轻处罚的适用问题，并为扩大分则中减轻处罚的情节设置提供完善路径。

第一章着眼于厘清减轻处罚的概念与情节类型，从域外立法以及减轻处罚制度的历史发展来界定减轻处罚的本质含义以及所应当涵盖的适用规则，从减轻处罚承载的刑法价值目标来考量罪与刑之间的对等性，既要使该罪判处的刑罚能够防止行为人再次实施该罪，又要震慑其他人实施该罪，同时还要考量行为人业已趋轻的责任因素，满足公平正义的需求，实现一般公正和个案公正的平衡。减轻处罚首先是一种处罚事由，减轻处罚之所以可以适用，在于减轻事由被刑法规范设为表明犯罪人责任趋轻的类型化事实，其承载着刑法所欲追求的价值目标；减轻处罚其次是一种裁量方式，作为刑罚裁量的减轻处罚是围绕法定刑幅度展开的，不仅为减轻处罚的裁量提供了量刑的空间指引，也使得对减轻处罚的适用理解更具操作性；减轻处罚还是一种量刑情节，减轻处罚就是量刑情节中的一种情形，其需要兼顾犯罪人权利与社会公众利益的双面考量，从报应主义和刑罚功利主义的关系角度来进行实质把握。综上，减轻处罚是基于刑罚报应与预防的关系，以减轻处罚事由为核心，围绕法定刑幅度的适用限制展开的量刑裁定活动。

第二章解决的是减轻处罚的适用原则及相关政策，减轻处罚的适用原则既要符合刑法基本原则，又有刑罚个别化的原则要求，把握减轻处罚的内在价值。同时宽严相济的刑事政策不仅影响减轻处罚在刑罚裁量中的地位，也影响着减轻处罚的适用幅度和适用效果，而减轻处罚的适用也反映着宽严相济刑事政策导向功能、调节功能和弥补功能。在认罪认罚从宽制度的影响下，减轻处罚的适用问题也面临着新挑战，认罪认罚从宽制度本质应当是具有从宽实体效果的程序性制度，其和减轻处罚的适用关系可以分为“认罪”与“认罚”两个层次来考量，将“认罪从宽”视为与坦白、自首减轻处罚一致的量刑情节，不能忽视“认罚从宽”在对量刑建议的认可和对庭审程序的选择方面应有的从宽。

第三章论述的是法定减轻处罚情节及其适用中存在的问题，法定减轻处罚作为主要的减轻处罚类型，具有法定性、客观性、关联性以及功能性等特点，法定减轻处罚情节的类型包括可以型和应当型，以及总则型和分则型。本章的核心问题是解决基准刑与法定减轻处罚情节的关系，基准刑作为法定减轻处罚情节的适用基础，决定着法定减轻处罚情节的适用方法和效果；而减轻处罚情节对基准刑的调节使得减轻处罚事由的评价效能最终作用于量刑的规范效能。

法定减轻处罚情节形成科学的刑罚裁量，实现罪责刑相适应和刑罚个别化；而量刑基准包括量刑原则、量刑要素以及犯罪在典型状态（既遂）应当适用的刑罚量。其中原则性量刑基准决定着减轻处罚的适用以及法定减轻处罚情节的量化，而适用性量刑基准为法定减轻处罚提供刑量基础，法定减轻处罚中的量刑基准也需通过在适用性量刑基准上发挥对量刑的幅度调节作用，为确保减轻处罚功能的发挥，构建规范适用减轻处罚的基础，不能忽视基准刑的问题。法定减轻处罚中需要解决“下一个量刑幅度”的限制问题，目前在“下一个量刑幅度”内的限制无法解决减轻处罚与免除处罚的量刑阶梯衔接问题，特定条件下减轻处罚可以突破“下一个量刑幅度”的限制。同时，法定减轻处罚中的刑期与刑种减轻问题，应当是两者都减轻，且法定刑是刑种最低刑，可以减轻至下一刑种；而附加刑中剥夺政治权利和财产刑的减轻都应当避免刑期、刑量倒挂现象。

第四章对酌定减轻处罚情节的适用问题展开讨论，需要关注酌定减轻处罚的实体和程序要件，厘清该情节在实现罪刑均衡和刑罚个别化、化解社会矛盾方面的价值，提炼出酌定减轻处罚的实体考量因素，不仅包括罪行本身的因素，如涵盖犯罪行为造成的危害后果以及犯罪对象的社会危害性因素，包括犯罪手段、动机在内的人身危险性因素，以及犯罪是否具有偶发性的特殊因素，同时还包括被害人是否有过错、是否有特殊情况的被害人因素，以及社会性因素和刑事政策因素。酌定减轻处罚的适用中也面临着实体和程序两方面的适用困境，包括适用类型集中、特殊情况指代不明以及与法定刑之间关系等问题，程序方面同样存在着复核程序复杂、核准时间过长以及限制过严等问题。要从明确酌定减轻处罚的实体规则，包括明确适用的类型、减轻的幅度等方面完善酌定减轻处罚，程序方面也应当从优化精简核准程序、下放核准权以及完善弹性量刑建议权等方面做好酌定减轻处罚情节的完善。

第五章重点阐释的是减轻处罚情节的竞合适用问题，减轻处罚情节与从轻、免除处罚共同形成了我国刑法中的多功能量刑情节，如何解决多功能量刑情节的竞合适用问题是减轻处罚适用的核心问题，首先明确适用的原则包括依法适用、全面适用以及禁止重复评价和满足罪刑均衡原则。减轻处罚竞合时的量刑步骤应当是首先确定应当适用的法定刑幅度，再根据影响责任刑的情节确定责任刑，然后在责任刑的基础上考虑预防必要性的大小，再确定宣告刑。同时须注意法定处罚情节优于酌定处罚情节，并且要对可以型减轻处罚情节作实质性判断，同样，罪中情节优于罪前、罪后情节。对于单一情节的多功能适用问题应当从区分免除处罚与从轻、减轻处罚不同的性质的角度作实质性理解，不仅要从罪行的整体进行评价，更要分析量刑情节的具体情状事由，最终根据量刑情节的实质确定刑罚量的减少幅度。多情节同向竞合时的适用规则是先厘清这些情节影响的是预防刑还是责任刑，再将其细化为影响法定刑档次选择的情节和其他影响责任刑的情节，在责任刑的限制下考虑影响预防刑情节，最终确定量刑情节的适用，同时要避免重复评价问题。多情节逆向竞合时的适用问题也是应当区分不同量刑情节的性质进行量化运算。

第六章解决的是分则个罪中减轻处罚情节的适用问题，总则与分则中的减轻处罚情节性质上的同质性决定其并不存在优先适用的问题，同时应当在区分责任刑和预防刑的情节基础上，对于分则中减轻处罚情节分步骤适用。

本章重点讨论了分则中主要的减轻处罚情节特别自首情节，该情节的性质是主要影响预防刑的量刑情节，对其完善路径可以适当扩大特别自首情节的适用范围，明确特别自首与一般自首的适用规则，特别自首本质在于犯罪人的自愿认罪，其认罪情状的设置与刑事政策以及刑事诉讼效率提高的目的是合二为一的，只要犯罪嫌疑人先前的主动交代行为为司法机关查处行受贿犯罪提供了实质性的帮助，就应当考虑适用特别自首情节。分则中应当适当扩大其他罪后行为的减轻处罚适用，明确设置减轻处罚情节的标准，区分重罪轻罪中不同的减轻处罚情节标准，同时增设避免严重后果发生的事后行为作为减轻处罚事由。

六、本书主要创新及不足

本书主要是对刑法中的减轻处罚问题进行了系统的阐释，并着眼于为减轻处罚在司法实践中的适用问题的解决提供理论支撑，主要存在以下几点创新之处：

一是对减轻处罚的本质进行了系统的阐释，明确减轻处罚是基于刑罚报应与预防的关系，以减轻处罚事由为核心，围绕法定刑幅度的适用限制展开的量刑裁定活动。不同于以往对于减轻处罚的概念偏向于其减轻处罚事由，或者仅关注减轻处罚在量刑中的裁量效果，本书对减轻处罚本质含义的构建不仅基于罪与刑的对等关系，更兼顾对于刑罚报应与预防的刑罚目的考量，本书构建的减轻处罚概念全面地评价了减轻处罚被刑法规范所认可的犯罪人责任趋轻的类型化事实，并关注到减轻处罚作为刑罚裁量的效果，肯定其对量刑的评价和指引功能。从减轻处罚事由、裁量方式以及量刑情节三个维度对减轻处罚概念的明晰，为下文中探索减轻处罚的适用规则奠定基础。

二是充分论证了减轻处罚的适用原则以及与刑事政策制度之间的关系，对减轻处罚原则的论述为后文中适用规则的确立明确方向，且肯定减轻处罚于宽严相济刑事政策的导向功能、调节功能和弥补功能；更重要的是把握减轻处罚与认罪认罚从宽制度的关系，明确二者在量刑中体现的不同功能和价值，主张将认罪认罚从宽制度作实体从宽与程序从宽的划分，减轻处罚情节与认罪认罚从宽的竞合适用体现在实体方面的情节重合，不能重复评价。

三是立足解决减轻处罚在适用中的难题，找寻完善路径。确定了以影响责任刑和预防刑的分类来划分减轻处罚的适用规则，并构建了减轻处罚与其他从宽处罚情节的适用规则，本书主张在特定条件下减轻处罚可以突破“下一个量刑幅度”的限制，且减轻处罚中的刑期与刑种应该构建两者均可减轻的适用规则，法定刑是刑种最低刑，可以减轻至下一刑种，且本书构建的规则立足解决附加刑中剥夺政治权利和财产刑的减轻刑量倒挂现象。对于酌定减轻处罚中实体因素缺乏类型化的提炼，主张从罪行行为本身的因素以及被害人的因素、社会性因素和刑事政策因素等提炼出酌定减轻处罚的实体适用因素；对于程序方面提出优化精简核准程序、下放核准权以及完善弹性量刑建议权等完善路径。

四是解决减轻处罚情节与其他处罚情节的竞合适用问题，明确量刑步骤。先确定应当适用的法定刑幅度，再根据影响责任刑的情节确定责任刑，然后在责任刑的基础上考虑预防必要性的大小，再确定宣告刑。对单一情节的多功能适用、多情节同向竞合、逆向竞合问题，从区分各量刑情节不同性质作实质性理解，要兼顾对罪行的整体评价，分析量刑情节的具体情状事由，最终根据量刑情节的实质确定刑罚量的减少幅度。并且提出对分则个罪中减轻处罚情节的适用完善问题，包括扩大减轻处罚情节的适用范围，明确分则中设置减轻处罚情节的标准，区分重罪轻罪中不同的减轻处罚情节标准，同时增设避免严重后果发生的事后行为作为减轻处罚事由。

本书的不足之处在于构建的减轻处罚适用规则还是立足于目前我国量刑规范化中所确立的量刑规则，囿于量刑制度体系的一致性，更多的是依托目前司法实践中已经存在的制度进行构建和调整。关于量刑规则的构建涉及实体问题、程序理论等多方面的内容，对核心问题的聚焦程序尚有欠缺，提出的解决思路并不精确，还有进一步细化和论证的空间，也是本书需要完善和努力的方向。

第一章　减轻处罚的概念及立法评析

减轻处罚的适用问题是我国量刑规范化运作中的一个缩影。我国刑法中虽然对减轻处罚作了相关规定，但法条并没有对减轻处罚的适用对象予以明确，对其适用逻辑以及背后的价值内涵也未作出清晰的界定，因此在司法实践中减轻处罚的适用存在周延不详等多种困境，制约了减轻处罚预期目的的实现。为使减轻处罚的适用更加精确化、规范化，为其创设更加合理的前提，奠定其规范运作的基础，必须对减轻处罚的概念和内涵有更加准确的界定。

第一节　减轻处罚的概念与类型

一、减轻处罚的概念

我国《刑法》第 63 条对减轻处罚的规定为:“犯罪分子具有本法规定的减轻处罚情节的，应当在法定刑以下判处刑罚；本法规定有数个量刑幅度的，应当在法定量刑幅度的下一个量刑幅度内判处刑罚。犯罪分子虽然不具有本法规定的减轻处罚情节，但是根据案件的特殊情况，经最高人民法院核准，也可以在法定刑以下判处刑罚。”但仅通过解构这一刑法条文，无法探究出减轻处罚真正的含义，反而会将减轻处罚的定义引向狭隘的刑罚规范范畴，将减轻处罚的性质和含义局限于“在法定刑以下判处刑罚”这一机械、教条的适用空间内，将减轻处罚适用的应然之意框定在“法定刑以下判处刑罚”。这一理解仅是减轻处罚与从宽处罚等其他量刑情节的区分，并非减轻处罚的本体属性和含义。要想真正厘清何为减轻处罚，不仅要从减轻处罚的适用范围这一规范层面来考量其含义，还应关注其作为量刑情节在刑罚报应和刑罚预防方面的作用和立场，从更加实质的层面来考量减轻处罚的定义。

关于减轻处罚的含义，我国学界有以下几种观点：高铭暄认为，“减轻处罚是指判处低于法定最低刑的刑罚”。[1] 陈兴良认为，“减轻处罚分为一般减轻与特殊减轻，一般减轻是指依法判处低于法定最低刑的刑罚；特殊减轻是指酌情判处低于法定最低刑的刑罚”。[2] 周光权认为，“减轻处罚是指对已经成立的犯罪，因其具有某种特定之原因而使法定刑降格。减轻处罚有法定减轻与特殊减轻之分”。[3] 石经海提出，“减轻处罚是指在所犯之罪应适用的具体法定刑下的一个或几个量刑幅度内选择适用刑种或刑期的情况”。[4] 另有观点认为，“减轻处罚是指在法定刑以下（不含本数）判处适当的刑罚或者刑期”。[5]

从上述概念中不难看出，对于减轻处罚的概念学者普遍认为这是一种“刑罚处罚”，还有一部分学者将减轻处罚囿于减轻处罚情节之中，认为：“减轻处罚情节是指审判机关在法定最低刑以下判处刑罚时所依据的事实情况。减轻处罚情节包括应当减轻处罚和可以减轻处罚两种情形。”[6] 但上述概念均没有准确地揭示减轻处罚的实质，仍是从法定刑的适用为依据，认为减轻处罚是在法定刑以下判处刑罚，其中“法定刑以下”不仅有法定刑幅度的制约，如刑期；也有法定刑适用范围的制约，如“下一个刑罚种类”。这些概念中，有些对减轻处罚的适用限制进行了明确，有的却模糊不清；还有些概念中，对减轻处罚的概念并非立足于法定刑的适用限制，而是基于减轻处罚的情状事由本身。同时对减轻处罚的类型划分，也存在“一般与特殊，法定与酌定，应当与可以”等不同，这些区分均未从减轻处罚的本质属性出发，来揭示减轻处罚的结构特征、规范要素，导致对减轻处罚的理解仅停留在形式层面，无法真正理解减轻处罚的本原问题。

作为刑罚裁量中的重要部分，世界其他国家及地区都对减轻处罚作出规定，但是对减轻处罚的界定概念各有不同。这不仅归因于法系渊源、价值观念的差异，更在于它们立法规范设定不同，以致各自认知角度迥异，使得减轻处罚的概念呈现出不同的表象概念。

---

① 高铭暄：《刑法学原理（第三卷）》，中国人民大学出版社 1994 年版，第 261 页。
② 陈兴良：《刑法适用总论（下卷）》，法律出版社 1999 年版，第 308 页。
③ 周光权：《法定刑研究》，中国方正出版社 2000 年版，第 282 页。
④ 石经海：《量刑个别化的基本原理》，法律出版社 2010 年版，第 291 页。
⑤ 赵廷光：《量刑公正实证研究》，武汉大学出版社 2005 年版，第 21 页。
⑥ 石忠林主编：《刑法（总论）》，中国人民大学出版社 2007 年版，第 322 页。

大陆法系国家及地区侧重于对减轻处罚事由的界分，通过对减轻处罚事由类型的划分，来对减轻处罚的情状进行鉴别，继而进行刑罚裁量。不论是我国台湾地区，还是德日刑法中关于减轻处罚的规定，都从处罚事由的分类上作出区分。

我国台湾地区将减轻处罚划分为法律上之减轻以及裁判上之减轻，这是基于不同的减轻处罚原因而作出的划分，法律上之减刑是由法律明确规定的，有一般减轻和特殊减轻两种类型：一般减刑是基于总则的一般规定，而特殊减刑是基于具体罪行的个别规则所规定的具体特别减轻；裁判上之减轻是指在审判中由法官酌情决定的减轻，也被称为酌量减轻。①

在日本刑法中，减轻处罚制度是存在修正法定刑事由而适用的制度，其中，将刑罚的减轻事由分为法律上的减轻事由与裁判上的减轻处罚事由，法律明文规定适用事由的称之为法律上的减轻处罚事由，且又区分为必要和任意减轻事由。适用规则为法律上的减轻事由，在必要减轻的场合，通常规定为“减轻处罚”；而在任意减轻的场合，规定为“可以减轻刑罚”。法官在适用减轻处罚事由时予以酌量考虑减轻属于裁判上的减轻处罚事由，而不同于裁判上的加重处罚不被认可，裁判上的减轻处罚事由是被认可的，其中酌量减轻，指的是有值得酌量的犯罪情节时，可以由法院自由裁量而酌量减轻刑罚。②

减轻处罚在德国刑法总则和分则中均有规定，其中总则第49条规定了两种减轻处罚模式，第一种是以完全确定的方式来降低法定刑，如“终身自由刑由三年以上自由刑代替”，③在该条规定中量刑范围的上限和下限都可以降低，第二款规定中刑罚范围仅可降低到法定最低刑的下限。德国刑法中也存在类似酌定减轻处罚的规定，即除类型化的减轻处罚事由外，其他具备可以认定“情节较轻”的情形经法院认定之后，可以减轻处罚，且其量刑范围是按照第一款规定的上限与下限都可以降低的情形适用。

俄罗斯刑法中，法院可以因嫌疑人的危害性较小而对其适用减轻处罚，甚至在接近最低限的范围判处刑罚，即在嫌疑人所应当适用条款的最低法定刑限度内判处刑罚。且俄罗斯的法律中规定，减轻处罚既可以选择在同一刑

---

① 参见韩忠谟：《刑法原理》，中国政法大学出版社2002年版，第300—303页。

② ［日］大谷实：《刑法总论》，中国人民大学出版社2008年版，第464—469页。

③ 徐久生译：《德国刑法典》，北京大学出版社2019年版，第21—22页。

种的处罚范围内减轻处罚，也可以选择适用更轻的刑种。在特殊情况下还可以判处比法定刑更轻的刑罚，由法院根据具体罪行、身份等全部案件情况综合考虑减轻情节来具体判处刑罚。①

英美法系国家是判例法国家，无法像大陆法系那样通过成文法典的形式将减轻处罚的适用事由和规则以分类的形式据以划分，其多是基于司法实践中的积累和经验，从整体适用角度来讨论减轻处罚的处罚事由、裁量方式，进而揭示减轻处罚的概念。有学者认为在英美法系中，减轻处罚中有减轻事由和减轻处罚的概念：法庭在对犯罪人适用刑罚时，所考虑到的能减轻嫌疑人罪责的事由被称为减轻处罚事由，而法庭在适用该事由而对嫌疑人减轻处罚，即被称为减轻处罚。英国学者认为："减轻处罚的前提是某人有罪，应受刑罚惩罚，适用减轻处罚的特殊性在于，被定罪的罪犯由于其控制自身行为的能力因为其自身以外的原因受到了损害或削弱，那么要求其遵守他所触犯的法律即是强人所难，这个是其适用轻罪的一个充足的理由。"②美国学者也有类似的观点："根据报应主义理念，刑罚应当是罪行相当的，犯罪嫌疑人获得'正当应得的惩罚'，而这里提供的仅是一个刑罚适当的范围，刑罚不能超过报应上应当判处的刑罚量，且从功利主义因素来判断，没有充足的处罚事由，判处少于应得刑量的判决也是允许的，比如嫌疑人由于精神缺陷无法作出正常决定时，应对其减轻处罚。"③

综观各国及地区对减轻处罚概念的界定，均是从刑法立法模式、司法制度设置角度出发。大陆法系国家和地区是从减轻处罚事由类型的划分来界定减轻处罚的概念；英美法系国家和地区在界定减轻处罚概念时，是在报应刑的基础上考虑减轻处罚事由导致的责任刑减轻，本质是在减轻处罚中体现刑罚报应与功利主义的观念。围绕减轻处罚的概念定义所作的解读已经接近减轻处罚的本质属性，通过对比各国及地区对减轻处罚的不同定义，为我们深入探究减轻处罚的本质含义提供了思路和方向。

---

① ［俄］库兹涅佐娃、佳日科娃主编：《俄罗斯刑法教程（总论）下卷·刑罚论》，黄道秀译，中国法制出版社 2002 年版，第 659 页。

② ［英］H.L.A. 哈特：《惩罚原理导论》，邱兴隆译，中国检察出版社 2004 年版，第 12 页。

③ ［美］约书亚·德雷斯勒：《美国刑法精解》，王秀梅译，北京大学出版社 2009 年版，第 22 页。

1. 大陆法系国家及地区对于减轻处罚的界定多基于对减轻处罚事由类型的划分，不同的减轻处罚事由适用不同的减轻处罚裁量方式，其减轻处罚事由划分是法律上和裁判上的减轻处罚事由，某种程度上不再区分从轻和减轻处罚事由。因此，大陆法系中的减轻处罚既可以在法定刑幅度内判刑，也可以在法定刑幅度以下判刑：法律上减轻处罚事由又可以分区为必要和任意减轻事由，适用的区别在于“应当”还是“可以”减轻处罚，但减轻处罚适用的法定刑刑种及刑度的适用范围仍需在限制之内；而裁判上的减轻处罚，不受法定刑幅度范围的限制，即便已经有法律上的减轻处罚事由，仍可以再酌情予以减轻，法官的自由裁量权较大。这种对减轻处罚的概念界定虽然能够较好地厘清减轻处罚的适用情形，但其囿于刑事法条文所设定呈现的概念特征，无法准确界定出减轻处罚的实质含义，未廓清减轻处罚之所以可以在刑罚裁量中体现效能，基于的是其本身所展现的具体减轻处罚事由，还是基于其对法定刑的调节适用。

2. 英美法系学者凭借判例法国家的制度特色，从减轻处罚事由和裁量方式的整体出发，界定减轻处罚的概念。英美法系国家中，法庭不仅要考虑犯罪人是否构成犯罪的事由，也要考虑能影响行为人罪责轻重大小的事由，如行为人的年龄、有罪答辩、良好的行为以及犯罪后的行为都是法庭需要考虑的减轻处罚事由。美国的《模范刑法典》中的量刑条款致力于“防止犯罪”（预防）和“促进犯罪人的矫正和改造”，量刑应当“以公正的个别化对待观念区别对待犯罪人”。[①] 其更多强调的是在报应主义的前提下，从功利主义的需求来调节刑罚，而减轻处罚是满足功利主义要求的必然考虑。刑罚不能超过报应主义所制约的刑罚量，且从功利主义因素来判断，如果有充足的减轻处罚事由，判处少于应得刑量的判决也是允许的。英美法系中关于减轻处罚的讨论更接近于其实质含义，但是定义和讨论中对法定刑的幅度限制不足，导致法官在自由裁量时拥有较大的自由度，法律鼓励法官个别化地考虑犯罪人的最高刑，使得相同或类似的减轻处罚的事由在英美的司法实践中往往出现不同的量刑效果。

而反观我国学界对于减轻处罚的探讨，更多的是对减轻处罚与法定刑关系的探讨，定义和界定减轻处罚的角度更多的是关注处罚情节，尚未触及概

① ［美］约书亚·德雷斯勒：《美国刑法精解》，王秀梅译，北京大学出版社2009年版，第23页。

念的实质含义。减轻处罚究竟是仅指一种处罚事由，还是一种裁量方式，还是一种量刑情节，通过梳理大陆法系、英美法系以及我国刑法学者的观点不难发现，这些均是减轻处罚的题中之义，但是任何偏颇一方的定义都无法真实涵盖减轻处罚的实质属性，应当在厘清这三者关系的基础上来定义减轻处罚的真正内涵。

首先，减轻处罚是一种处罚事由。作为一种刑罚处罚事由，减轻处罚事由是减轻处罚的核心和适用基础，无减轻处罚事由的存在，就无减轻处罚的适用可能性。减轻处罚之所以可以适用，在于减轻事由被刑法规范设为表明犯罪人责任趋轻的类型化事实，其承载着刑法所追求的价值目标，源于报应与公正预防的刑罚目的观，不仅考量罪与刑之间的对等性，即既要使对该罪判处的刑罚能够防止行为人再次实施该罪，又要降低其他人实施该罪的可能性，同时还要考量行为人业已趋轻的责任因素，满足公平正义的需求，维护行为人的正当权益，实现一般公正和个案公正的平衡。因此，减轻处罚作为一种类型化、规范化的处罚事由，对其本质理解应当脱离于规范形式的表象特征，因为减轻处罚事由纷繁复杂，从我国目前的刑法条文来看，总则中规定减轻处罚的条文有 17 条，分则中规定减轻处罚的条文有 8 条，然而现实中满足减轻处罚事由的远不止法律条文规定的这些，因此不能将减轻处罚事由的判定过度依赖于规范的设定范畴，而是应对减轻处罚事由作实质化的标准探索，否则对大量非法定化的减轻处罚事由的甄别，全交由法官在量刑时的自由裁断，难免产生标准不一，公信力遭质疑的风险。同时减轻处罚事关行为人的权利，只要行为人存在减轻处罚的事由，允许对其施加少于应得的刑罚，就应当在刑罚裁量中予以体现。酌定减轻处罚事由也应是一种减轻处罚事由，只是相较于法定处罚事由的明确性和具体性，其更多体现的是一种概括性和模糊性。法定减轻处罚事由的规范形式更为明显，其由法律明确了具体应当或可以减轻处罚的情形，而酌定减轻处罚虽然也在《刑法》第 63 条中予以规定，但据此来认为酌定减轻处罚也属于规范形式上的减轻处罚事由，理由不充分，因为“酌定”不仅是指减轻处罚的事由酌定，也指减轻处罚中刑罚裁量的酌定，但是两者的本质是无差别的，这里酌定的减轻处罚事由也应当遵守与法定减轻处罚事由同质性的特征，即要从减轻处罚的实质性标准来进行判断。

其次，减轻处罚是一种裁量方式。减轻处罚的裁量是围绕法定刑幅度展开的，其基本含义是在“法定刑以下”或者“法定刑幅度以下”给予量刑减轻，有观点认为，[①]我国法定刑的幅度范围设计得比较宽泛，在该范围内进行减轻裁量无法满足减轻处罚的要求，因此以法定刑幅度的适用来限制定义减轻处罚不合理。但全盘否定减轻处罚的裁量效果，势必增加减轻处罚的适用难度，将减轻处罚引入不可知的范畴，无法将减轻处罚与其他从轻处罚情节区分开来。本书认为，以法定刑的适用角度来规范减轻处罚的裁量存在合理性：（1）能在刑罚规范的范畴内，明确减轻处罚的适用范围；（2）可以根据罪行轻重来确定减轻处罚应然适用的法定刑幅度范围；（3）明确减轻处罚是在法定刑幅度范围以下处罚，得以区分减轻处罚与其他从宽情节。围绕法定刑幅度进行概念界定，符合我国减轻处罚的裁量要求，在具体犯罪的刑罚设置时，从法律条文体系的整体性出发，每个具体罪名的法定刑设置不仅有具体犯罪行为、情节的考量，也有对其从轻、减轻、从宽、从严等量刑情节的考量，在设置上下法定刑阶梯时，已经充分考虑了从宽或从严的适用问题，如果认为减轻处罚之后的刑罚仍过重，也不能在法定刑幅度范围以下进行判处。因此，减轻处罚中法定刑幅度的限制应当是具体罪名中所规定的法定刑中某一量刑幅度内的限制，即不能突破该罪名法定刑的幅度下限而判处刑罚，如《刑法》第 176 条规定：“非法吸收公众存款或者变相吸收公众存款，扰乱金融秩序的，处三年以下有期徒刑或者拘役，并处或者单处罚金；数额巨大或者有其他严重情节的，处三年以上十年以下有期徒刑，并处罚金；数额特别巨大或者有其他特别严重情节的，处十年以上有期徒刑，并处罚金。……有前两款行为，在提起公诉前积极退赃退赔，减少损害结果发生的，可以从轻或者减轻处罚。”如果行为人非法吸收公众存款，数额巨大，应当适用“三年以上十年以下有期徒刑，并处罚金”法定刑档次，行为人在提起公诉前积极退赃退赔，减少损害结果发生，可以减轻处罚，那么应当在“三年以下有期徒刑或拘役，并处或单处罚金”这一档法定刑内确定刑期，即使仍认为可能所判刑罚过重，也不可以突破该罪名法定刑规定的幅度，直接判处管制或者免除处罚。因此，作为刑罚裁量的减轻处罚，是围绕法定刑的适用限制展开的，不仅为减轻处罚的裁量提供了量刑的空间指引，也使得对其适用规则的理解更具操作性。

最后，减轻处罚是一种量刑情节。量刑情节是指在法官裁量刑罚时应当

① 蔡伟文：《减轻处罚研究》，西南政法大学 2013 年博士学位论文，第 31 页。

予以考虑的，除定罪情节以外的，反映犯罪行为的社会危害性程度和行为人的人身危险性程度，据以决定处罚轻重或免于处罚的各种事实情况。[①] 为更精准地体现罪刑相适应的原则，需要由法官行使自由裁量权，通过运用量刑情节对犯罪人的刑罚进行调节，而减轻处罚就是量刑情节中的一种情形，其需要兼顾犯罪人权利与社会公众利益的双面考量，从报应主义和刑罚功利主义的关系角度来进行实质把握。既然是量刑情节，那么如何对其进行实质性把握，需要对减轻处罚的运行规则进行合理量化的规定。如果抛开减轻处罚的运行规则，单纯地从价值取向的立场去界定减轻处罚，则会将减轻处罚引向经验判断的窠臼，会导致减轻处罚的适用依赖于司法人员的经验和价值判断。减轻处罚不仅应当具有价值判断的属性，更应当兼具可操作性的实体规则。

综上所见，减轻处罚是基于刑罚报应与预防的关系，围绕法定刑幅度的适用限制，以减轻处罚事由为核心展开的量刑裁定活动。

二、减轻处罚的实质内涵

在厘清减轻处罚概念的基础上，要更大效用地发挥减轻处罚的功效，需要进一步明确减轻处罚的适用对象、减轻依据以及适用限度等问题，来清晰地勾勒出减轻处罚的实质内涵。

在我国，对于减轻处罚的适用对象其实并无明确规定，这是由我国对于减轻处罚的设置模式决定的。减轻处罚的适用对象究竟是减轻处罚事由，还是法定刑，抑或承受减轻处罚效果的被告人？明确减轻处罚的适用对象，首先要关注被告人的人格状况以及权益保障，但是从我国减轻处罚的规定来看，对该方面的着墨并不多。另外，如减轻处罚关注的是其情况事由，则减轻处罚中的情节应当平等地予以考虑，不以酌定或法定减轻处罚情节予以区分，而是应当以不同刑事个案中的情势特征以及司法自由裁量的需要。而如果是法定刑作为适用对象来考虑的话，那减轻处罚中的刑量减轻比例需要相对精准，且减轻处罚的刑量计算规则需要更合理，每个具体减轻处罚事由所对应的减轻比例以及适用规则应当更精确。

将减轻处罚对象认为是犯罪嫌疑人，其实是将减轻处罚的对象与适用对

---

① 郭磊：《量刑情节适用研究》，吉林大学2011年博士学位论文，第45页。

象混淆，我国刑法中规定的减轻处罚对象是犯罪较轻或者有立功表现的犯罪分子，也就是犯罪情节较轻、社会危害程度较低的犯罪嫌疑人，之所以对其适用减轻处罚是认为其具有较大的改造和重新融入社会的可能性。减轻处罚对象应该是据以产生减轻处罚的情状事由，并不能以我国刑法规范范畴内未在形式上予以明确，而试图将所有的对象都列入减轻处罚对象。减轻处罚对象应当是根据具体的犯罪构成基本事实在应受刑罚惩罚的情况下所对应的事由，也就是犯罪嫌疑人在刑事个案中所呈现的具体减轻处罚事由，据此将减轻处罚事由所对应的刑罚比例或者分量进行比对测量。

在厘清减轻处罚对象之后，对于减轻处罚的适用依据为何，即什么样的情状事由成为减轻处罚的施用动因，我国刑法规范中以相对抽象的量刑原则对减轻处罚的情状事由予以规定。尤其是酌定减轻处罚情节更是需要根据案件的特殊情况，并且需要经最高法核准，这些规定都未将减轻处罚的依据予以明确，即未将减轻处罚的具体情节含义予以明确，也未将减轻处罚的情节要件、要素予以指明，仅对减轻处罚情节的类型作出划分，在具体案件中仍会陷入该情节是减轻处罚情节抑或是从轻、免除处罚情节的适用困境。个案中减轻处罚幅度的考量，是否具有合理的限制，在法定刑以下判处刑罚的幅度限制如何，是否有刑格的限制，这些限制的依据为何？是否都关乎减轻处罚的基本立场以及内在的价值观念？减轻处罚涉及犯罪嫌疑人诉讼权利，契合刑罚报应与刑罚预防的立场，以及满足罪刑均衡以及刑罚个别化原则，减轻处罚的内核应当在立场、观念以及原则和机制、程序构建上充分体现，理解减轻处罚在落实宽严相济刑事政策，做好量刑程序与机制平衡构建上的作用，更好地发挥出减轻处罚在量刑体系中的地位和作用。

减轻处罚的事实情状与减轻处罚的适用效能共同撑起减轻处罚在量刑体系中的重要作用，对不同事实情状赋予不同的刑罚减轻比例，不能脱离责任主义作为其量化机能。减轻处罚情状事由所对应的责任趋轻予以阶层化，推动减轻处罚功效的发挥，避免司法实践中的估堆量刑以致量刑失衡。

三、减轻处罚的类型

减轻处罚在各法系中既依托于各法系自身法条设计的不同，分类自然呈现出不同的情状类别。大陆法系国家的代表——日本，从减轻处罚事由的区分角度对减轻处罚进行来分类，区分为法律上与裁判上的减轻处罚事由。法律上的减轻处罚事由是指由法律上明文规定的可以直接适用的事由，又分为必要减轻事由和任意减轻事由；裁判上的减轻处罚事由指的是法官在刑罚裁量过程中，酌量予以考虑的减轻处罚事由。①

韩国刑法中减轻处罚的分类同日本类似，也被分为“法律上的减轻和裁判上的减轻”两种，适用规则也类似日本刑法的规定。除此之外，韩国减轻处罚的规定是区分总则、分则分别适用，其中总则的减轻处罚事由适用于所有犯罪，作为共同适用的一般减轻处罚事由；而分则中的减轻处罚事由仅适用于特定犯罪。②

我国台湾地区也同日本、韩国的规定类似，将减轻处罚划分为法律上之减轻以及裁判上之减轻，法律上之减轻又分为一般减轻与特殊减轻，是由法律具体规定，其中一般减轻是基于总则规定，而特殊减轻则是根据分则对具体犯罪规定的特别事由；由审判者在审判过程中依职权而酌情减轻的，即裁判上之减轻，也称之为酌量减轻。③

意大利刑法中也将减轻处罚分为一般减轻处罚和特别减轻处罚，其中一般减轻处罚包括法律明确规定的六种情形，而特别减轻处罚是指除法律规定的减轻处罚情节之外，法官认为“其他的不同的情节也可以作为减轻刑罚的理由时，可以考虑这些情节”。④

从上述国家及地区对于减轻处罚的分类来看，它们都是从本身的立法规定出发，对减轻处罚的类型进行划分，虽然表述存在差异，但分类的理论基础也大多是以是否有法律明文规定而分为法律上的减轻和裁判上的减轻，以是否必须减轻，分为必要减轻处罚和可以减轻处罚。从我国的刑事立法规定来看有如下分类情形：

1. 法定减轻处罚和酌定减轻处罚。划分法定和酌定减轻处罚的依据是减轻处罚情节是否有法律明文规定，犯罪人具备刑法条文中已经明确规定的减轻处罚情节，应当在法定刑以下判处刑罚的，称之为法定减轻处罚，其适用前提是犯罪人具备刑法条文中规定的减轻处罚情节，而我国刑法条文中的减

---

①　［日］大谷实：《刑法总论》，中国人民大学出版社 2008 年版，第 468—469 页。

②　［韩］金日秀、徐辅鹤：《韩国刑法总论》，郑军男译，武汉大学出版社 2008 年版，第 732 页。

③　参见韩忠谟：《刑法原理》，中国政法大学出版社 2002 年版，第 300—303 页。

④　［意］杜里奥·帕多瓦尼：《意大利刑法学原理（注评版）》，陈忠林译评，中国人民大学出版社 2004 年版，第 258 页。

轻处罚情节又分为可以型和应当型；酌定减轻处罚指犯罪人不具备刑法规定的减轻处罚情节，但是根据案件的特殊情况，经最高人民法院核准，也可以对其在法定刑以下判处刑罚。

2. 总则的减轻处罚和分则的减轻处罚。划分的依据是该情节的适用范围，其中我国刑法总则条文中有 17 个条文规定了减轻处罚，分则中有 8 个条文规定了减轻处罚。总则条文中关于减轻处罚的规定适用于满足刑法条文要求的所有犯罪行为，而分则中的减轻处罚规定仅适用分则条文规定的犯罪行为。

3. 可以型减轻处罚和应当型减轻处罚。划分可以和应当减轻处罚的依据是该情节是否对量刑结果产生必然影响，可以型减轻处罚是符合减轻处罚的条件的基础上，是否对其减轻处罚，要根据犯罪行为的情节、性质、危害程度以及主观恶性、悔罪表现等因素综合考虑，由法官自由裁量可以适用减轻处罚也可以不适用；应当型减轻处罚是指犯罪人具有法律规定的减轻处罚条件，就必须在刑罚裁量时体现刑量的减少。

我国刑法条文中减轻处罚的规定

序号	刑法条文	具体情节	可以型或应当型
1	总则第 10 条	在领域外犯罪但在外国已经受过刑罚处罚的	可以减轻处罚
2	总则第 17 条	不满 18 周岁的人犯罪的	应当减轻处罚
3	总则第 17 条之一	已满 75 周岁故意犯罪的	可以减轻处罚
4	总则第 17 条之一	已满 75 周岁过失犯罪的	应当减轻处罚
5	总则第 18 条	尚未完全丧失辨认或者控制自己行为能力的精神病人犯罪的	可以减轻处罚
6	总则第 19 条	又聋又哑的人或者盲人犯罪	可以减轻处罚
7	总则第 20 条	正当防卫明显超过必要限度造成重大损害的	应当减轻处罚
8	总则第 21 条	紧急避险超过必要限度造成不应有的损害的	应当减轻处罚
9	总则第 22 条	犯罪预备	可以减轻处罚
10	总则第 23 条	犯罪未遂	可以减轻处罚
11	总则第 24 条	造成损害的犯罪中止	应当减轻处罚
12	总则第 27 条	从犯	应当减轻处罚

续表

序号	刑法条文	具体情节	可以型或应当型
13	总则第 28 条	胁从犯	应当减轻处罚
14	总则第 29 条	被教唆的人没有犯被教唆的罪的教唆犯	可以减轻处罚
15	总则第 67 条	自首	可以减轻处罚
16	总则第 67 条	坦白，避免特别严重后果发生的	可以减轻处罚
17	总则第 68 条	立功，或者重大立功	可以减轻处罚
18	分则第 164 条	对非国家工作人员行贿，行贿人在被追诉前主动交待行贿行为的	可以减轻处罚
19	分则第 176 条	非法吸收公众存款，在提起公诉前积极退赃退赔，减少损害结果发生的	可以减轻处罚
20	分则第 241 条	收买被拐卖的妇女，按照被买妇女的意愿，不阻碍其返回原居住地的	可以减轻处罚
21	分则第 272 条	挪用资金，在提起公诉前将挪用的资金退还的；犯罪较轻的	可以减轻处罚
22	分则第 276 条之一	拒不支付劳动报酬，尚未造成严重后果，在提起公诉前支付劳动者的劳动报酬，并依法承担相应赔偿责任的	可以减轻处罚
23	分则第 383 条	贪污数额较大或者有其他较重情节的，在提起公诉前如实供述自己罪行、真诚悔罪、积极退赃，避免、减少损害结果的发生	可以减轻处罚
24	分则第 390 条	犯行贿罪的，行贿人在被追诉前主动交待行贿行为的；犯罪较轻的，对侦破重大案件起关键作用的，或者有重大立功表现的	可以减轻处罚
25	分则第 392 条	向国家工作人员介绍贿赂，介绍贿赂人在被追诉前主动交待介绍贿赂行为的	可以减轻处罚

四、减轻处罚与相近概念辨析

通过上文中对我国刑法条文中减轻处罚规定的梳理，可以发现，减轻处罚作为从宽处罚的一种，其在刑法条文中几乎没有单独规定和出现，多是与从轻处罚或免除处罚并行出现，如何理解减轻处罚与其他从宽处罚的关系，本质解决的是减轻处罚在本体实质上与其他从宽情节在刑罚效能上的差别，为与其他从宽处罚之间形成的多功能量刑体系的适用提供基础。

（一）从轻处罚与减轻处罚

根据我国刑法规定，从轻处罚应当是在法定刑的限度内判处刑罚，如何理解从轻处罚的具体适用，刑法学界和实务界存在以下三种观点：

1. 第一种观点即中间线理论，该观点认为从轻处罚应当是在法定刑幅度内，但在平均刑期以下考虑应判处刑罚的一种量刑规定。①

2. 第二种观点认为从轻处罚是在法定刑限度内对犯罪分子适用较轻的刑种或者较短的刑期，也就是说从轻处罚不仅包括刑期从轻，刑种同样应当选择较轻的刑种。②

3. 第三种观点认为从轻处罚是指在法定刑幅度内选择比没有这个情节的类似犯罪相对轻一些的刑种或刑期。③

显然第三种观点最具科学性，首先，中间线理论犯有机械主义的错误，过高地估计了某一量刑情节对整个量刑结果的影响。决定量刑结果的是犯罪行为的社会危害性和犯罪人的人身危险性，案件的量刑结果并不是以某个情节为依据来判断低于中间线与否，而是综合考虑所有影响量刑的因素进行判断。且有些犯罪的法定刑不仅有一个刑种，“中间线”的划定在这些罪行中本身就不具有可行性，更何论在中线以上或以下确定刑罚的操作性。其次，第二种观点这种隐含“比较级”的从轻观点，虽然包含着量刑的范围是法定刑，且对犯罪人适用较轻的刑罚，但是缺乏比较的参照物或对象，在实践中容易引起分歧，不具备明确性和准确性。最后，第三种观点较为完整地阐释了从轻处罚的含义，从轻处罚针对的是犯罪分子没有适用该情节时法律规定的应当判处的刑罚而言的，应当根据每个案件的具体情况，按照应当选定的法定刑选择相对较轻的刑罚，即包括较短的刑期或较轻的刑种。

上述从轻处罚的含义仅从从轻处罚情节的效能及其限度所作的规范指引，要厘清从轻处罚与减轻处罚的鉴别区分，不仅要考虑二者的量刑效能的不同，更要从责任主义的立场来审视从轻处罚与减轻处罚在犯罪情节、具体

① 王玮：《量刑实践中存在的若干问题及对策》，载《中国刑事法杂志》2000 年第 8 期。

② 胡学相：《论从重、从轻、减轻和免除处罚的适用》，载《国家检察官学院学报》1997 年第 8 期。

③ 陈学勇：《谈量刑情节的适用》，载《法律适用》2007 年第 10 期。

罪状、责任要素等方面的区别。

首先，从轻处罚与减轻处罚在量刑效能上的区分是显而易见的，从轻处罚的裁量效果是指在法定刑幅度内，而减轻处罚则是在法定刑以下确定刑罚量。这种以是否能够引起法定刑幅度范围的适用变更为依据的判定，有助于明确从轻处罚、减轻处罚的效能范围与限度。但仅从量刑效能上对二者作出区分，将从轻处罚、减轻处罚的甄别取决受制于法定刑幅度范围的空间设置，而非取决于刑事个案的罪责轻重或案件本身的具体情状表现，难以发挥两种量刑情节的真正效能，存在以偏概全、以事物功能替代事物属性的逻辑错误。要从刑事个案中的具体情况表现基础上对于这两种从宽处罚作出区分，从二者对于刑罚裁量所映射的实际功效角度进行剖析，才可能确立两种处罚情节的量刑效能及其适用的空间界域。

其次，从轻处罚与减轻处罚的本质是一种量刑情节，而量刑作为实现刑罚个别化的重要阶段，要根据犯罪情节、个案的具体情状，考虑责任与预防的必要性。基于责任主义的刑罚原理，考量报应刑论与预防刑论的关系立场，相较于从轻处罚对行为人的基本罪责所对应的基准刑，减轻处罚产生了更大程度的宽宥，因为该情节不仅反映了单纯客观不法的减轻，也反映了责任的减轻，这些都足以使基本罪责发生明显改变，导致基准刑较大范围的调整。如造成损害的故意杀人中止，由于行为人在犯罪过程中自动放弃犯罪，虽然造成损害但杀人的客观结果没有达成，所以客观不法减轻，意味着罪行的减轻，当然导致行为人所承担的责任减轻，因此相应引起在法定刑幅度以下减轻处罚；而从轻处罚情节通常反映的是行为人预防必要性的变小，在选择从轻处罚抑或是减轻处罚时，要根据反映罪行的不法要素以及责任要素综合判断被告人所犯之罪，能否选择减轻处罚情节。[①] 其中不法要素主要指的是罪行、结果等，而犯罪的目的、动机以及行为人的责任能力，违法性认识的可能性都是需要判断的责任要素。因此，在合并报应刑论与预防刑论的基础上，鉴于刑罚预防性制裁的目的和必要性，减轻处罚应当体现出比从轻处罚更大的刑罚宽宥效能。

（二）免除处罚与减轻处罚

免除处罚，又称免予刑事处罚，指的是如果犯罪情节轻微不需要判处刑罚时，仅确定其构成犯罪，但不予刑罚处罚的情形。免除处罚并不能被视为

① 张明楷：《责任刑与预防刑》，北京大学出版社2019年版，第234页。

量刑的范畴，其被规定“刑罚种类”的章节中，体现的是裁量刑罚与不适用刑罚的区别。有观点认为，因为免除处罚并非严格意义上的量刑情节，并不需要以其他从宽处罚情节为适用前提，因此不需要考虑法定刑范围以及选择适用问题，也就不存在与从轻、减轻处罚情节的并列选取适用问题，并不需要为该问题进行专门的讨论和甄别。[①]但在具体的量刑活动中，免除处罚通常与从轻处罚、减轻处罚并行出现，形成多功能的刑罚处罚体系，将其纳入广义的量刑范畴进行讨论具有一定的合理性，同时免除处罚的适用是否需要以从轻、减轻处罚的适用为前提也存在争议。

我国《刑法》总则中规定了十种免除处罚的情节，分别是：（1）在国外犯罪且已受过外国的刑罚处罚；（2）又聋又哑的人或者盲人犯罪；（3）防卫过当；（4）避险过当；（5）犯罪预备；（6）犯罪中止；（7）共同犯罪中的从犯；（8）胁从犯；（9）自首；（10）重大立功表现。同时《刑法》第37条规定了免除处罚的原则性规定，上述十种免除处罚的情节多与从轻处罚、减轻处罚并行出现，但是这十种免除处罚的情节与《刑法》第37条中规定的“犯罪情节轻微”并非并列关系，也并非简单的一般原则与具体内容的关系，理解这点对更好地厘清免除处罚的适用规则，以及其是否要以其他从宽处罚的适用为前提意义重大。

首先，免除处罚并非一种量刑情节，虽然上述十种免除处罚的情节中除规定免除处罚，还多有从轻、减轻处罚情节的存在，但是否适用免除处罚的依据是行为人是否满足上述十种情节，同时要结合具体个案的情节轻重。这里个案的具体情状通常是要符合《刑法》第37条中的“犯罪情节轻微”这一特征，但并非必要条件，如“在国外犯罪且已受过外国的刑罚处罚的，可以免除处罚”，并非因为其犯罪情节轻微，而是基于对域外刑事判决的消极承认，从保障人权的角度出发，对已在国外受过刑罚处罚的行为人免除处罚。因此，《刑法》第37条并非免除处罚的指导原则。

其次，如果犯罪情节符合“犯罪情节轻微”这一规定，但不具备上述十种免除处罚的量刑情节，同样可以免除处罚。这里法条中规定的“犯罪情节轻微”是免除处罚的本质条件，指的是犯罪性质不恶劣、行为的社会危害性不大，从刑罚经济性和刑罚个别化角度，不需要通过刑罚的方式实现刑罚的预

① 蔡伟文：《减轻处罚情节的甄别提取——以体系建构为视角》，载《政治与法律》2012年第8期。

防和惩治的目的，即使没有上述十种免除处罚情节，也可以对其免除处罚。

最后，如果行为人主观恶性较大，犯罪情节恶劣，不符合犯罪情节轻微的特征，能否对其免除处罚要看其是否具备免除处罚的量刑情节，如果犯罪情节恶劣、主观恶性较大、社会危害性严重，但具有免除处罚的量刑情节，是否必须对其免除处罚，是从轻、减轻处罚与免除处罚形成的多功能量刑体系的基础构建问题。刑法条文中仅有“没有造成损害的中止犯”是单一的应当免除处罚量刑效果，其他的免除处罚情节均是可以或与从轻处罚情节、减轻处罚情节并行出现，给裁量者结合具体个案情状选择裁量情节的可能性。

（三）多功能量刑情节

减轻处罚情节在我国刑法中仅有部分被单独规定，其他多是与从轻、免除处罚共同形成多功能量刑情节配置模式，有学者质疑这种量刑情节设置混淆了各从宽处罚情节之间量刑效能的差别，徒增从宽处罚事由的功能甄别提取困惑，建议设置单一功能的量刑情节模式。这种多功能量刑情节的配置模式考虑的是各从宽处罚情节的属性相同，且这种多功能的量刑情节模式设置能满足量刑阶梯性递减的需求，为刑事个案中的从宽处罚事由提供多功能的选择余地，实现刑罚个别化要求。

首先，多功能量刑情节配置模式充分肯定了各从宽处罚情节的量刑效能，形成量刑体系的位阶递减，从轻处罚、减轻处罚与免除处罚在法定刑的选择幅度内不存在重合，分别是在法定刑幅度内、法定刑幅度以下和不需要考虑法定刑幅度范围来判处刑罚，彼此量刑效能各异，互不冲突，便于裁决者针对同一量刑情节，结合具体案件情状选择更适宜的幅度，达到罪刑相适应、刑罚个别化的效果。减轻处罚对于从轻、免除处罚具有承启的作用，作为连接这两个处罚情节的中间环节，起到刑罚效果上的衔接与媒介作用，并且体现出比从轻处罚更大的从宽效能，成为其量刑效果上的必然延续。免除处罚又是减轻处罚下一个从宽的档次，虽然并不属于量刑情节的范畴，但已然将减轻处罚的属性与效能包括在内。从刑法条文体系设置来看，从轻、减轻与免除处罚三者之间存在内在必然的层阶递进关系，如果仅设置单一化的功能配置，无异于剥夺了刑罚个别化的实现可能性，不利于裁决者从个案情状出发去匹配具体的从宽处罚情节，发挥这些情节所应然对应的法定刑幅度范围及其刑量空间。

其次，刑法规范中配置的多功能量刑情节能够满足具体个案中从宽处罚事由复杂、多样性的需求。刑事个案中从宽处罚事由的类型、情节复杂多样，每个量刑情节的选择都需要结合具体的个案情状予以确定，同时存在多种功能并列选取的量刑配置模式，在具体从宽事由无法确定的情况下，其所应适用的量刑效能只能是或然待定的，应当给予多种量刑功能可供选择。建立不同从宽处罚情节之间接替有序、层次递进的量刑功能阶梯，有利于司法实践中对于各从宽情节的功能选取，有利于罪刑均衡的实现。在具体案件的认定中，目光来往于事实与规范之间，选择与具体案件情状相适应的量刑情节，找到与之对应的功能档次，才能实现真正的罚当其罪。

最后，从轻处罚、减轻处罚以及免除处罚从类型、效能、配置三方面共同形成了我国量刑体系的刑事规范。虽然在具体应用中仍存在适用的分歧，有人主张从轻与减轻处罚不具有质的差别，且各从宽处罚情节无论采取何种配置模式，具体到某一个案其量刑功能的选择都是唯一且确定的，因此倡导建立单一化的功能配置。但各从宽处罚情节的具体情状表现是不同的，其所反映的个案的社会危害性趋轻的程度是不同的，建立多功能的量刑配置，能够保证裁决者在具体个案根据案件情状选择不同的量刑情节，避免在具体量刑中出现经验推定或估堆裁量。需要构建三者之间的适用规则，能对个案中罪责产生从宽处罚的量刑调节效能，取决于情节本身是否可以产生宽宥的刑罚效能，因此构建科学的趋轻指标，设立不同情状的从宽处罚事由，赋权不同的宽宥条件比例，使其三者情节的甄别提取摆脱规范形式设定的束缚，形成从轻处罚、减轻处罚、免除处罚的情节类型、效能、配置三方面的统一建构，通过规范的厘定与实证的配合印证，踏上量刑公正形式与实质上的兼容并蓄之路。

第二节　减轻处罚制度的立法比较

一、我国刑法中的减轻处罚制度

我国古代刑法中慎刑思想由来已久，作为封建统治者维护阶级统治最有力工具的刑法，从天神观念开始的宗法伦理到君臣伦理、再到儒家伦理，构建了一套以伦理价值为核心的独特的中华法系精神。为了更好地维护封建统治者的利益，贯彻“德主刑辅，礼法结合”的治国思想，宽宥的量刑思想成为古代刑法中鲜明的特色之一，各个朝代都颁布了一系列涉及减轻处罚的政策，不仅契合了儒家思想的内涵，更体现了统治者的“仁政”。

（一）中国古代减轻处罚制度的思想基础

1. 缓和阶级矛盾与对立，维护统治的需要

夏商时期，统治者以“天意”“神意”“神权”来解释统治者的权力来源和实施法律的正当性，这就形成了我国封建早期社会中刑罚威慑力量的来源，也构成了我国早期神权政治宗法理论的基础。殷商灭亡后，西周初期沿用了神权政治的思想，并在君权神授的基础上进一步发展完善，提出“天命”和“民情”相连的理论，这就是恤民政策的基础，将伦理道德和法律规范融为一体，发展出“以德配天”“明德慎罚”的理论；先秦时期，儒法大家著书立说进一步肯定了宗礼等级制度，其中以孔子为代表的“礼治”“德治”“人治”结合的思想对中国古代法治影响最为深远，孔子强调“礼”与“仁”的结合；孟子继承孔子的思想，同样将“德”置于首位，把法与刑置于从属地位，重视道德教化的力量，这种“仁”“德”思想为宽宥慎刑的“德政”理念打下基础，也成为统治阶级缓和阶级对立，维护统治者地位的执政理念；西汉中期，以董仲舒为代表的儒家学派提出的“德主刑辅、礼刑并用”的思想成为中国古代最具影响力的法制理念。自此，以封建宗法理论为基础的中华法系逐渐形成，而“好生之德，洽于民心，兹用不犯于有司”的德政理念也成为被统治者所接受的治国理念。

2. 体现礼法融合，倡导“仁”“爱”的道德伦理

中华法系中儒家思想占据主导地位，儒家思想强调的“礼”“仁”“德”不仅是指人们的精神状态和道德观念，更重视的是人伦教化，将孝、悌、忠、信等伦理道德作为“德治”的核心，其本质是儒家礼法合一的思想。这种礼法融合的法价值观追求的是对“善法”“良法”的向往，是一种相对的人道主义价值追求，也就是减轻处罚制度能在封建主义刑法中生根的基础。为贯彻这种“德主刑辅、礼刑并用”的基本法律思想，统治者信奉要实现人伦有常、万物和谐的统治局面，不仅需要严刑峻法，更需要发挥“以刑弼教”的用刑目的，以“慎刑”“轻刑”的宽宥刑罚观念，减缓刑罚的严厉性；同时也有“怜老恤幼”的人文情理，因此在刑罚处罚中设置有关老年、妇孺、身疾之人犯罪的从轻、减轻处罚规定，以表达统治者“仁”“爱”的施政理念。

3. 强化宗法理念，践行“三纲五常”的道德标准

西周时期周公制礼，通过划分等级，确立了一种管理与被管理、服从与

被服从、保护与被保护的关系，建立了“亲亲”“尊尊”“长长”“男女有别”等基本宗法伦理道德，要求下级服从上级，小宗服从大宗，亲属关系中要求遵守“父慈、子孝、兄友、弟恭”，违背宗法伦理道德者将被处以严刑，这种以伦理纲常道德为标志的量刑思想，在后世的法治观念中占据主导地位。汉朝的董仲舒确立了“三纲五常”的道德标准，也就是以“天人感应”为根据，通过封建宗法制下的家庭为依托，以父子夫妇之间的伦理亲情、君亲忠孝为纽带，整合构建了社会阶级分层结构，这种以封建政权、族权、夫权、神权为基础的封建宗法伦理，成为统治者束缚民众的道德枷锁，也成为封建刑法中立法和司法的主要思想。据此为强化封建宗法观念而产生的减轻处罚事由和制度也应运而生，旨在维护封建伦理纲常的合理性，对发生在封建阶级尊卑上下级，以及家庭成员、家族之间等主体的伦理情势事由可以适用部分减轻处罚制度，如尊长犯幼一般要减轻或者免除处罚。

4. 贯彻王权至上思想，维系封建等级特权

我国封建时代一直推行的是君权神授，同时把人分为不同的等级，强调尊卑贵贱有序，不同等级的主体身份差异决定了其刑事责任也会产生差异，比如官僚身份、民族身份或亲疏身份。其中对官僚身份的维护实质是维系统治阶级的特权，维护君权至上，因为官僚阶级是王权的行使者，代表的是至高无上的君王，因此在封建刑法中极力维护官僚阶级的特权，创设了诸多减轻官僚阶级刑罚等级的减轻处罚制度，如贵族官僚阶级可以凭借自己身份地位通过“议”“请”“减”“当”等特别规定，减轻或者免除处罚。

（二）古代减轻处罚制度的文献记载

1. 基于“怜老恤幼”的减轻处罚规定

尊老恤幼的中华民族传统美德在历代的法律和文书中均有体现，作为一种量刑事由最早可以追溯至春秋战国时期。《周礼 · 秋官 · 司刺》中记载，“一赦曰幼弱，再赦曰老耄”，幼弱指的就是未成年人，而老耄则指老年人，同时，《礼记》中对其解释道：“悼与耄，虽有罪，不加刑焉。”这里的“悼”指的也是未成年人，充分肯定了对老年人、未成年人应当予以从轻减轻处罚的正当性。《汉书》也有类似的规定，“民年七十以上若不满十岁有罪当刑者，皆完之。”指的是犯罪时已经满七十岁以上的老年人和不满十岁的未成年人，应当处以肉刑的以较轻的完刑代之。唐代更是对幼老的减轻处罚规定作了更为详细的划分，《唐律疏议》中规定：“诸年七十以上、十五以下及废疾，犯流罪以下，收赎。八十以上、十岁以下及笃疾，犯反、逆、杀人应

死者，上请；盗及伤人者，亦收赎。余皆勿论。九十以上，七岁以下，虽有死罪，不加刑。”可以看出唐朝已经开始详细地区分幼、老的刑事责任年龄，并且规定了几种减轻处罚的档次。清朝的《大清律例》中也规定犯罪年龄在五十岁以上或十五岁以下的，可以处罚相对较轻，且如果是应发配至边远地区的也可以酌情发配至相对近一些的区域。中国古代封建社会是基于伦理传统而建立的社会，其中最突出的伦理秩序就是“孝”，这些道德伦理最终深刻地影响了古代法律的制定，尊老恤幼的伦理道德最终以法律化的形式体现在古代刑法的量刑制度中。

2. 对残疾之人的“恤刑”而规定的减轻处罚事由

早在先秦时代就有针对身体残疾之人的减轻处罚规定，晋律中也记载了对患病之人可以进行收赎，唐律中更是对残疾之人的从轻、减轻处罚做了更为精细、明确的规定，明确了哪些残疾之人可以从轻、减轻处罚，如唐《户令》中规定了残疾的范围，详细地区分了残疾、残废和笃疾，而《唐律疏议·名例》中则详细规定了犯罪时限：“诸犯罪时虽未老、疾，而案发时老、疾，依老疾论。”到明清时期，对残疾之人的规定更加人性化。这种基于犯罪之人身体缺陷而产生的减轻处罚事由，正是儒家宽仁思想的体现，也反映了古代统治者以“慎刑”“宽宥”缓和阶级矛盾对立，以实现德政的理念。

3. 基于维系宗法伦理，强化阶级特权而规定的减轻处罚事由

中国古代的刑法是情与法融合的法律，其核心思想是维系以家庭为基础，以家族为维系，等级森严的封建君臣关系，将血缘关系同政治法律关系紧密联系，这种以宗法伦理为核心构建的法律体系，孝义亲情是其中重要的一项道德规范。基于此，历代法律中为维系宗法伦理关系，制定了一系列减轻处罚规定，汉朝董仲舒甚至倡导并实行“论心定罪”的司法原则，即犯罪人犯罪动机符合儒家“忠孝”思想的，即使造成危害，也可以减轻或免除处罚。唐律中甚至以亲属关系的远近作为量刑结果递增或递减的变量，如《诈伪》中“父母死诈言余丧”，不同主体诈称亲属之死以求假，根据亲疏关系的远近，量刑结果有所差别。另外为维护统治阶级的利益，根据身份地位的不同也规定了减轻处罚的特权，“虽罪不刑、虽刑折减”，为封建官僚等级特权设置的“八议”制度，完整地建构了用于保护封建等级特权的请、减、赎、当各种刑罚宽宥制度。其中，唐律疏议中的规定最为典型，“以同罪异罚别良贱”，以身份贵贱、上下等级区分量刑轻重，其中“下犯上加重，上犯下减轻”“良贱相犯，良轻贱重”“ 主奴相犯，主轻奴重”“尊卑相犯，尊

轻卑重”来作为量刑原则。

在漫长的封建王朝中，统治阶级为维护自身统治需要，在律法设计中规定了较为明确的减轻处罚体例，但这种宽缓化的量刑设计更多的是为缓和阶级矛盾和对立，以实现天下大治，同时统治者也没有放弃刑罚的威慑力，因此减轻处罚的制度设计更多的是基于宗法伦理情势，维护上位者的利益，确定的怜老恤幼顾疾的减轻处罚事由，也多是为体现统治者的“仁政”，并未触动统治者利益的根本。然而在封建时代，宽宥的刑罚政策确立的“恤刑慎杀”“务在恤刑，量刑从宽”，也确实在封建时代闪耀着人性的光芒，符合量刑制度的价值追求。

（三）现代我国减轻处罚的发展情况

1. 不区分从轻、减轻处罚

1950 年新中国成立之初，《中华人民共和国刑法大纲》草案中解释了刑罚从轻从重的含义，其中从轻处罚是指法定刑不止一种的，就选择次轻或者最轻的档次处罚，如果只有一种刑罚处罚档次的，就从“刑之低度处罚之”，这种区分刑之高度或刑之低度，是以法定刑的中间为分界线，高于法定刑中间线的称之为刑之高度，低于则为低度。此时并非以是否在法定刑幅度以内、外判处刑罚作为从轻、减轻处罚的区别，而是以法定刑的档次种类作为区分，将从轻、从重以法定刑的中间线为界来认定从轻、从重，局限性明显。同时，该阶段将法定从轻、减轻处罚规定在同一法条的同时，另行规定了酌定减轻处罚，规定为“得于法定刑范围外减轻处罚之”，但需说明酌定减轻处罚的理由。该时期的立法体系并没有以法定刑适用幅度来区分从轻、减轻处罚，其中法定、酌定减轻处罚的区分以是否有法定事由，法定减轻处罚应当具有法条规定的处罚事由，而酌定减轻处罚是基于人身危险性或其他特殊情形，法院认为刑罚过重，可以对其在法定刑之外判处刑罚，但是必须说明理由。

2. 区分从轻、减轻处罚，明确减轻的档次

1957 年制定的《中华人民共和国刑法草案（初稿）》中区分了从轻、减轻处罚，与现行的刑法规定相符，以法定刑的适用幅度为限区分从轻、减轻处罚，但同时将减轻处罚的法定刑档次作了较为明确的规定：“最低刑为无期徒刑的，可以减到十年以上有期徒刑；最低刑为十年有期徒刑的，可以减到七年有期徒刑；最低刑为七年有期徒刑的，可以减到五年有期徒刑；最低刑为五年有期徒刑的，可以减到三年有期徒刑；最低刑为三年有期徒刑的，可

以减到一年有期徒刑；最低刑为一年有期徒刑的，可以减到拘役；最低刑为六个月有期徒刑、拘役、管制或者罚金的，可以免除处罚。”[①] 这种列举式的减轻处罚规则，与德国刑法典中减轻处罚规定类似，本质是限制减轻处罚的幅度，防止量刑畸轻。这种立法体例相较于1950年的刑法大纲草案有一定的合理性，不仅区分了减轻处罚与从轻处罚的适用规则，避免了两者适用的甄别困境，也在一定程度上限制了减轻处罚的减轻幅度，防止因法定刑上下幅度过宽导致的减轻处罚使用基点确立困难，制约减轻处罚的适用效能。但是这种立法体例也导致减轻处罚适用事由过于分散和凌乱，限制了法官自由裁量权的发挥，导致减轻处罚的适用流于形式，导致量刑结果的偏差。

3. 删除对减轻处罚的幅度规定

1963年的《中华人民共和国刑法草案（修正稿）》中，从轻处罚的规定未做修改，而删除了减轻处罚中的幅度限制，直接规定为“在法定刑以下判处刑罚”。这一改动在1979年《刑法》中保留下来，并且将酌定减轻处罚与法定减轻处罚纳入同一法条中，人民法院的审判委员会对酌定减轻处罚拥有决定权；1997年《刑法》第63条基本上沿用了1979年《刑法》中有关减轻处罚的规定，但将酌定减轻处罚的决定权收归最高人民法院。虽然刑法中最终删除了对减轻处罚的幅度规定，但无论是1979年《刑法》抑或是1997年《刑法》，都没有对减轻处罚的减轻幅度作进一步的规定，在很长一段时间内，关于减轻处罚是否仅能在“下一个法定刑”幅度内减轻在学界和实务界产生了激烈讨论。直至2011年《刑法修正案（八）》中限制了减轻处罚的幅度，指的是应当在法定量刑幅度的“下一个量刑幅度内”判处刑罚。

减轻处罚的体例在我国现代刑法中已经基本成型，对减轻处罚的适用情节、适用规则以列举和集中归纳的方式进行体例构建，对司法实践中减轻处罚的适用提供了更为科学、规范、合理的指引，虽然仍存在部分不严谨、不周延之处，但是已经为减轻处罚的价值达成奠定了较为科学和规范的适用可能性。

---

① 《刑法草案历次草稿汇集》，全国人民代表大会常务委员会办公厅印制1955年版，第13页。

二、域外刑法中的减轻处罚制度

（一）域外减轻处罚制度的内涵变迁

与中国封建刑法以儒家“仁”“爱”思想为核心的德政理念不同，西方以民主与契约的精神内核限制刑罚的残暴性，推动了刑罚的宽宥与节制。在基督教爱与宽恕的教义感染和推动下，大多数的西方国家在制定刑法时确立某些使得刑罚减轻的规则，如教会法中关于牧民救赎的条款，法国刑法中列举了将近64种减轻处罚情节，包括嫌疑人的主观恶性，行为的危害程度，甚至包括受害人的过错等均属于可以进行减轻刑罚的事由，这些都对欧陆各国的刑法规定产生了巨大的影响。

西方刑法中减轻处罚事由是以犯罪人的主观意图为开端的，认为刑罚责任的认定取决于犯罪行为发生时行为人的主观状态，区分故意与过失，预谋还是激情犯罪，通过嫌疑人的意图来进行责任的区分以及判断处罚的轻重，通过这些因素的判断来构建减轻处罚的适用规则，在古罗马的《十二铜表法》中不仅区分了故意和过失不同的犯罪责任，更记载了西方刑法中最早的减轻处罚事由，即通过弥补损失作为减轻处罚的适用条件。

中世纪时期，减轻处罚的适用事由从单一的主观意图扩展到主观意图与客观危害并重，在评价犯罪行为的责任大小时，不仅是要看行为人主观的违法意图，更要关注其行为造成的客观危害。这时期确定的减轻处罚规则，不仅包括减轻处罚的事由，也包括减轻处罚的适用比例和适用程度，同时与刑罚的方式也密切相关。

在宗教占据主导地位的中世纪西方世界，基督教义同样对法律影响深远，其中爱与宽恕的基督教义对刑罚的严峻性起到了消融缓和的作用。基督教义中的意志自由和人性关怀，使得刑法不仅关注犯罪人的主观意图，更开始关注与人身份关系密切的年龄、精神状态等主体因素，这些也发展成为减轻处罚新的适用事由；同时教义对法律的影响更在于刑法的制定与实施也应符合宗教教义，避免任意与放纵，体现对惩罚者的改造与救赎。

文艺复兴时期，天赋人权、追求自由与权利的启蒙思想冲击了宗教与王权的专制统治，在社会契约论的冲击下，国家刑罚权同样受到影响。刑罚权不能无限制地扩张，必须充分考虑到人权保障等减轻事由存在的合理性。这一阶段的减轻处罚事由从中世纪时期注重犯罪主观、主体方面开始转向客体、客观方面的关注，减轻处罚事由进一步细化。民权思想的进步和宪政制度的初步确立，使得刑罚的正当化事由也日渐引起关注和思考。罪刑法定与罪刑相适应都要求国家刑罚权的裁量与行使必须公平合理、适当，这就为减轻处罚的理性与衡平适用奠定了理论基石。减轻处罚的事由从主观、主体方面的考量转向客观事由，进一步开始关注再犯可能性的大小以及犯罪人的人格责任。《法国刑法典》作为大陆法系刑法典的代表，不仅通过列举了减轻处罚事由，更对适用事由进行了分层归纳，建立了相对完整的减轻处罚适用体例。

西方刑法中的减轻处罚事由的发展开端源于对犯罪主观意图的考量，逐渐发展到对主客观因素的综合考量，到文艺复兴之后发展为更为全面的再犯可能性以及人身危险性等因素的考量。同时，从列举式的零星规定减轻处罚事由到体系化的归纳，明确各事由的适用规则和效力，逐步完善了减轻处罚在制约刑罚残暴性方面的作用，实现了刑罚的宽缓与谦抑。在资产阶级革命时期，刑罚的正当性根据和理由为探究减轻处罚的理由提供了刑罚预防与惩罚节制的研究思路，不仅开始强调刑罚在人权保障方面的价值，同样强调了刑罚在预防犯罪与刑罚成本效益方面的关系，为减轻处罚的理论基础预设了新的前提。

从中国古代刑法中的“仁”“爱”“德”到西方基督教义的“爱与宽容”，中西方在减轻处罚制度的创设初期，都始终拘于和服务于统治阶级的专制需求，其本质是统治阶级的怀柔手段和统治策略的一部分。虽然不乏进步和人权保障的闪光之处，但减轻处罚的适用缺乏程序保障，也未形成相对科学的体例，更遑论其适用的肆意性——一旦出现威胁统治阶级利益的事由，即使存在明显的减轻事由，也无法换取减轻处罚的适用。

（二）近现代部分国家的减轻处罚规定

大陆法系国家中关于减轻处罚的规定各有不同，但是大部分还是采取成文法的形式，在法条中将减轻处罚的规定予以明确，其中部分国家的法条中并不区分从轻处罚和减轻处罚，而是将二者统称为减轻处罚，如日本、意大利、丹麦、瑞典等国。

1. 大陆法系国家中的减轻处罚规定

（1）西班牙刑法典中的减轻处罚规定

西班牙刑法典中减轻处罚分两部分内容规定在刑法典总则中，一部分是刑事责任的减轻事由，另一部分是减轻处罚的规则。西班牙刑法典总则中的适用规则不仅包括适用应当考虑的实质条件，如考虑罪犯的道德表现、与被害人的特殊关系，在符合减刑处罚条件时才能适用，同时还规定了法官和法院予以减轻处罚时的规则[①]，包括：一是个别分析原则，根据犯罪事实的轻重程度和罪犯的个人情况量刑；二是对减轻幅度的限制，如果仅有一个从轻的情节，不足以使法官在较轻的半幅度内予以判罚，如果符合从轻的两个或以上的情节，可以根据案件的性质和数量，减轻一级或两级处罚。西班牙刑法典中其实并未严格区分从轻或减轻处罚，但其从轻的幅度分为在法定刑规定较轻的半径幅度内和减轻一级或两级的处罚，而且其在其他法条中也明确规定了减轻一级是指在原法定刑幅度下限的基础上减少下限的一半，同时明确了减轻一级不受法律对该刑的规定的最低刑罚的限制。西班牙刑法中关于减轻处罚的设置具有一定的科学性，其首先明确了减轻处罚的适用事由，该事由是基于刑事责任的减轻而明确的事由；其次，其在刑罚的执行中明确了减轻处罚的适用规则，这里既包括未遂、煽动犯的减轻处罚，还包括减轻处罚需要考虑犯罪的道德表现、与被害人关系等与犯罪嫌疑人人身特质密切相关的因素；最后，其对减轻处罚作了幅度的限制，虽然这种幅度是既有从轻又有减轻的限制。西班牙刑法中的减轻处罚不仅重视客观事实情节，也注重人身危险性情节，可操作性较强，减轻幅度的限制也较为明确，法条设计具有一定的科学性。

（2）意大利刑法中关于减轻处罚的规定

意大利刑法典中对减轻处罚情节作了详细规定[②]，除在刑法典中规定了普通减轻情节，还有一些特别刑事立法为某些特殊的犯罪规定了特别减轻处罚情节，比如恐怖主义犯罪、绑架罪、集团犯罪以及毒品犯罪等。意大利的普通减轻处罚情节主要是基于以下几方面：一是基于特殊道义或社会意义而实施的行为；二是基于义愤、引诱等实施的部分犯罪；三是被害人的故意与犯罪人的不作为共同造成的；四是侵财类犯罪中，犯罪后果轻微的；五是审判前弥补损失或自动减轻犯罪后果的，同时也规定了除上述情节之外，法官可以考虑其他可以成为减轻处罚的合理理由。意大利刑法典中对减轻处罚的适用规则同样作了较为详细的规定，包括明确应以犯罪人适用的刑罚数量为基础进行刑罚量的增减，并具体细化地规定，如果存在数个减轻或者加重情节时，以何为基础对刑罚量进行增减，包括增加减轻的具体幅度，还规定了导致特殊后果的情节存在时增加或者减轻处罚的规则，同时也规定了法官在某

① 潘灯译：《西班牙刑法典》，中国政法大学出版社2004年版，第25页。

② 黄风译：《最新意大利刑法典》，法律出版社2007年版，第29页。

些特殊的诉讼程序中有权决定减轻刑罚，这种规定类似于中国的酌定减轻处罚的规定。

意大利的刑法典中没有从轻处罚的规定，其减轻处罚的实质包括从轻、减轻处罚，但同时该国法典关于减轻处罚的规定是明确而具体的，不仅区分了普通和特殊的减轻处罚事由，更对减轻处罚的适用规则作了明晰规定，对于减轻幅度、减轻事由的限制都予以了规定。意大利有著名的刑法学家贝卡利亚和费兰杰里，被誉为“刑法之乡”，其刑法的指导思想基础是人性论和功利主义，其刑法制定严格遵守“必要性”，既强调维护社会秩序，又注重保护个人自由，认为刑罚应当符合人道，并且注重刑罚的“宽缓化”发展方向，因此，意大利刑法典中减轻处罚设置的事由和处罚限制体现了意大利刑罚宽缓化的发展方向，并且设置了较为科学和周延的罪行阶梯，这也是强调刑事规范所保护的法益设置的科学性和实效性。

（3）法国刑法典中的减轻处罚规定

法国的新刑法典中已经取消了法定最低刑的规定，因此法国刑法典中的减轻处罚其实已经被实质性取消。但在此之前，法国刑法典中的减轻处罚是广泛意义上的减轻处罚，既包括法定减轻，也包括裁判上的减轻，裁判上的减轻处罚不仅包括法官基于裁决刑罚时而作出的减轻，也包括在刑罚执行时由执行机关作出的缩短刑期或者减少罚金刑的决定。因此，之前法国刑法典中的减轻处罚是包括从轻处罚、减轻处罚以及减刑在内的广泛意义上的“减轻处罚”。虽然法国的新刑法典已经将减轻处罚情节予以排除，仅保留从轻处罚与减刑的规定，但在此之前，其法典中区分了立法者明确规定的减轻处罚和法官自主酌量的减轻处罚，而立法明确规定的该制度又分为特别减轻和一般减轻。目前法国的新刑法典赋予法官较大的自由裁量权，认为法定最低刑没有存在的必要，进而减轻处罚也就无适用的基础，且减轻处罚情节本身适用过程中就存在较多的困难，因此新刑法典就彻底将减轻处罚的规定予以删除。这也正是法国刑罚从重视“必要的刑罚个别化”向“刑罚个人化”的转变，在此之前，法官在考虑行为人行为与性格的基础上，作出减轻处罚的适用，由此实现“刑罚个别化”，而新刑法典规定：“法院在法律规定的限度内，依据犯罪情节及罪犯之人格，宣告刑罚并规定刑罚制度。”[①] 这一原则适

---

① ［法］卡斯东·斯特法尼：《法国刑法总论精义》，罗结珍译，中国政法大学出版社 1998 年版，第 540 页。

用于所有的法人与自然人，以“刑罚个人化”代替了“刑罚个别化”。

2. 英美法系国家中的减轻处罚规定

英美法系作为不成文法系，国家中法典化程度存在差异，更侧重于合理性原则和处罚的必要性，其法律中的用语往往较为概括，没有严格区分从轻处罚和减轻处罚，法律中更多关注的是减轻处罚事由，而这种减轻处罚事由也多是基于犯罪人的责任能力的降低而设置的。如英国刑法中关于精神状态而引起的责任能力的降低，因饮酒引起的精神错乱、麻醉等情形，都可以成为减轻刑事责任的事由。

美国由于各州的刑法规定迥异，仅在个别州的刑法中有规定减轻处罚事由，如康涅狄格州的刑法中将赔偿、恢复被害人权益都作为减轻处罚的事由。但美国颁布的《联邦量刑指南》中建立了量刑数量表，并较为细致地规定特定事由作为减轻处罚的依据，一般分为在量刑指南范围内的减轻处罚事由和指南范围之外的减轻处罚事由。[①]这些减轻处罚事由具体有以下几种类型：一是基于“特殊的行为人因素”，这类型的因素不仅包括年龄、精神及身体状况，家庭情况、教育和职业技能也可以作为减轻处罚的事由，但这些事由都是法官在裁决案件时可以选择的减轻处罚理由。二是在某些具体罪名中也规定了减轻处罚规则，这与该罪名的刑罚等级的划分情况相关，某些罪名应当判处的刑罚不合适时，可以减轻至《联邦量刑指南》规定的最低刑之下。三是偏离量刑指南的减轻处罚事由，这部分减轻处罚事由被严格限制适用，主要是在美国的辩诉交易中，以“为政府提供了实质帮助”而减轻处罚，这部分的减轻处罚的幅度在量刑指南中并无明确规定，检察官在其中占据主导地位。虽然量刑指南对于其他偏离量刑指南的减轻处罚事由严格限制，但对减轻处罚的幅度却没有做过多限制，一般都是由法官裁量具体的减轻幅度，但偏离量刑指南作出的刑罚必须说明理由。同时对于减轻处罚的适用规则，美国的量刑指南也作了较为详细的规定，包括减轻刑种、减少刑量应当适用的条件。虽然美国的《联邦量刑指南》最终因为过于侧重数据化、格式化的量刑规则和标准而失去了强制性，但是其所探索的量刑规则在某种程度上平衡了司法自由裁量权和依规量刑之间的关系，也引起了人们对司法公正与量刑准确之间关系的重视。

---

① ［美］约书亚·德雷斯勒：《美国刑法精解》，王秀梅译，北京大学出版社 2009 年版，第 23 页。

第二章　减轻处罚适用原则及政策

第一节　减轻处罚适用与刑法基本原则

一、减轻处罚与罪刑相适应原则

罪刑相适应原则是我国刑法的基本原则之一，我国《刑法》第5条规定："刑罚的轻重，应当与犯罪分子所犯罪行和承担的刑事责任相适应。"其也被称为罪刑均衡、罪刑相称、罪刑相当原则，这些名称并无实质差别，仅在该原则的价值和罪刑责关系的认定上存在细微差别。有观点认为，这一原则应当称为"罪刑相当原则"，也就是罪刑轻或重应当与量刑轻重相匹配，法律条文之间应当做到犯罪、量刑的平衡统一。有观点认为这一原则实际上应称为"罪刑均衡原则"，即量刑时应当保证所确定的刑罚与罪行的社会危险性以及犯罪人的人身危险性等因素保持一种均衡状态。还有观点认为，所犯之罪与所承担的刑事责任，以及确定的刑量应当是一致的，重罪重罚、轻罪轻罚、罚当其罪，作出罪行轻重的判断要综合考虑罪行与犯罪的各方面因素，确定刑事责任程度，适用相应的刑罚，[①] 该观点认为这一原则应当被称为罪责刑相适应原则，即罪、责、刑三者之间的关系是相互连接、密不可分的，刑事责任是罪行与刑罚的中介，罪行决定刑事责任的大小，而刑罚的轻重又是由刑事责任来决定。

作为近代西方刑事立法的重要原则的罪刑相适应原则，本质内涵包含犯罪行为的客观危害、犯罪人的人身危险性和主观恶性都要与刑罚相适应，根据上述因素综合来确定行为人的刑事责任，进而确定其应受刑罚惩罚的程度，实现罚当其罪，罪刑均衡。但罪刑相适应原则是否需要以刑事责任的存在作为基础或者中介，罪行如何能够直接与刑罚相对应，两者与刑事责任的

---

① 李永升：《罪刑相适应原则的解读》，载《甘肃社会科学》2005年第8期。

关系为何，减轻处罚的适用与刑事责任的认定与否存在何种关系，学界存在几种学说，事关减轻处罚的理论基础问题。

首先，罪刑相适应原则中罪—责—刑三者之间的关系应当如何确立？罪行和刑罚是否可以直接对应？将犯罪行为的客观危害性大小与刑罚的严厉性程度相适应是否能够勾勒出罪刑相适应的真正含义？刑事责任与罪、刑之间的关系应如何界定？罪刑相适应原则中的“罪”不应作狭义的理解，这里“罪”不仅指行为人实施的危害行为及其造成的危害后果，还应当包括社会危害性程度等能够体现犯罪各个因素的犯罪事实，唯有此，才能将“所犯罪行”与“承担刑事责任”连接，符合法条的规定。而这里刑事责任的含义应当是犯罪行为引起的法律后果，是国家依据刑事法律对行为人所实施的犯罪行为所作的谴责与非难。[①] 刑事责任与“罪”的定义相连，共同决定了应受的刑法惩罚，刑事责任的认定并不代表刑罚的确定，二者之间不能画等号。从逻辑上看，刑事责任更接近于刑罚的上位概念，无刑事责任则无刑罚，但并非所有应当承受的刑事责任都要通过刑罚的方式来实现，所以犯罪无法与刑罚直接相对应，犯罪是和刑事责任相连的。从理论和实践上看，刑事责任基础是犯罪，但是刑罚的产生是由法院作出裁决，并非有责必有刑罚。

其次，刑事责任在罪与刑之间究竟何种存在逻辑？刑罚的轻重由罪行与刑事责任共同决定，抑或是刑事责任是犯罪与刑罚之间的中介，由犯罪决定了刑事责任的大小，再由刑事责任决定刑罚的轻重，三者之间是否存在这种递进衍生的关系？对三者的关系具有以下几种学说：一是递进说，认为刑事责任是犯罪与刑罚的中介，办理刑事案件的过程与步骤是首先认定犯罪，其次确定责任，最后决定刑罚。该观点认为罪刑相适应原则中，犯罪与刑罚之间不是直接简单的对应关系，应当以刑事责任为纽带，递进的逻辑架构来理解罪责刑。二是综合说，该观点认为刑事责任是与犯罪、刑罚相互联系作用，共同决定了罪刑相适应原则的适用，即刑罚的轻重不仅要满足刑罚报应的一般正义要求，也就是与犯罪的社会危害性相适应，还要满足刑罚预防的个案正义的需要，与犯罪人的人身危险性相适应，从而为获得正确的犯罪评价和刑事裁量提供根据。三是统一说，这种观点认为犯罪、刑事责任与刑罚统一于定罪量刑的整个过程，是互相联系又互相区别的有机整体。刑事责任既反映了犯罪行为的社会危害性，也反映了行为人的人身危险性，是对犯罪

① 李永升：《罪刑相适应原则的解读》，载《甘肃社会科学》2005 年第 8 期。

人格的否定评价。因此，刑事责任是犯罪的必然结果，是刑罚处罚的前提和基础，决定了处罚的必要性和严厉性。刑罚的轻重是通过根据犯罪所造成的社会危害程度和犯罪所造成的人身危害程度来调整刑事责任实现的。四是主从说，认定刑事责任具有自己的实体属性、内容和功能，其通过考虑已然犯罪的社会危害性来对应其与犯罪的关系，这也进一步决定了刑罚评估制裁的依据是行为人已然实施的罪行责任，同时考虑行为人对未实施犯罪的人格责任。在该学说中，刑罚的轻重是与已然罪行的行为责任相适应的，同时未然犯罪的人格责任对刑罚起到补充或限制的修正调节作用。

刑事责任与罪行、刑罚的关系、位序影响到罪刑相适应原则的正确理解，更直接关系到减轻处罚原则的适用根据问题。

第一，减轻处罚是行为责任的减轻。刑事责任中将责任划分为行为责任和人格责任，与犯罪的社会危害性对应的是行为责任，与犯罪的人身危险性对应的是人格责任，其中行为责任是首要责任，而人格责任为次要责任。在递进说的罪刑相适应原则中，要先考虑行为的社会危害性这一决定性因素是否与刑罚的轻重相适应，再考虑其人身危险性与刑罚的适应问题。该学说中，减轻处罚之所以可以减轻，首先是基于犯罪人具有其所犯罪行的社会危害性明显降低的情状事由，其次再考虑其具有使再犯可能性降低的人格责任减轻的情状。此递进说的罪刑相适应原则，减轻处罚需要考虑两次责任评价问题，即先考虑行为责任的减轻评价问题，再考虑人格责任减轻的评价问题，是有位序的递进关系，虽在某种程度上区分了刑罚报应和刑罚预防的主从差别，但是没有将两者在减轻处罚中的程度问题阐释清楚，容易造成两者的比例差异，引起减轻处罚适用的量刑失当，并不能真正厘清减轻处罚中报应与预防的关系和比例，也无法真正发挥减轻处罚的作用。

第二，罪刑相适应原则中体现的罪刑关系应当是社会生活客观规律的反映，犯罪与刑罚的对应关系最终要在社会生活关系中的客观危害和主观性中有所映射，犯罪与刑罚的关系也应当是主客观对立统一的刑事责任的实体，这也是综合说的罪刑相适应原则中认为的刑事责任的下位范畴是犯罪与刑罚，刑事责任综合犯罪的社会危险性和人身危险性、刑罚的报应和预防的关系为刑罚的正确裁量提供基础。基于该立场，减轻处罚需要根据罪行的情状来做出是否减轻处罚的基础判断，再根据责任的轻重给予相应比例的减轻处罚裁量。但是将刑事责任定义为一个凌驾于犯罪与刑罚的上位概念，强调其在二者之间的综合统筹地位，却忽略了这样具有模糊性和抽象性，根本无法对减轻处罚提供功能性的指导，只能使减轻处罚陷入估堆式的裁量模式。基于其没有在犯罪与刑罚的关系中体现独立的对应实体关系，也仅能为是否适用减轻处罚提供指导，或者为减轻处罚适用比例提供大致的裁量判断，无法为实践和理论提供指导价值。

第三，犯罪、刑事责任和刑罚统一于定罪量刑的整体，但三者均为独立的范畴，有自己的实体属性、内容与功能，这三者在罪刑相适应原则中的关系直接影响到减轻处罚在该原则中的理论立场。

犯罪人对犯罪前行为的责任对量刑的影响应该是根本性的、决定性的，对犯罪人犯罪前行为的责任的认定，在量刑评估中应该具有额外的矫正、调节、限制的功能。影响刑罚轻重的基础是已然实施的罪行中的行为责任，而人格责任的认定在刑罚裁量中起到修正、调节以及限制的功能。这种理论在某种程度上将报应刑与预防刑做了主从关系的区分，以期实现精准科学量刑。在该种学说中，针对行为责任降低而予以的减轻处罚，其比例可以相对较大，体现的是行为责任所对应的报应刑的适用，由此来确定减轻处罚的基准；而针对人格责任降低而给予的减轻处罚，其比例相对较小，且减轻处罚的裁量要以前者为基础，并在此基础上进行调整，体现报应刑与预防刑的主从关系。但该种理论忽略了责任减轻并不同于人格责任的减轻，如果罪行中仅存在多个人格责任的减轻事由，那么能否触及报应刑的降低，其降低的比例和幅度是否可以趋向于免除处罚？如果多个人格责任的降低无法与行为责任的降低等价代换，那么如何体现减轻处罚在刑罚预防和刑罚个别化上的裁量功能？

深刻理解罪、责、刑三者的关系可以从不同角度为减轻处罚提供理论指引，为减轻处罚的适用基准、方法和路径提供启示。尽管我国学界对于罪刑相适应原则有不同的观念和立场，但是减轻处罚作为一种刑罚裁量，不仅需要符合该原则的题中之义，更需要充分顾及该原则对理论与实践的指导。

减轻处罚作为一种刑罚裁量，不仅立足于刑罚报应基础，更兼顾刑罚预防功能，其之所以成为罪刑相适应原则的题中之义，是因为在罪、责、刑三者的关系转换中体现了刑罚报应与预防是以犯罪人的行为责任和人格责任为依据，反映出犯罪人的社会危害性和人身危险性的映射关系，从而阐释了以行为责任所对应的报应程度为减轻处罚的基准，以人格责任所对应的预防考量为补充，而进行的一种刑罚裁量过程。准确理解减轻处罚的适用过程，要明确减轻处罚的适用是在符合报应与预防对立统一的基础上，经过二次裁量减轻而确立刑罚轻重的过程。首先是通过犯罪人已经实施的犯罪行为确定其行为的责任程度，这部分对应的是报应刑罚的量，这也是减轻处罚的适用基准；其次是根据犯罪行为在基本犯罪构成之外是否存在其他主客观趋轻的情状，即是否存在减轻处罚事由，来对已经确立的基准刑进行调节，在此基础上形成了减轻处罚的责任刑；最后，而预防刑的形成需要考量犯罪人再犯可能性及人身危险性，由此产生所对应的人格责任的大小，对责任刑进行再次减轻处罚的调节和修正，以达成减轻处罚的最终适用。因此，通过反映行为人的行为责任的趋轻和人格责任的趋轻而适用减轻处罚，既实现了刑罚个别化的功能价值需求，也体现出罪责刑相适应原则。

二、减轻处罚与刑罚个别化原则

（一）刑罚个别化的定义

刑罚个别化和刑事责任、刑罚目的息息相关，是刑事近代学派主张的重要理论之一，在现代刑事立法、司法和执法活动中占据重要地位。刑罚个别化的定义存在几种观点，日本刑法学家木村鬼二认为：“刑罚个别化指的是反对离开行为人具体的犯罪行为，以所谓的标准统一进行刑罚，而赞成通过根据罪犯的个人情况进行不同的判决来改造罪犯，以使得犯罪人可以回归社会的思想。”[①]这种将刑罚个别化限定为“科以与此相应的不同的刑罚”的定义，是将刑罚个别化等同于量刑个别化，这种观点的实质是认为刑事责任的实现方式仅为“刑罚”，我国学界也有很多学者支持该观点，认为刑罚个别化就是指：“在确定刑罚时，根据犯罪人罪行的社会危害程度和犯罪人的人身危险性大小，有针对性地判处适当的刑罚和刑期。”同时也有学者将量刑个别化和行刑个别化的有机统一认定为刑罚个别化的本质含义。[②]但目前的主流观念还是认为，刑罚个别化应当是制刑个别化、量刑个别化和行刑个别化的统一，主要是指以刑罚目的实现为目标，要在刑罚制定中、刑罚裁量和刑罚执行中考量犯罪及行为人的具体情况，从刑事立法到行刑司法的整个过程实现以犯罪行为危害程度、犯罪人的人身危险程度为标准的个别化刑罚体系。

---

① ［日］木村鬼二主编：《刑法学词典》，顾肖荣译，上海翻译出版社 1991 年版，第 416 页。

② 参见樊凤林主编：《刑罚通论》，中国政法大学出版社 1994 年版，第 120 页。

因此，刑罚个别化与量刑个别化不是同一关系，而是包含和被包含的关系。而我国《刑法》第 61 条被认为是刑罚个别化原则在我国刑法中的体现，该条文中强调的是“决定刑罚”的时候，但根据上文的讨论，这里的“决定刑罚”，不仅仅指的是判决刑罚时，制定刑罚和刑罚执行过程中都存在“决定刑罚”的时刻，因此，从制刑到行刑的整个过程都是刑罚个别化的体现，因此虽然量刑个别化仅是刑罚个别化中的一环，但确是至关重要的一环。在厘清刑罚个别化定义的基础上，要理解为何减轻处罚是刑罚个别化的题中之义，就必须清楚刑罚个别化的实质内涵是什么，其在量刑过程中是如何起到价值引领的作用，减轻处罚规则在量刑中的运用如何来契合刑罚个别化的价值内涵？

（二）刑罚个别化的价值内涵

在西方的刑罚学争论归根结底是刑罚的根据之争，即报应主义和预防主义的争论。而预防主义中一般预防与特殊预防的区别和对立，也正是刑罚个别化主张的理论来源。要正确认识刑罚个别化，我们首先要清楚刑罚个别化的依据是什么，适用范围为何以及刑罚个别化所要实现的目的究竟是什么。

刑罚个别化的理论基础是刑罚的特殊预防。刑罚的正当化根据不仅有报应刑与预防刑之争，在预防刑之中还有一般预防和特殊预防的对立冲突。要正确而理性地认识刑罚的功能，就必须客观地看待一般预防和特殊预防在量刑中的关系。一般预防认为可以通过对罪犯加以刑罚对一般社会民众起到威慑作用，但在具体的刑罚裁量过程中如何发挥该功能？首先，刑罚作为一种否定犯罪而施以制裁的手段，向人民喻示犯罪行为的不可接受性，对一般民众的威慑力是不可否定的，这就是刑罚的一般预防功能，它究竟能发挥多大的威慑力无法通过具体的数据统计和案例来显现，但并不能因此而彻底否认一般预防的价值。刑罚是通过国家对某些行为的否定，进而施以严重的后果，对民众起到震慑作用，督促民众遵纪守法，但是如果在量刑中考虑一般预防的作用，以严厉的刑罚对其他民众宣示国家对犯罪的否定，会存在将犯罪人作为预防他人犯罪的工具之嫌，导致刑罚过于严厉、残酷。其次，无论是积极还是消极的一般预防，都无法在量刑时发挥真正的作用。理论上认为，积极的一般预防目的是“使国民的规范意识觉醒和得到强化”，这一目的已经在责任刑的量中得到了体现，如果在量刑时再次根据犯罪情节考虑一般预防的目的，会有重复评价之虞。[①] 在量刑时，不能因为考虑消极的一般预防是为了防止他人可能实施相同的犯罪行为，就对犯罪人施以重刑以威慑他人，这无疑是将犯罪人作为实现消极一般预防的工具。最后，量刑中应当考虑预防必要性。这里的预防必要性必然是特殊预防的大小，因为在确定罪行法定刑轻重之时，一般预防的目的和价值就已经被考虑在内，因此在量刑时，就应当是在责任刑之下实现个案的刑罚个别化。在法定刑确定之时，立法者或者法官无法判断犯罪者特殊预防的大小，只能在量刑时或者刑罚执行时，根据犯罪者再犯可能性、人身危险性的大小确定刑罚的轻重或行刑的情况。综上，量刑时必须考虑犯罪人所具备的特殊预防必要性的事实，根据上述必要的预防事实和情节，对犯罪人实施个别化的刑罚，否则无法实现特殊预防的功能价值。因此，特殊预防的需求是刑罚个别化的基础。

（三）实现刑罚个别化的核心因素

作为与刑罚的特殊预防功能紧密相连，也是刑罚目的实现的重要途径的刑罚个别化，脱胎于刑罚的特殊预防目的，即法官在裁量刑罚时要以已经存在的反映犯罪人的人身危险性的事实为依据，而这种体现其人身危险性即再犯可能性大小的事实正是决定刑罚轻重的重要根据之一。法官需要根据案件责任程度与被告人特殊预防必要性的大小，作出符合刑罚正当化根据的量刑判断。实现刑罚个别化要求适用刑罚时，必须考虑罪犯的年龄、成长环境和一贯表现，考虑犯罪的动机、方法、后果和社会影响，以及在犯罪后补偿损害之努力和其他情况等体现罪后态度的因素，以达到有利于何止犯罪和使犯罪改过自新的目的，这就是刑罚个别化原则。[②]

刑罚个别化原则中最核心的问题是人身危险性概念的认定，是刑事古典学派和刑事近代学派分歧而来的产物，人身危险性是刑罚个别化原则的理论基础，对于理解刑罚个别化和减轻处罚的关系意义重大。人身危险性在我国学界存在两种分歧意见：一种观点认为这指的是行为人的再犯可能性，即犯罪人的存在对社会所构成的威胁；另一种观点认为人身危险性即潜在犯罪人的犯罪可能性，除了包括再犯可能性外，还应包括初犯可能性，两者分别属于特殊预防和一般预防的范畴，有学者认为人身危险性只能与刑罚目的中的

---

① ［日］曾根威彦：《量刑基准》，载苏惠渔等编：《中日刑事法若干问题》，上海人民出版社 1992 年版，第 59 页。

② 张明楷：《责任刑与预防刑》，北京大学出版社 2019 年版，第 337 页。

特殊预防紧密相连，与一般预防是对立和冲突的，也就是说人身危险性仅能考量犯罪人本人，不能考量尚未实施犯罪的其他人，因为人身危险性概念就是与特殊预防密切相关的。

综上，刑罚个别化是通过人身危险性的判断来实现的，而人身危险性主要指的是行为人的再犯可能性，行为人重新犯罪可能性大，可以判处较重的刑罚，而判处较轻刑罚的前提通常也都是行为人重新犯罪的可能性小。人身危险性是量刑和刑罚执行中需要考虑的重要因素，更是减轻处罚与从轻处罚适用的关键性因素，要厘清对犯罪人适用减轻或者从轻处罚，就必须明确人身危险性大小的判断标准。既然作为实现刑罚个别化的核心，其大小的判断标准就应当是能够对刑罚特殊预防发挥作用的影响因素，包括犯罪人犯罪前、犯罪中和犯罪后的个人情况，这里又可以具体分为对刑罚处罚的轻重起作用的，即犯罪人身危险性，以及对教育改造罪犯起作用的犯罪人的一般情况。

（四）减轻处罚是刑罚个别化的实现途径

前文中已经论述，刑罚个别化应当包括刑罚制定、刑罚裁决以及刑罚执行的各个过程，而人身危险性作为其核心因素，在刑罚个别化的实现进程中意义重大。要通过量刑或者行刑来实现刑罚个别化，就必须清楚哪些因素影响了人身危险性的判断，但学界对人身危险性存在不同观点。有观点认为应当根据犯罪者在犯罪前、犯罪中和犯罪后的个人情况来判断其人身危险性的大小；另有观点认为，所有影响刑罚特殊预防的作用发挥的因素都应当纳入判断人身危险性大小的因素，比如犯罪者年龄、价值观、道德水平，再如犯罪原因、生活经历和家庭关系等影响再犯可能性大小的事实，而这些因素又可以分为决定刑罚轻重的和决定行刑和教育改造方式的。毫无疑问，判断人身危险性的因素要在区分量刑情节和行刑情节基础上来划分。

在刑罚裁量的过程中，作为反映人身危险性的量刑情节能够影响刑罚的轻重，如立功、认罪认罚以及自首、坦白等反映犯罪者认罪态度的情节，都直接关系到司法成本的降低与否，也关系到具体罪行认定的难易；还有退赃退赔、赔偿被害人损失以及与被害人和解，这些关系到社会矛盾的化解与社会关系的恢复，都能直接影响最终刑罚裁决的轻重，这些反映人身危险性因素的情节都应当被纳入量刑情节。

同时也必须明确，并非所有体现人身危险性的情节都可以作为量刑情节。有学者提出：量刑情节是指除定罪事实以外的，与犯罪或罪犯有关的非法定事实，反映了犯罪的公共风险或罪犯的个人风险，因此在决定是否从宽、从严以及免除处罚时必须加以考虑的各种具体实施情况。[①]在此观点中，除去定罪情节之外，体现社会危险性的情节毫无疑问应当被纳入量刑情节，但体现人身危险性的情节中，要筛选出与刑罚报应目的紧密相连的因素，比如累犯、再犯、前科行为等；与刑罚特殊预防目的息息相关的因素，也应当纳入量刑情节，比如惯犯，不仅反映了行为人的再犯可能性，也间接反映了行为的主观恶性，而主观恶性体现的是责任刑的大小。综上，能够作为量刑情节的人身危险性情节，必须是与刑罚报应目的和预防目的相关的情节。因为人身危险性情节中某些因素是无法在量刑中予以考量的，比如犯罪人的社会关系、社会身份。假设行为人是知名人士，社会身份地位较高，实施了严重的恶性犯罪，因为其影响力巨大，判断其一般预防必要性较大，对其裁量超出特殊预防必要性范围之上的刑罚，以达到警示威慑社会民众的目的，显然违背罪刑相适应原则。因此，只有与定罪情节紧密相关的人身危险性情节才能作为量刑情节。

由此可知，人身危险性因素中并非所有的都可以作为量刑情节，而其中大部分影响特殊预防实现的情节都可以纳入量刑情节的范畴，这部分情节中绝大多数属于减轻处罚情节，比如自首、立功，以及行为人的年龄和身体状况，这些都是常见的减轻处罚因素。从刑法的机能来看，刑法需要在保障被告人人权的基础上，保护法益不受侵害、保卫社会，维护规范的权威，而现如今的司法裁量是在司法克制主义和司法能动主义的博弈下，形成的所谓的"温和的司法能动主义"，法官可以行使自由裁量权，但必须根据法律依据和量刑规则，如果仅考虑刑罚的报应目的，就会出现法益保护不周、规范权威性丧失的风险，因此要兼顾一般预防的必要性。无疑，刑罚的确定是要以责任刑的承担为上限，但是特殊预防的必要性要求刑罚个别化，如果有减轻处罚情节适用的可能性，预防刑的下限是可以被突破的，这种突破是以犯罪人影响量刑情节的人身危险性因素存在为前提的。因此，减轻处罚情节的适用是实现刑罚个别化的途径，通过甄别其中能够影响量刑情节的人身危险性因素，防止过于追求刑罚的报应目的和强调刑罚的一般预防目的而造成实质性的量刑不公。

---

① 陈兴良：《刑事司法研究》，中国人民大学出版社2008年版，第91页。

第二节　减轻处罚与宽严相济刑事政策

一、宽严相济刑事政策概述

刑事政策是一定社会对犯罪反应的集中体现[①]。我国1979年刑法确立了惩办与宽大相结合的基本刑事政策，其包含着对犯罪分子主从区别对待，孤立打击少数，挽救改造多数的策略方针，总体上可以体现刑罚的宽严有度。1997年刑法条文中将罪刑法定原则规定其中，这表明我国法治化进程有着实质性的进步。2004年宽严相济的刑事政策首次被提出，随即“正确执行宽严相济的刑事司法政策，实现法律效果和社会效果的统一”成为刑事办案过程中的重要指针，同时也是“惩办与宽大相结合”的坚持和发展。

刑事政策作为一种公共政策，是一个宏大而复杂的动态系统。[②]作为符合我国社会发展要求和惩治犯罪规律的刑事政策，宽严相济刑事政策内涵丰富，指导刑事司法活动的全过程。如何正确界定该政策的内涵，是理解宽严相济刑事政策与减轻处罚关系的基础。

首先，宽严相济刑事政策中的“宽”和“严”的含义。“宽”顾名思义应当指轻缓，这里的轻缓指的是在刑罚裁量和执行时，能轻则轻，当轻则轻，即犯罪者具备从轻、减轻或者免除处罚的从宽处罚情节时，应当体现这些宽缓情节的适用，无论罪行本身是轻罪抑或重罪，只要有从宽的轻缓情节，都应当予以适用。“严”指的是刑罚的严格性和严厉性，严格性是指不枉不纵，对于应当判处刑罚的犯罪严格按照罪刑法定的要求判处刑罚；严厉性是指当重则重，对于应当判处重刑的犯罪从重处罚。这里既包括对社会危害性较大的犯罪，从严从重打击，保持高压态势，以重刑处置起到威慑作用，同时对于社会危害性较小的犯罪，如果具有累犯、再犯等人身危害性较大的犯罪，也应当在量刑中体现从重处罚，体现刑罚的严厉性。

其次，宽严相济的刑事政策中“宽”和“严”如何体现“相济”的关

① 陈兴良：《宽严相济刑事政策研究》，载《法学杂志》2006年第1期。

② 曲新久：《论刑事政策——作为权力知识的公共政策》，载陈兴良主编：《中国刑事政策检讨——以“严打”刑事政策为视角》，中国检察出版社2004年版，第117页。

系。宽严相济刑事政策作为惩办与宽大的继承和发展，优越之处在于以“相济”体现了“宽”和“严”的关系。“相济”要求“宽”和“严”之间应达成一种平衡和协调，对待犯罪应当宽严适当，有宽有严，把握宽和严的边界、幅度，形成衔接，不能偏废一方，陷入过于严苛的重刑窠臼，也不能无边宽缓陷入非刑罚化、去刑罚化的歧途，要在“宽”和“严”之间形成合理的平衡、互补，保障刑罚目的发挥至最佳效果，保障刑罚的适用与社会的发展趋势和社会治理需求相契合。

二、宽严相济刑事政策与减轻处罚的关系

宽严相济作为刑事政策，对刑事诉讼活动的指导价值不言而喻，通过指导刑事量刑过程，形成合理的量刑规则，这是实现宽严相济刑事政策的有效途径。宽严相济的刑事政策体现的是兼具惩治犯罪和保障人权的国家意志，不能一味求重，追求严刑峻法，而要宽严相宜，看到个案中犯罪人已然存在的人身危险性降低的事实，相应地适用从轻或者减轻处罚情节。

（一）宽严相济的刑事政策与减轻处罚的地位

在宽严相济的刑事政策中，当宽则宽的精神要求不能随意忽视对犯罪者有利的从宽处罚情节，只要个案中存在可以或者应当适用的减轻处罚情节，就应当积极地对犯罪者适用从轻或减轻处罚裁量，缓和社会矛盾、减少社会对抗，满足罪刑相适应和刑罚个别化的需求。我国宽严相济的刑事政策是契合当下社会情势和时代背景所创制的惩治政策，其主旨是该严则严、当宽则宽、宽严相济、罚当其罪。

任何刑事政策的制定和实施都是与社会治理背景密切相关的。我国实现了首个百年奋斗目标，全面建成了小康社会，社会经济结构进入转型期，互联网经济高速发展，产生了新型犯罪手段和犯罪手法，刑事政策应当适应当前社会情势的变更。改革开放的 40 多年来，我国社会长期稳定发展，刑事犯罪结构也发生重大变化，根据最高检公布的数据，重罪案件的占比从 1999 年的 19.6% 下降至 2019 年的 2.7%，与之对应的是判处三年以下的轻刑人数占比上升至 78.7%。在重罪比例持续下降，轻罪迅速增加的形式下，进一步落实宽严相济刑事政策，对实现维护社会稳定、缓和社会矛盾的意义重大。而宽严相济的刑事政策要求，立足个案情形，对存在从轻、减轻抑或是免除处罚情节的，当轻则轻，不能片面地理解所谓的刑罚功利观念，而不顾刑事政策的指引，无视犯罪人趋轻的情状，不顾其人身危险性降低和预防必要性减

轻的事由，忽视人格改善和被告人的权益保障，陷于重刑峻罚的非理性刑罚功利观中。宽严相济的刑事政策要求在具体个案中，满足减轻处罚适用事由的，应用尽用，充分考虑和满足减轻处罚裁量的裁决适用。

（二）宽严相济的刑事政策与减轻处罚的适用幅度

减轻处罚的适用从来都不是单独出现的，其与从轻、免除处罚共同形成了我国刑罚从宽处罚的量刑阶梯，因此，在具体适用减轻处罚的刑罚裁量中，宽严相济的刑事政策直接影响到减轻处罚的适用幅度。减轻处罚与其他从宽处罚情节相伴出现，本意是为了适应个案的具体情状不同，给法官以灵活、弹性的规定，但司法工作者必须以宽严相济的刑事政策为指引来恰当地行使自由裁量权，使减轻处罚的适用满足其在实现罪刑相适应和刑罚个别化上的价值，而这也同样是宽严相济刑事政策实现的关键。

减轻处罚分为法定的减轻处罚和酌定的减轻处罚，法定减轻处罚的情节对刑罚轻重的调节是相对确定的，但是适用幅度的大小仍需要法官在宽严相济的刑事政策的指引下做出幅度的裁决，而其中酌定减轻处罚情节在法条中缺乏具体规定，法官也需要在宽严相济的刑事政策下，根据犯罪事实和情节，运用裁量权进行甄别提取。如已满七十五岁的犯罪分子故意犯罪，法条规定可以从轻或者减轻处罚，但究竟是对其从轻处罚抑或减轻处罚，或者考虑其犯罪动机卑劣，社会影响恶劣，不对其从宽处罚，都是需要司法工作者在宽严相济的刑事政策指导下结合具体的犯罪情状作出决定。而在宽严相济的刑事政策下，当宽则宽就应当综合犯罪者的社会危险性和人身危险性，对其在允许的范围内选择从轻、减轻等从宽处罚，并进一步结合其犯罪的预防必要性大小的具体情状，对其裁决适用减轻处罚的幅度。因此，宽严相济的刑事政策直接影响着减轻处罚的适用幅度。

（三）减轻处罚的适用与宽严相济刑事政策的适用效果

减轻处罚作为量刑中的重要规则，其本身就与宽严相济的刑事政策关系密切。在刑事司法活动中，民众对量刑结果的感受最为直观，而减轻处罚的适用得当与否关系重大，这也是宽严相济刑事政策能否得以实现至关重要的环节。减轻处罚源于报应与公正预防的刑罚目的观，表明犯罪者具有责任趋轻的类型化事实，反映着罪与刑之间的对等性，承载着刑法所欲追求的价值目标，这些都直接影响着该刑事政策的适用效果。

宽严相济的刑事政策中，“宽”的实现效果直接取决于减轻处罚情节是否得到了充分适用。比如又聋又哑的人实施犯罪，刑法规定可以从轻或者减轻处罚，但是如果这个又聋又哑的人实施犯罪完全出于卑劣动机，犯罪手段残忍，完全可以对其不适用减轻处罚，甚至亦可对其不适用从轻处罚，宽严相济并不意味着一味地从宽从轻，而是要根据犯罪者本身是否具有从轻或者减轻处罚的情状，决定是否适用；如果又聋又哑的人一贯表现良好，犯罪是出于生活所迫，具有明显的人身危险性降低情状，可以对其适用减轻处罚，完全契合宽严相济的刑事政策价值内涵。

三、宽严相济刑事政策下的减轻处罚适用

量刑无疑是宽严相济刑事政策能否实现的重要环节，但量刑活动本身受到很多附加的价值因素的影响。在相对确定的法定刑和量刑情节中，如何在法官的自由裁量权和刑事立法的刚性规定上搭好桥梁，需要一个能够适应社会需求的政策和理念予以引导。现阶段宽严相济的刑事政策无疑是相对宽松的刑事政策，其价值追求立足于特别预防和刑法谦抑主义的需要，决定着刑法价值的实现，这与减轻处罚的价值内涵不谋而合。因此，减轻处罚的适用直接关系到宽严相济刑事政策功效的发挥。

首先，减轻处罚的适用影响着宽严相济刑事政策的导向功能。宽严相济是一种刑事政策，而定罪量刑的唯一依据是法律，法律可以在政策指导下适用，因此刑事政策对司法过程具有导向性，而非决定性。减轻处罚作为体现犯罪者责任事由和人身危险性降低而给予在刑罚裁量上的宽缓，酌定减轻处罚情节尤其充分体现法官自由裁量权，其适用反映了宽严相济的政策导向和趋势，也为灵活性的政策指引以法律明文规定的形式加以制约和限制，使政策的适用没有突破法律的框架，避免了以政策代替法律，强调了政策对司法过程的导向作用。

其次，减轻处罚的适用体现了宽严相济刑事政策的调节功能。刑事政策是具有策略性的公共政策，在执行过程中总体上是符合社会治理需求的，但是其必须能够适应复杂多变的社会环境和改革转型期的社会矛盾和犯罪形式，这就要求宽严相济的刑事政策的大方向是稳定的，但可以根据犯罪结构的变化衍生出具体方针举措，比如对未成年人犯罪的“教育、感化、挽救”为主的方针。因此，宽严相济的刑事政策在面对社会发展中的不确定参数和可能存在的情势变更时，具有灵活性、适应性和调节性，在具体个案的运用中更是如此。减轻处罚的适用就充分体现了宽严相济刑事政策在具体个案中的适应性，减轻处罚某种层度上是“宽”和“济”的双重体现，因为减轻处

罚几乎不单独出现在量刑情节中，其与从轻处罚、免除处罚形成阶梯式量刑情节，充分地体现了宽严相济刑事政策的调节功能。

最后，减轻处罚的适用发挥了宽严相济刑事政策的弥补功能。众所周知，当法律被制定出的那一刻起就已经落后于社会发展的需要，但是为了保持刑事立法的稳定性，刑事立法无法穷尽社会发生的一切事件，其自身的稳定性、确定性也决定了在某些社会情况发生后，在无相关法律规定时面临着解释不力的缺陷。而刑事政策的灵活性恰恰可以弥补法律的僵硬，可以根据社会发展需求和犯罪结构态势的变化，及时地做出调整以适应这种社会管理需求，因此，宽严相济的刑事政策具有一定的弥补功能。减轻处罚的适用同样发挥着宽严相济刑事政策的弥补功能，尤其是酌定减轻处罚的适用。如果说法定减轻处罚情节是已经在刑法条文中予以明确规定的具体情节，那与之相对应的酌定减轻处罚情节没有在条文中具体规定，法官可以根据所犯之罪的社会危害性和人身危险性进行甄别提取，是法官行使自由裁量的调节器。如果酌定减轻处罚情节的法律机能弱化，宽严相济的刑事政策将失去一个重要的体现平台。因此，酌定减轻处罚情节的适应与否也直接关系到宽严相济刑事政策弥补功能的实现与否。

第三节　减轻处罚与认罪认罚从宽制度

认罪认罚从宽制度是践行宽严相济刑事政策的一项重要制度。2018 年修订的《刑事诉讼法》将认罪认罚从宽制度正式从一项实践经验上升为法律规定，但是其性质既非纯粹的刑事政策也非单一的诉讼程序，其从实体上有别于坦白、自首等从宽量刑情节，在程序上也迥异于刑事和解或简易、速裁程序。认罪认罚从宽制度既有实体价值，又有程序价值，是集实体规范和程序规则于一体的综合性法律制度。① 这项制度适用于刑事诉讼中的侦查、审查起诉和审判的全过程，是刑事司法领域的一项重大制度变革，在提升司法效率、节约司法成本、缓解社会矛盾、减少对抗冲突方面意义重大。作为既有实体规范又兼具程序规则的制度，认罪认罚从宽制度在实体方面的“从宽”

---

① 苗生明、周颖：《认罪认罚从宽制度适用的基本问题——关于〈适用认罪认罚从宽制度的指导意见〉的理解和适用》，载《中国刑事法杂志》2019 年第 6 期。

体现的是量刑从宽，该“从宽”与减轻处罚适用的价值内涵是契合的，但是在具体适用方面也存在争议之处，“认罪认罚”是否属于量刑情节，其“从宽”的幅度与减轻处罚这类量刑情节的从宽幅度是否可以重合，如果不能重合，那么这里“从宽”的实现路径是否被限制，认罪认罚从宽制度的适用如何与减轻处罚这类具体的量刑情节做好衔接适用。

一、认罪认罚从宽制度的从宽内涵

认罪认罚从宽制度改革的价值追求为何，学界有不同的说法。有观点认为认罪认罚从宽制度是宽严相济刑事政策的法律化和制度化，其本质是在释放宽严相济刑事政策宽缓化的一面；也有学者认为认罪认罚从宽制度的核心目标是为了缓和刑事司法中的人案矛盾冲突，降低司法成本，提升司法效率，认为“公正为本，效率优先”才是认罪认罚从宽制度的核心价值取向。[①]在该制度的初期试点中，追求司法效率，将程序化价值放在了优先位置，而最终该制度在《刑事诉讼法》中予以规定，进一步昭示了其作为刑事程序制度改革的地位，但是认罪认罚制度作为兼有实体价值和程序价值的刑事司法制度，单纯地考虑程序价值，而忽视其在实体权利供给方面的价值，无疑是偏颇的。

我国刑法中规定了罪刑法定原则，这就要求无论是定罪情节和量刑情节都应当有法律的明确规定，如果将认罪认罚作为量刑情节，就应当在刑法条文中予以明确规定，给予其作为量刑情节的合法地位。如果认可认罪认罚从宽作为一个量刑情节，那其从宽的价值基础和动因不应仅局限于节约司法资源，应当从刑罚目的论观点来分析认罪认罚从宽的价值基础，而认罪认罚这一情节影响的是预防刑还是兼有责任刑的降低，学界存在争议。周光权认为认罪认罚影响的仅是预防刑，因此应当在刑法条文中有所体现。[②]但亦有学者认为认罪认罚从宽的正当依据包括认罪认罚导致的责任刑减轻。本文赞同认罪认罚从宽从刑罚论角度上考量，其仅能对预防刑产生影响，单纯的认罪认罚无法对责任刑的降低产生影响，理由如下：

首先，量刑理论中的通说观点认为，责任刑是刑罚的上限，刑量不能超过犯罪者所承担责任的范围，因此，要在确定责任刑的基础上根据预防的必

① 陈卫东：《认罪认罚从宽制度研究》，载《中国法学》2016年第2期。

② 周光权：《论刑法与认罪认罚从宽制度的衔接》，载《清华法学》2019年第3期。

要性，来发挥预防目的的调节作用，即根据包括危害后果、罪行形态等在内的犯罪客观事实、社会危害性来确定责任刑的大小，再根据判断犯罪者人身危险性大小影响预防刑高低的因素，来综合确定刑期。责任刑确定的基础是犯罪者本身犯罪行为的危害程度，其实施犯罪行为时所实行的行为直接决定了责任刑的大小，而其在犯罪后的行为，如认罪悔罪彰显的是其人身危险性降低，即再犯可能性趋小，表明特殊预防的必要性减轻。从一般预防角度来看，犯罪者自愿认罪认罚，对其从轻处罚有利于恢复受损的社会关系，强化社会法治观念，达到预防和减少犯罪的目的。因此，认罪认罚这一“罪后”的情节，反映的是犯罪者的认罪态度，与预防刑密切相关，其得以从宽的基础是预防必要性的减少。

其次，认罪认罚而减轻处罚并非基于责任刑的降低。有观点认为，刑法中规定的认罪认罚而予以减轻处罚是基于责任刑因素减轻，如我国《刑法》第 383 条、第 386 条都规定了贪污、受贿行为人在提起公诉前如实供述罪行、真诚悔罪、积极退赔，避免、减少损害结果的发生，可以从轻、减轻或者免除处罚，认为这里的如实供述自己罪行、真诚悔罪、积极退赔行为属于认罪认罚行为，并且导致了责任刑的降低，因此认罪认罚从宽的理论基础应当包括认罪认罚导致责任刑降低的考量。本文认为，该观点混淆了认罪认罚与其他从宽处罚情节的区别。如实供述自己罪行、真诚悔罪、积极退赔行为不仅符合认罪认罚，同样也符合刑法中坦白情节的规定，坦白情节的量刑效果有从轻也有减轻处罚，认定坦白情节符合“避免特别严重后果发生”本质是行为不法性的减轻，因此不法性降低本质就是责任刑的降低，可以对其适用减轻处罚。综上，“如实供述自己罪行、真诚悔罪、积极退赔行为”如果予以减轻处罚，应理解为符合坦白情节中可以予以减轻处罚的实质条件，即“避免特别严重后果发生”，并非单纯基于行为人的一般认罪认罚态度而导致责任刑降低予以的从宽。

二、减轻处罚与认罪认罚从宽幅度

作为既有实体价值又包含实体价值的认罪认罚从宽制度，其“从宽”包括实体上的从宽处罚和程序上的从简处理，与减轻处罚密切相关的是实体上的从宽，认罪认罚从宽制度中的“从宽”幅度与减轻处罚等量刑情节的适用关系，不仅关系到认罪认罚从宽制度的适用效果，更是量刑规范化进程中不可避免的话题。

1. 认罪认罚从宽应当在法律规定的范围内从宽。认罪认罚从宽制度不仅仅是一项刑事诉讼制度，其在某种程度上是将刑事政策法律化的一种制度。在落实宽严相济的刑事政策的同时，更应当坚持罪刑法定原则，从宽的幅度不能超过法律规定的从轻或者减轻、免除处罚的范围。认罪认罚的基础是行为人如实供述自己的罪行，并认可检察机关提出的量刑建议。先不论认罪认罚是否属于一种量刑情节，至少在刑法条文中的量刑情节中并没有对其的规定，因此，对于该制度实体上的从宽必须遵守刑法条文的相关规定，从宽的情节应当参照刑法本身已经规定的自首、坦白、自愿认罪、退赔损害或达成和解等，即认罪认罚的从宽的情节和幅度应当以法律明文规定的情节和幅度为限，要以法定或者酌定的量刑情节存在与否为前提，决定能否从宽、如何从宽以及从宽的幅度。

2. 认罪认罚从宽幅度不能跨越量刑效能而适用，即不可以将从轻量刑效果扩升为减轻处罚效果。在认罪认罚从宽制度试点之初，一些司法实务部门扩大了认罪认罚的从宽幅度，尤其是在某些数额犯中，认为单纯地以法律规定的数额来确定量刑档次的话，无法体现出从宽在量刑上的幅度优惠。因为认罪认罚从宽是在法律规定的自首、坦白情节中给予更大的宽缓空间，如犯罪的涉案数额正好是在法定刑跨档的临界点，而此时似乎只有适用减轻处罚才能体现对嫌疑人的从宽处理。但是认罪认罚从宽适用的基础必须要在现有的法律规定的从宽量刑情节和幅度内进行，如该罪名不具备减轻处罚情节，则只能在法律规定的法定刑幅度内予以从轻处罚，不能擅自对其在下一档法定刑内量刑处罚。如果确实没有法定的减轻处罚情节，而认为罪行有减轻处罚的必要，可以根据《刑法》第 63 条第 2 款的规定，报最高人民法院核准后，在法定刑以下判处刑罚。

综上，认罪认罚从宽制度从宽的幅度与认罪认罚的主动性、及时性和全面性密切相关，不同于传统的量刑情节，在不同阶段的认罪认罚的从宽幅度不同，在制度设计之初就将降低司法成本、提高司法效率放在优先考虑，与减轻处罚给予犯罪者轻缓的刑罚处罚的价值基础和追求有所不同。认罪认罚从宽应当以个案中的具体量刑情节为基础进行适用，不能突破减轻处罚等量刑情节规定的从宽幅度，但可以在减轻处罚等量刑情节的基础上给予更大程度的从宽空间。

三、减轻处罚与认罪认罚从宽制度竞合适用

（一）认罪认罚属于独立的量刑情节

量刑情节是指法律规定的定罪事实以外的，与犯罪行为或犯罪人有关的，体现行为社会危害性程度和行为人人身危险性程度，因而在决定处刑从宽、从严或者免除处罚时必须予以考虑的各种具体事实情况[①]。量刑情节的首要特征是法定性，即量刑情节应当是在刑法条文中予以明确规定的情节，这类情节之所以能够在刑罚裁量中起到从重或是从轻的调节作用，基于刑法条文的明文规定，量刑情节的形成是影响量刑的事实与法律规定的统一。认罪认罚从宽制度没有在《刑法》中被规定，而是首次出现在《刑事诉讼法》中，虽然归属于刑事诉讼程序制度，但是对确定犯罪嫌疑人、被告人的刑事责任起到指导作用，故《刑事诉讼法》第 15 条赋予该制度独立量刑情节的法律渊源。

其次，量刑情节应当是体现犯罪行为社会危害性和犯罪者人身危险性的情节，从认罪认罚从宽制度的本质来看，其具备反映行为社会危害性降低以及人身危险性趋轻的实体价值，本质上是一种兼具实体从宽效果的程序性制度。在认罪认罚程序中，嫌疑人因自愿认罪认罚降低对抗法律实施的意志，积极配合司法机关而节约司法资源，通过签署认罪认罚具结书，获得量刑上的从宽和程序上的从简。自愿认罪且具备有效认罚表现的犯罪嫌疑人、被告人，其人身危险性和特殊预防的必要性降低，可以作为判断其刑事责任是否趋轻时独立考虑的事由。对于未依法适用认罪认罚从宽制度而导致的量刑畸重，可以成为被告人的上诉理由，也是在司法实践中认可认罪认罚从宽是独立的量刑情节的体现。

最后，认罪认罚从宽制度从设计之初，就兼具实体功能和程序性功能，只有实体与程序相辅相成，才能发挥该制度的作用。从宽的处罚在不同的诉讼阶段对应着不同的从宽幅度，正是对应了不同阶段犯罪嫌疑人、被告人在相应诉讼阶段是否配合法律实施的态度。作为影响刑罚裁量因素的量刑情节通常存在于案件事实中，不以其他因素为转移，即犯罪的手段、结果、社会影响以及自首、坦白等反映犯罪者人身危险性大小等各种因素。在恢复性司法理念的要求下，行为人积极实施赔偿、取得谅解等修复被损害法益的认罚

---

① 陈兴良、莫开勤：《论量刑情节》，载《法律科学》1995 年第 2 期。

表现，在案件办理中逐渐占据重要地位。因此，对于量刑情节，应当在坚持法定性的原则下，拓宽其存在范围。

（二）认罪认罚从宽制度与减轻处罚的竞合适用

在“两高三部”颁布了《认罪认罚从宽制度的指导意见》后，来自实务部门的解读认为：“从认罪认罚从宽制度的价值出发，应当把认罪认罚作为单独评价的从宽处罚情节。”① 认为将该制度作为量刑情节予以单独评价，给予其一定幅度的从宽，才能更好地鼓励被告人认罪认罚，凸显该制度的功能和价值，达到化解社会矛盾、降低司法成本、促进社会和谐的功效。如果将认罪认罚作为一种量刑情节，那么其与坦白、自首等法定量刑情节具有明显的交叉、竞合，如何考量认罪认罚从宽制度与减轻处罚等法定从宽制度适用程度上的竞合问题，在上述指导意见上没有明确规定，但最高法、最高检在2021年7月公布的《关于常见犯罪的量刑指导意见（试行）》（以下简称《量刑指导意见》）中，明确提出认罪认罚与自首、坦白、当庭自愿认罪、退赃退赔、赔偿谅解、刑事和解、羁押期间表现好等量刑情节不作重复评价，只规定了具有自首、坦白情节的，且自愿认罪认罚的，可以在法定刑幅度内给予更大的从宽幅度，但是《量刑指导意见》中也未厘清二者之间的适用关系，仅简单地通过对基准刑的调节比例来表明更大幅度的从宽。对于认罪认罚与减轻处罚的适用模式，在试点时期主要有以下几种模式：

第一种，认可认罪认罚作为一种独立的量刑情节，将其与坦白、自首等减轻处罚情节并用。该模式中，根据不同阶段认罪认罚的程度，在检察机关提出的量刑建议和法院宣告判刑时，适用量刑激励幅度递减的原则。即检察机关的量刑建议和法院本应判决的刑罚是按照罪行本身存在的量刑情节，在《量刑指导意见》下确定刑期，考虑到被告人认罪认罚，对其采取量刑幅度递减的激励，再对其进行二次刑期的减少，以此实现量刑从宽。

第二种，把认罪认罚作为综合刑的量刑情节来适用，但对自首、坦白或者被害人谅解等法定或者酌定的量刑情节予以吸收。即在量刑时，考量到认罪认罚与自首、坦白等量刑情节的交叉，其作为既有程序功能又有实体价值的综合性量刑情节，能够吸收自首、坦白等量刑情节。在从宽幅度上，吸收自首、坦白等减轻处罚情节的认罪认罚可以获得更大幅度的从宽处罚。

① 苗生明、周颖：《认罪认罚从宽制度适用的基本问题——关于〈适用认罪认罚从宽制度的指导意见〉的理解和适用》，载《中国刑事法杂志》2019年第6期。

第三种，把认罪认罚从宽分解成实体从宽和程序从宽，即对“认罪”和“认罚”分解，“认罪”情节部分不再单独作为量刑情节考虑，而是与坦白、自首等从宽处罚情节幅度相当；“认罚”则是结合所犯罪行的严重性、所认罚的阶段对其减少相应的基准刑幅度。

显然，将认罪认罚分解为“认罪”和“认罚”来考量其和减轻处罚等量刑情节的关系更为合理。首先，认罪认罚从宽本身就是“认罪从宽”和“认罚从宽”的结合，认罪认罚从宽幅度必然要大于认罪不认罚的从宽幅度，将认罪从宽和认罚从宽作为不同的从宽情节，才能更好地体现该制度的程序价值，解决不同诉讼阶段的“认罚”而形成的“梯度从轻”制度，有利于激励犯罪者及时认罪认罚。其次，“认罪”和“认罚”的分割能够解决认罪认罚与自首、坦白等减轻处罚情节的竞合适用问题，因为认罪认罚与自首、坦白这些法定减轻处罚情节交叉的部分是“认罪”部分，“认罪从宽”的本质就是基于自首、坦白等减轻处罚情节的事实认定，其从宽的价值基础和这部分减轻处罚情节是一致的，没有重复评价的必要和可能性，因此将其视为一致的从宽处罚情节，在量刑上予以体现是合乎现代刑事司法量刑理念的。最后，如果将“认罪从宽”视为与坦白、自首减轻处罚一致的量刑情节，那么对于提高司法效率、节约司法成本等程序价值的体现，如庭审程序的选择以及对量刑建议的认可，都要通过“认罚从宽”来实现，但这是“认罪”情节无法涵盖的。

第三章　法定减轻处罚情节及其适用

第一节　法定减轻处罚情节的内涵界定

减轻处罚情节是量刑活动中的重要因素。明确减轻处罚在量刑活动中的重要性，首先需要厘清减轻处罚情节的区分、适用方法以及基准刑的确定方法，减轻处罚情节对基准刑的调节方法。减轻处罚情节属于量刑情节的一种，而量刑情节是指除定罪事实外，反映犯罪行为社会危害性和犯罪人的人身危险性程度及影响法院刑罚裁量的各种主客观标准。减轻处罚情节可以分为法定减轻处罚情节和酌定减轻处罚情节。一般的观点认为划定法定减轻处罚情节和酌定减轻处罚情节的区分在于有无法律规定，这样的划分依据是不明确的。无论是法定减轻处罚情节抑或酌定减轻处罚情节，都在《刑法》第63条中有所规定，因此简单地以是否有法律规定来划分过于简单，划分法定和酌定减轻处罚情节的依据应当是：法律是否对量刑情节的内容和功能作了明确规定。比如自首，作为法定减轻处罚情节之一，刑法中规定的情节内容为“犯罪以后自动投案，如实供述自己的罪行”，规定的功能为“可以从轻或者减轻处罚”，这就是典型的法定减轻处罚情节，而比较常见的酌定减轻处罚情节，如被害人有严重过错，通常可以作为酌定减轻情节来考虑，但是在刑法条文中却很难找到对该情节的明确规定。因此，法定减轻处罚情节和酌定减轻处罚情节在适用范围和适用困境中存在很多不同之处，本章将对两种减轻处罚情节分别论述。

一、法定减轻处罚情节的特点

法定减轻处罚情节属于法律规定情节内容和功能的量刑情节，具有以下特点：

（一）法定性

法定减轻处罚情节具有法定性，这是罪刑法定原则、罪刑相适应原则的必然要求。法定减轻处罚情节的具体情节内容和功能效果都有法律明确规定，这是因为犯罪情况在司法实践中是复杂多样的，立法者无法把所有的具体犯罪情状都与应当判处的法定刑一一对应在法律条文中，而法官也不能无限制地行使自由裁量权，所以在法条中规定量刑情节，既能满足复杂多变的犯罪具体情况，又能使法官的量刑有据可循，不超越法律的具体规定，避免擅断。

（二）客观性

法定减轻处罚情节是客观存在的量刑情节，是在犯罪过程中客观形成的，不以行为人的意志为转移。但是这里的客观性不仅包括反映案件客观情况的情节，比如犯罪者系未成年人这一减轻处罚情节就是客观存在的情节，也包括反映行为人主观方面的情节。比如犯罪后的自首、坦白，反映的就是犯罪者的主观上认罪，自愿接受法律制裁的主观意愿。无论是客观事实情节还是反映主观罪过的情节，都必须是客观事实情况。

（三）关联性

法定减轻处罚情节是与具体案件情况以及与犯罪人自身或行为相关的，能够体现罪行社会危害性和犯罪者人身危险性程度的事实情况。在具体的犯罪中，与案件事实相关联的事实诸多，但是只有能够体现行为社会危险性趋轻，或是犯罪者人身危险性降低的情节，才能成为法定减轻处罚情节。

（四）功能性

法定减轻处罚情节既反映犯罪者人身危险性降低，又体现犯罪行为社会危险性趋轻，因此法定减轻处罚情节在量刑情节中的调节作用是对犯罪者有利的从宽处罚情节，作为一个减轻的情节而存在，且在适用过程中，通过法定的减轻处罚事由的确立，对量刑基准刑进行调节，从而确定最终的宣告刑，达到罪刑相适应，实现刑罚个别化的目的。

二、法定减轻处罚情节的类型

根据法定减轻处罚的特征，可以将法定减轻处罚划分为以下几种类型：

（一）可以型减轻处罚和应当型减轻处罚

根据减轻处罚事由是否必然对量刑结果产生影响为依据，法定减轻处罚情节划分为可以型和应当型。可以型减轻处罚情节是指对存在的减轻处罚事由，可以适用减轻处罚的功能，但是刑法条文中并没有对其效力作出硬性规定，需要法官结合案件的客观实际来决定是否对其减轻处罚。应当型减轻处罚事由是指刑法对减轻处罚的适用作了硬性规定，只要具有法律规定的减轻处罚事由，就应当在对其适用减轻处罚，法官不具有裁量是否对其适用的余地。

（二）总则性减轻处罚情节和分则性减轻处罚情节

根据规定法定减轻处罚情节的法律规范的性质和适用范围，法定减轻处罚情节又可以分为总则性的减轻处罚情节和分则性的减轻处罚情节。总则性的减轻处罚情节，顾名思义，是规定在刑法总则中的减轻处罚情节，其对刑法中的所有犯罪都普遍适用；而分则性的减轻处罚情节通常规定在刑法分则的具体罪名中，或者某些司法解释和政策性法律文件中。

第二节　法定减轻处罚情节与量刑基准

减轻处罚情节是减轻处罚的基础，法定减轻处罚情节更是减轻处罚情节中重要的组成部分，法定减轻处罚情节通过对基准刑的调整，实现其在刑罚裁量中的作用和价值。因此，基准刑与法定减轻处罚情节关系密切，基准刑作为法定减轻处罚情节的适用基础，决定着法定减轻处罚情节的适用方法和适用效果，而减轻处罚情节对基准刑的调节使得减轻处罚事由的评价效能最终作用于量刑的规范效能，形成科学的刑罚裁量，实现罪责刑相适应和刑罚个别化。

一、量刑基准和基准刑

量刑应当在一定的依据、标准和尺度下进行，而这些因素共同组成了量刑基准。量刑基准是刑罚裁量过程中无法回避的关键问题，其与量刑情节、规则之间存在密切的联系，是刑罚裁量的区间标准和评价工具。量刑基准作为国外刑法理论和立法的舶来品，其概念在国内外没有形成一致意见，而基准刑与量刑基准都是量刑研究的产物，都为量刑活动确立了一定的标准，但是二者具有明显的区别。

（一）量刑基准的概念

量刑基准不仅是量刑情节，还为如何评价量刑情节提供了方法论。德国的刑法学者在研究量刑的过程中定义了量刑基准的含义，认为其是评价量刑情节的准则，为量刑情节的适用提供了一般性的适用原则。日本学者认为量刑基准与刑法目的、量刑情节息息相关，并将其分为“存在的量刑基准”和“当为的量刑基准”，二者分属量刑实务和量刑理论的关注对象。我国学者在借鉴德、日学者关于量刑基准的研究基础上，提出了有本国研究特色的量刑基准概念，有学者认为量刑基准相当于量刑原则或者量刑根据；有学者认为量刑基准应对应于特定的刑罚量，分为对应已经确定适用一定幅度的抽象个罪和对应犯罪在典型状态下的应适用的刑罚量；另有观点认为，量刑基准应当兼有指导原则和特定刑量之意，即量刑基准具有明确判断对象的范围和指导判断方法运用的两方面意义。

本文认为，量刑基准包括量刑原则、量刑要素以及犯罪在典型状态（既遂）应当适用的刑罚量。对其概念争论中，认为量刑应当遵守“以事实为依据，以法律为准绳”的量刑原则，这其中包括对构罪情节、量刑情节和量刑因素的考量，既要考虑刑罚报应的基础，又要考虑刑罚预防的必要，而报应的基础是指案件构成犯罪的基本事实，体现了案件的社会危害性。除此之外，犯罪者在犯罪前后表现的反映其人身危险性的各种事实情况，也应当成为法官量刑的考虑因素。所有法官量刑时都应当考虑的基准称为原则性的量刑基准，包括量刑原则、情节以及其他因素，但原则性的量刑基准仅反映了一般原则性的量刑准则，无法与具体的个案结合；具体个案的基础刑量应当是指未适用各种从宽或从重的处罚情节之时，对典型状态（既遂）下的犯罪基本事实所判处的刑罚，这又被称为适用性量刑基准。

（二）基准刑的概念

两高发布的《量刑指导意见》中提到了基准刑的概念，基准刑是在量刑起点的基础上，根据其他影响犯罪构成的犯罪数额、犯罪次数、犯罪后果等事实来确定应当增加的刑罚量而确定的刑量。基准刑是由量刑起点和增加的刑罚量两部分组成的，其中量刑的起点是在相关法定刑的范围内根据具体罪行基本要素确定的基础刑罚量，而基准刑与具体犯罪相对应，不考虑具体量刑情节，根据犯罪既遂状态下的基本构成要素所应判处的刑罚而确定。

基准刑反映的是罪刑对应的内在关系，是一个具体的确定的刑罚点，基准刑具有以下几个特征：首先，量刑情节是在基准刑的基础上发挥调节作用而最终确定宣告刑的，因此基准刑是为量刑情节的发挥提供基准的，反映的是具体个案的刑量。其次，基准刑以基本犯罪构成事实所应当判处的刑罚量作为量刑起点，而增加相应的刑罚量主要以其他影响犯罪构成的事实为基础，即由量刑起点和增加的刑罚量共同组成了基准刑，符合罪刑法定的要求。最后，基准刑是量刑情节发挥调节功能的基础。在《量刑指导意见》中明确的规则以及步骤都表明，量刑情节的调节是直接作用于基准刑的，是在基准刑的基础上来增加和减少刑罚量的。

（三）量刑基准与基准刑的区别

量刑基准和基准刑都为量刑确立某种标准，二者并不是同一概念，但都在量刑研究中意义重大，为限制法官自由裁量权，实现量刑公正和价值目的发挥了重要作用。两者之间既有联系又有区别。

首先，二者的概念内容不同。量刑基准是一种为量刑提供指导原理或适用方法的准则，其明确的是刑罚目的中责任和预防的关系，是量刑的情节以及范围，同时为确定的量刑情节提供指导原理及适用准则，而基准刑是在根据犯罪构成的一般既遂状态下应当判处的刑罚量。量刑基准是一种评价准则，而基准刑是一种刑量，量刑基准体现的是责任刑情节和预防刑情节的抽象原理，基准刑指向的是某一具体犯罪罪行对应的具体刑度。量刑基准以行为责任和预防必要性为量刑情节的判断提供了方法论，而基准刑则根据犯罪构成的事实所反映的社会危害性为宣告刑提供了调节基数。

其次，二者的对象不同。有观点认为，量刑基准对应的是抽象个罪，而基准刑对应的是具体个罪的刑种或刑度。[①] 该观点仅揭示了基准刑对应的对象，基准刑针对的确实是具体个罪，而量刑基准作为判断量刑情节适用的方法，其对象既不是抽象个罪，也不是具体个罪，而是量刑情节。如果试图把基准刑的对象扩大为抽象个罪是不合理的，因为基准刑是根据具体个罪的情状表现而确定的刑罚值，将其抽象为某些具体罪名统一确定的基准刑是违背罪刑相适应原则的，更是背离刑罚个别化原理的。

最后，二者的功能不同。量刑基准是指导量刑情节适用的原理和方法，其中体现的责任和预防的关系直观地反映在量刑基准的适用过程中，是量刑理论的核心内容。因此，量刑基准能够准确地甄别量刑原则的适用范围，通过甄别反映报应责任和预防效果的重要量刑情节，引导法官关注量刑情节，正确适用自由裁量权。同时，量刑基准指引着量刑情节的评价方向，量刑情节是从严处罚或是从宽处罚，由量刑基准引导法官注意，并做好量刑情节之间的比较衡量。而基准刑的功能是计量功能，基准刑是在量刑起点的基础上根据其他影响其犯罪构成的事实而增加的刑罚量，又是宣告刑的计算基数，

---

① 姜涛：《基准刑若干问题研究》，载《内蒙古社会科学》2010 年第 6 期。

所以它是法定刑与宣告刑之间的桥梁，宣告刑围绕基准刑这条基线上下浮动。能否具有直接的量化功能是量刑基准与基准刑之间最大的差异。

二、法定减轻处罚与量刑基准

量刑基准是犯罪在典型形态下应当适用的刑罚分量，是法官在量刑时应当考虑的原则和要素，又分为原则性量刑基准和适用性量刑基准。原则性量刑基准指的是量刑时应当考虑的量刑原则、情节以及其他因素，而适用性量刑基准指的是犯罪在一般典型状态下应当适用的刑罚量。①

（一）原则性量刑基准与法定减轻处罚

原则性量刑基准体现了量刑时的整体性思维，包括量刑原则、情节和其他影响量刑的因素。量刑原则顾名思义，即量刑时应当遵守的准则和理念，很多学者认为，我国《刑法》第 61 条的规定就是我国刑法的基本原则。量刑情节和量刑因素统称为量刑事项，量刑情节指的是犯罪情节，是行为人犯罪行为的一部分，而量刑因素则是除上面的犯罪行为事实之外的，反映犯罪者一贯表现及犯罪后态度等的因素。原则性量刑基准是以刑罚目的理论为指导，以犯罪者的责任为量刑的基础，并在此基础上考量个别预防与一般预防的必要性，以对刑罚量进行微调为原则来指导的量刑基准。

1. 原则性量刑基准决定着法定减轻处罚情节的适用立场

原则性量刑基准中确立的量刑一般原则为法官的刑罚裁量活动指明了方向，防止量刑不均衡。减轻处罚作为量刑活动中的重要组成部分，其适用更是离不开原则性量刑基准的指导和规定，通过将在裁量刑罚时应考虑的情节和因素都归纳在原则性量刑基准内，为法官全面考虑刑罚裁量的问题提供指导。如将减轻处罚情节归纳在原则性量刑基准内，可以使法官对这些减轻处罚情节对量刑幅度的影响形成相对统一的认识，推动刑罚裁量的规范化和统一化，防止同罪异罚的差距过大，保障量刑趋于均衡。

量刑理论纷繁复杂，迄今为止对于原则性量刑基准的概念，学界和实务界都没有形成统一的认识，量刑原则林林总总，但是我国刑法中并没有形成原则性量刑基准规定，可能使人感觉量刑活动的标准和原则来自法官的内心确定，无标准可言，不具有可知性，不利于司法公正的实现。尤其是近年

① 张明：《量刑基准论》，中国人民大学 2004 年博士学位论文，第 53 页。

来，裁判文书改革，大量的裁判文书公开，民众在查看这些公开文书时，有时感觉相同的案件事实，为什么出现刑期相差较大的情形，而法官的判决标准和依据并没有在裁判文书中体现，因此一些民众认为同案不同判，司法不公。因此，在量刑时统一基本立场和方法显得格外关键，基本立场和原则的一致性能在最大限度内避免量刑的轻重失衡。

法定减轻处罚的具体适用离不开原则性量刑基准的指导。原则性量刑基准应当涵盖量刑原则的实质和内涵，通过确立责任因素与责任外因素，对量刑事项和因素的排练，构成对量刑原则的解释和展开，同时具备以下几点特征：一是直接性，原则性量刑基准能够直接对量刑活动起到指导作用，对刑罚目的实现起到规范和指引作用；二是专门性，原则性量刑基准是专门针对量刑活动中的问题进行指引的专门性规定；三是一致性，原则性量刑基准应当与刑法的其他基本原则保持一致性，如此才能更好地指导减轻处罚的适用。

2. 原则性量刑准则决定着法定减轻处罚情节的量化

作为在刑法条文中明文规定的量刑情节，法定减轻处罚在条文中的规定多是可以适用，是否适用、如何适用、减轻的幅度都需要法官在具体案件中通过一般原则性的量刑原则和方法来具体决定。因此，在刑法条文中通过原则性量刑基准能够指导减轻处罚情节的量化适用。我国《刑法》第 5 条规定了罪刑法定原则，而第 61 条可以概括为，以被告人的行为责任为量刑的根据，但是仅强调了“犯罪的事实”“犯罪的性质、情节”“社会的危害程度”，对于犯罪者的主观恶性以及犯罪后的态度等因素并没有纳入法条规定，这与目前的刑事政策要求和量刑的现实需求是不符合的。随着社会的不断发展，改革推进过程中社会矛盾也发生着变化，犯罪结构也发生重大变化，为进一步缓解社会矛盾，减少对立，我们现行的量刑方针政策需要适应犯罪结构调整的变化，在认罪认罚从宽制度写入刑诉法之后，犯罪者犯罪后的态度以及对刑事程序的选择，都影响着量刑的轻重。减轻处罚作为能够体现刑罚轻缓化和个别化趋向的重要量刑情节，其本身规定的不明确性需要原则性量刑基准予以量化和明确。法定减轻处罚情节中规定的减轻处罚事由对犯罪社会危害程度有着不同的判断标准，即使是同一轻处罚情节对量刑的影响，在不同情形或者案件中也会相差较大。如果能对这些影响量刑轻重的情节数量化，为其制定影响量刑幅度的数量标准，能在一定程度上克服传统估堆式的量刑方式，有利于实现量刑的精细化和标准化，解决量刑失衡问题。减轻处罚仅简单地规定了在"下一个量刑幅度"内判处刑罚，但是规定仍过于宽泛，法定刑幅度较大，我国也没有刑格的相关规定，减轻处罚的适用容易陷入随意性的适用范畴，而原则性量刑基准能够指导法定减轻处罚情节的量化，为其适用提供方法，探索量刑的精密化和解决量刑失衡问题。

（二）适用性量刑基准与法定减轻处罚

适用性量刑基准的概念也存在诸多观点。有观点认为适用性量刑基准指的是某一犯罪在既遂状态下刑罚自然量的基本标准。另有观点认为适用性量刑基准应当排除各种法定和酌定情节，仅根据一般既遂状态下的基本事实所判处的刑罚量进行抽象。[①]另有人提出，不考虑任何量刑情节，仅根据应当适用的法定刑幅度内抽象个罪应当判处的刑罚量才是适用性量刑基准的含义。还有观点提出，某一犯罪在典型形态下应当适用的刑罚量才是适用性基准的概念。这些概念的共同点是均认可适用性量刑基准应当是在犯罪构成所确定的基本犯罪事实的基础上，不考虑加重或从宽处罚情节而确定的刑罚量，但是这些概念的区别是是否需要考量犯罪的附随情状。我国很多具体犯罪中都规定了附随情状，如果不考虑犯罪的附随情状，无法确定具体犯罪应当对应的法定刑幅度，会造成适用性量刑基准适用失衡的问题。比如，法条中某罪对应的法定刑有情节严重、情节特别严重等附随情状，如不考虑这些附随情状，无法确定该罪应当适用的法定刑幅度，进而也无法确定其适用性量刑基准。因此，对于适用性量刑基准的概念，应当界定为犯罪在一般既遂状态（包括附随状态）下应适用的刑罚量。

1.适用性量刑基准为法定减轻处罚提供适用刑量的基础

适用性量刑基准解决的是量刑偏差和失衡的现象。目前我国并没有关于适用性量刑基准的规定，但是不可否认，每位法官在量刑时其内心都有一个适用性量刑准则，作为法官经验的积累和反映。适用性量刑基准缺乏成文化的标准约束，而我国法定刑幅度相对较大，也给量刑失衡带来了潜在的风险，但制定适用性量刑基准工程量巨大。我们目前刑法分则中有400多个罪名，如果对所有的罪名都制定适用性量刑基准，将是一件耗费巨大的工程，但这并不能否认适用性量刑基准在指导量刑中的价值，尤其是其与减轻处罚这类量刑情节的关系。

---

① 甄航：《人工智能介入量刑机制研究》，西南政法大学2020年博士学位论文，第45页。

适用性量刑基准通常指在排除各种法定和酌定情节的情况下，以罪行在一般既遂状态下的犯罪事实所确立的刑量。2009 年最高法颁布的《量刑指导意见》第 11 条中其实引入的即适用性量刑基准的概念，第 27 条中规定了量刑基准的确定步骤。目前司法实务界对于适用性量刑基准和原则性量刑基准的概念区别没有达成共识。有学者认为适用性量刑基准对应的是抽象个罪的刑罚量，无法指导具体的罪行，这显然对适用性量刑基准的定位是有误解的。适用性量刑基准虽然是从抽象个罪中提炼出的刑罚量，但是并不代表其对案件的量刑没有指导价值。减轻处罚等法定情节的应用需要在适用性量刑基准上调节刑罚量，进而为宣告刑的最终确立奠定基础。反过来，减轻处罚的精确应用离不开适用性量刑基准的确定，两者是量刑环节中紧密相连的存在。

2. 法定减轻处罚的量刑影响力作用于适用性量刑基准

适用性量刑基准中已经考虑到犯罪行为的附随情状。这里的附随情状仅指能够确定犯罪行为法定刑幅度的附随情状，包括犯罪的数额、情节等因素，但是其他影响刑罚量从宽或从重的因素不在适用性量刑基准的考虑范围，否则会产生同一量刑因素被重复评价的风险。适用性量刑基准的确立价值在于为犯罪寻求一般性的刑罚分量，但是适用性量刑基准的确立也存在逻辑推演法和实证分析法，这两种方法都对确立适用性量刑基准意义重大。逻辑推演法只能为量刑提供价值观念，作出量刑基准的推导理论，其也离不开实证分析的数据。实证分析法是作出适用性量刑基准的重要方法，通过开展调查、统计等实证研究来确定犯罪的适用性量刑基准，进而可以根据量刑因素的不同影响因子作用于适用性量刑基准，确定最终应当判决的宣告刑。

适用性量刑基准制定的目的是在法定刑幅度内确定一个一般状态下的标准和校正的变量因素，为法官在量刑时提供参考标准，提升操作的便利，更重要的是为根据量刑影响因素的大小，来确定这些量刑因素的应用，如减轻处罚。法定减轻处罚情节作为量刑情节，其量刑影响因素根据可以、应当，具有不同的量刑影响力，但是这些量刑情节对刑罚量的影响大小，是需要在适用性量刑基准上作用的。任何一个量刑标准都不可能穷尽所有的量刑要素，但对刑罚量产生影响的量刑情节都需要在一定的标准上进行，这个标准和基础就是适用性量刑基准。减轻处罚情节中量刑因素的影响力大小，需要在适用性量刑基准上来发挥调整量刑幅度的作用。

三、基准刑与减轻处罚

基准刑的概念在学界和实务界也有多种观点。2010年颁布的《量刑指导意见》以“基准刑”替代了“量刑基准”，同时明确“基准刑”的确定方法和步骤为，先确定量刑起点，再根据犯罪数额、犯罪次数和犯罪后果等犯罪事实，在量刑起点的基础上增加刑罚量确定基准刑，最后根据量刑情节来调整基准刑，综合全案情况确定最终的宣告刑。相较于适用性量刑基准是从抽象个罪中提炼而来的，正式的法律文本中虽然提出来了“基准刑”，但是对于其概念并没有明确规定，基准刑针对的就是具体个案，同时他也是在量刑起点的基础上，通过附随的犯罪事实来增加刑罚量而确立的。量刑情节需要在基准刑的基础上发挥调节刑量的作用，另外，基准刑是否应当是在法定刑幅度内确定虽有争议，但是实践和理论界多是支持基准刑应当是在法定刑幅度内确定的，如果在量刑起点的基础上通过判断犯罪次数、数额、后果增加刑罚量，最终确定的基准刑超过法定刑的幅度，也是不合理的。有观点认为，基准刑只是量刑过程中一个暂时的刑量，其后面需要通过量刑情节的调节来最终确定宣告刑，因此超过法定刑的范畴也是可以的。但是如果基准刑超过法定刑的范畴，即使有量刑情节的调节，也只有量刑情节是减轻处罚时，才会实现最终确定的宣告刑在法定刑之内或之下的功效。如果该案有从重处罚的情节，基准刑已经超过法定刑的幅度，而我国刑法又不存在加重处罚情节，会明显出现罪刑不相适应的局面，因此，基准刑虽然是量刑环节中的一个中间刑量，也不能超过法定刑的幅度范围。

有学者认为，《刑法修正案（八）》中对减轻处罚的幅度明确限制在法定刑下一个量刑幅度内判处，减轻处罚中问题的争议焦点就集中在了减轻处罚“基准”应当如何确定上，基准是减轻处罚制度的基础，基准不确定或者不明确，减轻处罚的幅度设置得再精细、合理也无法发挥作用。[①] 因此，基准刑的确立对减轻处罚的适用意义重大。

（一）基准刑是构建规范适用减轻处罚的基础

基准刑在量刑规范化改革中的重要性不言而喻，尤其是在认罪认罚从宽制度确立后，量刑规范化更是从单纯的法官裁量转化为诉辩双方共同参与沟

① 李翔：《论我国刑法中的减轻处罚——兼评修正后〈刑法〉第63条第1款》，载《中国刑事法杂志》2012年第9期。

通协商的过程，这其中出台规范化的量刑准则更是题中之义。如何构建有效且公平的量刑规则，使这些法定的量刑情节能够更好地应用，就离不开基准刑这一量刑规范化的核心和基础，量刑规范化的目的是在法律规则下构建一个诉讼各方均能参与其中，根据确定的量刑方法、步骤和规则，让量刑事实、情节能够得到充分考虑，量刑政策能够得到充分彰显的量刑活动，通过合理的设定，使得量刑更加规范、公开、透明。所以，量刑规范化要想取得成效，各种量刑情节能够得到充分考虑，就必须建立一个科学、完整的量刑规则，而这其中就离不开基准刑的确立。

根据 2021 年新颁布的《量刑指导意见》公布的量刑步骤①，基准刑在量刑环节中起到了承上启下的作用，既通过影响犯罪构成事实在量刑起点的基础上增加了刑罚量，又通过量刑情节的调节最终确定了全案的宣告刑，因此，基准刑的确立为规范减轻处罚情节的适用提供了基础。

基准刑的确立可以为个案裁量提供一个相对确定的标准，减少量刑的随意性和不均衡性，能够为减轻处罚的规范适用提供基础。基准刑的确定是可控的，不同于法官的“估堆”裁量，基准刑需要在量刑起点上增加的刑罚量，主要考虑的是影响犯罪构成的因素，如犯罪数额、次数以及后果等因素，最终确定基准刑。也就是基准刑的确定过程中，法官需要区分基本犯罪构成事实和影响刑罚增加量的事实，根据法律条文中规定和量刑规则中确定的比例来确定增加的刑罚量。因此，基准刑的确定是可控的，作为量刑情节调节的基础，可控可明确的基准刑为减轻处罚这些法定的量刑情节适用提供了清晰而明确的基础，避免了法官通过“估堆”裁量来适用各量刑情节，使减轻处罚情节适用更具规范性，有效地防止量刑失衡和减轻处罚情节的适用不当。

（二）基准刑能保证减轻处罚情节功能的发挥

量刑的公正与否直接关系着人民群众对公平正义的感受，但是刑法条文来到第十二次修正，意味着我国刑法的打击范围和打击情形愈加复杂，与犯罪情形发展相匹配的是量刑情节日益增多及刑事诉讼制度的改革，使得刑罚的确定过程更加引人关注，建立科学有效的量刑规则可以使刑罚的裁量过程

---

① 2021 年新颁布的《量刑指导意见》量刑的步骤是先在基本犯罪构成对应的法定刑幅度内确定量刑起点，进而根据其他影响犯罪构成的事实在量刑起点的基础上确定基准刑，然后根据量刑情节调节基准刑，综合全案情况确定宣告刑。

更加透明、公正，更重要的是对于减轻处罚这类法定量刑情节的适用规则能更加清晰、明确。

量刑自始至终都带有法官个人自由裁量的色彩，完全机械地制定规则，要求所有的案件都必须同案同罚，是背离量刑科学性的，不同区域的社会经济发展水平和治安形势存在差异，尤其是在对减轻处罚这类法定量刑情节的适用上，裁决者对于此类量刑情节的认知存在差异，在适用中存在差异性。有学者通过比较不同地区法官在量刑时考虑的加重或减轻处罚理由后发现，对于“是否和解”“被告人是否有悔意”等因素，两地法官的判决裁定中差别巨大，我国台湾地区的法官在量刑时会着重考虑上述两个量刑因素，而英格兰法官基本上不考虑这些因素①，因为我国台湾地区的法官认为犯罪中受伤害最大的是被害人的情感，施加刑罚时首先需要考虑的就是被害人的感受，如果犯罪者能够通过一定的行为平复被害人的情绪，恢复受损的社会关系，那法官就可以通过这些具体情状产生本案得以“减轻处罚”的情感；而英格兰地区的民众认为犯罪在于个人，是否忏悔也是犯罪个人之事，对犯罪者是否公然忏悔并不特殊需求，因此，这些行为并不必然对法官的刑罚裁量产生影响。通过上述例子可以得出，刑罚裁量的结果可能是受不同情节的影响，任何量刑情节的适用都有影响刑罚裁量的结果的可能性。因此，减轻处罚这类法定量刑情节的功能发挥，就依赖于基准刑理论构成出的科学量刑步骤，为全案包括减轻处罚情节在内的量刑情节发挥调节功能奠定了基础。

基准刑作为个案中具体表现的“刑罚点”，为减轻处罚的适用与否提供了甄别的条件，我国法定减轻处罚多规定为“可以型”，通过对基准刑刑罚减轻量的判断，可以对减轻处罚情节的适用与否提供了甄别的可能性，同时也为减轻处罚的适用幅度提供了可计量性。

（三）基准刑有助于减轻处罚适用规则的构建

如何解决多个量刑情节的竞合适用问题？法定减轻处罚情节多与从轻处罚、免除处罚等其他量刑情节竞合存在，因此同样离不开基准刑的构建。基准刑作为各量刑情节适用的基础，无论是单个的量刑情节直接对其进行调节，还是多种量刑情节同向相加，逆向运行相减的方法确定量刑情节的调节

① 参见周愫娴、Bill He Benton：《刑罚是知识结构与文化的镜子：台湾地区与英国严刑重罚趋势值比较研究》，载《台湾地区大学法学论丛》第39卷第2期，第462、465、466页。

比例进行调节，都是离不开基准刑在减轻处罚适用中的基础性作用的。

但是值得注意的是，《量刑指导意见》中为达到规范化的目的，虽然构建了看似完善的规则来解决量刑情节的竞合适用问题，但是简单地规定“同向相加、逆向相减”，无法系统有效地解决减轻处罚情节的具体适用问题，无法与实践中的量刑操作形成周延性和一致性，需要进一步的完善和修正。本文将在下文中对这些问题予以探讨，但这并不妨碍基准刑作为减轻处罚情节适用的基础地位，而减轻处罚情节也正是通过对基准刑进行调节来发挥其在刑罚宽缓化和个别化上的作用及价值。

第三节　法定减轻处罚情节的适用问题

法定减轻处罚作为法律明确规定的量刑情节，其情节内容和功能都已经有法律的明确规定，法定减轻处罚的适用对于落实宽严相济的刑事政策，实现刑罚个别化方面意义重大，其不仅蕴含着刑罚轻缓化的趋向，也反映出我国犯罪结构更加细化的趋势。《刑法修正案（八）》中对减轻处罚的具体适用作出了修正，明确规定了减轻处罚应当在“法定刑以下”判处刑罚，同时规定有数个量刑幅度的，应当在“法定量刑幅度的下一个量刑幅度内判处刑罚”。但刑法中关于减轻处罚的规定仍过于概括性，对司法适用中的具体问题无法做到周延详尽，同时最高法 2021 年颁布的《量刑指导意见（试行）》中也缺乏对法定减轻处罚情节的具体适用规定和限制，反而存在本末倒置的适用规定。首先是量刑起点的确定，是以犯罪构成的事实在法定刑幅度内确定，进而根据其他影响犯罪构成的事实在量刑起点的基础上确定基准刑，然后根据量刑情节调节基准刑，而宣告刑是在法定刑幅度内还是最低刑以下，要以是否具有减轻处罚情节来判断。这种量刑方法有本末倒置之嫌，仅关注减轻处罚的形式效果，机械地将存在“应当减轻处罚”情节的宣告刑确定限定在“法定最低刑以下”，对于减轻处罚情节如何发挥减轻处罚的功效并未厘定清楚，这种唯结果论的量刑方法，限制了法定减轻处罚的适用效果。尤其在目前的量刑规范化的改革进程中，认罪认罚从宽制度的适用率逐年上升，案件最终的量刑已经不单单是法官的个人决策，从检察机关的量刑建议权，到当事人对量刑结果的认可，以及辩护人的量刑协商权，都要求量刑的过程和方式更加科学，尤其是对存在法定减轻处罚的案件中，减轻处罚中

“法定刑”“法定最低刑”“下一个量刑幅度”等问题都存在争议，并且司法实践中具有相同减轻处罚情节的案件，减轻处罚的比例也有所不同，如何对法定减轻处罚的司法适用建立更加科学、周延的适用规则，是法定减轻处罚问题无法忽视的现实问题。

一、法定减轻处罚中法定刑的含义

法定减轻处罚的基本内容是指“应当在法定刑以下判处刑罚”，这里首先要解决的就是如何理解“法定刑”的概念。顾名思义，法定刑指的是刑法分则条文中对各种具体犯罪所规定的刑罚种类和刑罚幅度，是刑法分则条文的组成部分，一般以幅度的形式存在于刑法分则条文中，以相对确定的法定刑为主，绝对确定的法定刑为辅。法定刑的存在是量刑的基础，正确适用减轻处罚情节就必须厘清刑法条文中所说的“法定刑以下”中法定刑的含义。法定减轻处罚中“法定刑”的理解分歧，本质是减轻处罚和从轻处罚的界限区分，二者作为重要的从宽量刑情节，在刑法条文中经常并行出现，很多学者主张减轻处罚和从轻处罚的本质是一致的，不需要将二者予以区分，并提出很多域外国家不对从轻处罚和减轻处罚作区分，而以“法定最高刑”的观点来解释减轻处罚的适用，可以打通从轻处罚和减轻处罚的适用壁垒。但本文仍主张减轻处罚与从轻处罚在量刑效果上存在差异，应分属不同的量刑情节，不同意将二者混同认定。同时，法定刑的明确也关乎着减轻处罚的适用基准和幅度问题。

（一）减轻处罚中的法定刑理解

关于减轻处罚中“法定刑”的定义，在学界主要有“法定最低刑说”和“法定最高刑说”两种学说。“法定最低刑说”无疑是学界的主流观点，也基本上被司法实践所认可适用，普遍认可减轻处罚中的法定刑应当理解为“法定最低刑”，唯此才能将减轻处罚与从轻处罚在刑罚裁量效果上有所区分，因此，在法定最低刑以下判处刑罚就是减轻处罚的应有之义。但在“法定最低刑”学说中也存在“罪名说”和“具体量刑幅度说”两种学说。认为最低法定刑应当是具体罪名整个刑罚幅度的刑罚最低限度，是“罪名说”的主张；在犯罪具有多个法定刑幅度时，最低法定刑应当是与具体罪行相适应的具体法定刑幅度的下限，不是指整个罪名中法定刑的最低幅度的下限，这是“具体量刑幅度说”的主张。“法定最高刑说”的观点认为，减轻处罚应当理解为在对于法定刑最高限度以下判处刑罚，且法定刑本身就存在两种解释的可能性，将其理解为法定最高刑并不背离罪刑法定原则。同时，认为将减轻处罚中的“法定刑”理解为“法定最高刑”可以在某种程度上解决仅有单一法定刑幅度时减轻处罚的适用问题，否则如果该罪名仅有单一法定刑，如何对该罪名适用减轻处罚？如果不将其理解为法定最高刑以下，就会出现罪刑不相适应的情形，将法定刑理解为法定最高刑可以解决该问题，否则将使减轻处罚的适用在该种情况下形同虚设。

早在1990年最高法研究室就《关于如何理解和掌握“在法定刑以下减轻”处罚问题的电话答复》中明确提出，减轻处罚中的“法定刑”指的是根据被告人所犯罪行的轻重，应当分别适用的刑法规定的不同条款或者相应的量刑幅度。即应当以被告人所犯罪具体的情节来判断其所对应的法定刑，如果在同一法定刑幅度内有多种刑种，选择较轻的刑种并非减轻处罚，因为仍是在同一法定刑幅度内量刑，只有在该法定刑档次之下判处刑罚，才是“减轻处罚”。对如何理解“法定最低刑”，1997年最高法在《关于适用刑法第十二条几个问题的解释》中规定，如果刑法规定的某一犯罪只有一个法定刑幅度，那么法定最低刑是指该法定刑幅度的最低刑；如果刑法规定的某一犯罪有两个以上的法定刑幅度，那么法定最低刑是指具体犯罪行为应当适用的法定刑幅度的最低刑。因此，对于如何理解减轻处罚中的“法定刑”含义，本文认为应当从以下几个角度出发：

减轻处罚中的“法定刑”指的是根据案件事实所对应的具体罪行的法定刑幅度，即根据犯罪构成的基本事实以及附随情状来确定对应的法定刑幅度。以诈骗罪为例，基本犯罪构成的事实是诈骗公私财物，其中数额较大、数额巨大或者有其他严重情节、数额特别巨大或者有其他特别严重情节，都属于附随情状，对应三档不同的法定幅度，诈骗罪是刑法分则中法定刑规定幅度较为全面的一种罪名，法定刑种类包括限制自由刑、剥夺自由刑和财产刑，要正确理解减轻处罚适用规则必须先确定罪行应当适用的法定刑幅度。如某人诈骗他人钱款人民币5000元，具有自首情节，根据其基本犯罪构成，属于诈骗数额较大的情形，应当在第一档法定刑幅度内确定量刑起点。因此，对于法定刑的概念其实是不存在争议的价值和必要性的，所谓的“罪名说”和“罪刑说”，无论是理论还是司法实践中都没有争议的必要性，要实现罪刑法定与罪刑均衡，确定量刑起点应根据犯罪构成所适用的具体法定刑档次确定，不能简单地以所谓的罪名应当适应的法定刑做笼统的认定。

法定刑的确定作为减轻处罚的适用基础之所以在学界引起讨论，与我国法定刑幅度的设置相对宽泛化具有一定的关系。有学者曾指出："优化法定刑幅度的目的是根据罪刑法定原则刑之法定化、明确化的要求，确定量刑幅度的适当宽窄，同时将罪和罪的刑罚幅度保持在横向水平上，并以协调、同等和相称的方式进行。"[①] 即通过设置宽窄适度的法定刑幅度为量刑规范化服务，我国部分罪行的法定刑确实存在幅度过宽的问题，因此，有学者提出可以通过法定刑幅度的规范化来构建合理的罪刑数量等级，通过对刑法所规定的抽象个罪化、数量化，相应地配置精细明确的法定刑，为法官量刑设置一条不能逾越的底线，从而限制法官的自由裁量权，有效地实现罪刑均衡和司法公正。[②] 构建合理的罪刑数量等级，关键是对罪刑关系的量化，通过对各罪行构成要求的具体化、明确化和细化，将法定刑幅度分解成轻重有别、层次分明的量刑区间，这种观点与某些学者提倡的构建刑格的观点不谋而合，即进一步细化法定刑的幅度档次，刑格设置的目的是进一步缩小量刑档次，根据罪行的性质和社会危害程度设置不同等级的量刑档次，将量刑档次之间的刑期距离缩小，意图达到使量刑更加精细化和可操作化的目的。刑格构建的观点在我国刑罚论中有一定的合理性和讨论价值，如果能够构建更加细化的刑格体系，必定能够使减轻处罚的适用更加规范化、明确化，同时也能使罪刑相适用得到更好贯彻，为量刑规范化提供助力。

但刑格的构建需要更加精细化的划分依据，对所有的刑种、刑期统一来划分刑格，如将有期徒刑划分为六个月至三年、三年至五年、五年至七年、七年至十年……将拘役划分为三个月以下，三个月至六个月，这种划分刑格的方法是对整个刑罚种类、刑期作统一的刑格划分。还有观点认为，刑格要解决的就是法定刑幅度过宽的问题，那就应当具体到法定刑内的量刑档次来划分刑格，如果法定刑幅度为三年以下有期徒刑的，就不再划分刑格，而如果法定刑的上限为五年、七年或十年有期徒刑，则应当以每两年有期徒刑为一刑格来划分，将其划分为三年以下、三年至五年、五年至七年、七年至十年有期徒刑几个档次。但是这种刑格的划分方法与2021年《量刑指导意见（试行）》中的比例量刑方法存在相悖之处，也就是说在我国未能构建出科学

① 储槐植、梁根林：《论法定刑结构的优化——兼评97'刑法典的法定刑结构》，载《中外法学》1999年第6期。

② 张勇：《犯罪数额研究》，中国方正出版社2004年版，第184页。

且能够被学界和实务界认可的刑格体系之前，讨论通过刑格的确定来规范法定刑的幅度，不具有实践操作性和可行性，但不可否认刑格所提倡的根据具体犯罪的性质以及社会危害程度来进一步细化我国的法定刑划分区间、优化法定刑幅度，确实有利于对刑的定量化。

（二）"法定最高刑"与"法定最低刑"之争

根据减轻处罚情节对量刑的调节功能，量刑结果应当在所对应的法定刑幅度以下，但是减轻处罚究竟是在"法定最高刑"抑或是"法定最低刑"之下判决的争论，归根是对减轻处罚是否应当在法定刑幅度之下判处的争论。如果该罪有仅有一档法定刑，能否突破该法定刑幅度，在刑法没有规定的法定刑幅度之下判处刑罚。如果能在法定刑幅度之下判处刑罚，是不是突破了罪刑法定的规定，如果不能在法定刑幅度之下判处刑罚，那么减轻处罚是不是就没有得以适用。如何解决这个问题，有学者提出如果仅由一档法定刑幅度，或者需要适用的法定刑档次本身就是最低的法定刑档次，如果需要适用减轻处罚，应当在法定刑幅度最低刑处判处刑罚。这种观点其实没有解决仅有一档法定刑时减轻处罚的适用问题，很多主张将法定刑解释为法定最高刑，认为在这种概念下可以很好地解释"在法定刑以下判处"刑罚，但这其实仅从文字解释的表面上看似理顺了减轻处罚的适用范围，但是混同了减轻与从轻在刑罚裁量上的效果。要为单一法定刑或最低法定刑寻找减轻处罚的适用方法，不能仅靠对"法定刑"的文字解释，应当从减轻处罚的价值内涵出发，为其制定合适的适用方法。

减轻处罚适用中的"法定最高刑"与"法定最低刑"之争本质是要解决罪刑均衡和罪刑法定的问题，但是对其理解的偏差不能突破文义解释的边界，陷入无谓的形而上的争论中。无论是从轻或者减轻处罚，减轻或者免除处罚，都是其与其他从宽处罚情节形成的量刑适用阶梯。从刑法总则到分则，造成损害结果的中止犯仅有应当减轻处罚这单一的量刑效果，如果造成损害结果的中止犯的犯罪行为有且仅有一种法定刑幅度，如何使用减轻处罚情节，是应当通过立法或者司法解释予以明确，抑或是通过量刑规则来确定？从法定刑定义的角度去厘清这一问题，并不具有可探讨性。但是这个问题不能忽视，犯罪中止作为法定的减轻处罚情节，其虽然不是常见的量刑情节，但不能忽视其在具体个案中适用的可能性，同样 2021 年《量刑指导意见（试行）》中也未对中止情节的减轻比例和幅度作出规定。诚然，中止作为量刑情节，在司法实践中的适用率极低，且犯罪中止具有造成损害结果和未造成损害结果两种量刑效果，在司法实践中对与“损害结果”的造成标准也存在争议，因此犯罪中止这一量刑情节的认定和适用较为混乱，从已经公布的生效裁判文书上来看，相近或相似的犯罪事实可能由于法官的认知和对事实的判断不同，是否认定为犯罪造成的损害结果存在差异，中止情节的适用标准尚未统一，导致其司法实践中适用率较低，但这并不能成为忽视中止这一减轻处罚情节适用规则制定的理由。为准确解决中止这一减轻处罚情节可能面临的适用困境，究竟是应当针对中止这一情节本身的功能和价值展开适用规则的探讨，还是依托减轻处罚本身的适用规则展开探讨？本章的讨论重点仍是聚焦减轻处罚中法定刑的定义争论是否必要的问题，会在下文中针对中止这一减轻处罚情节的适用难题展开专门论述。

综上，减轻处罚中法定刑的适用问题并不是值得争论的问题，“法定最高刑”的适用逻辑虽然能够从文义解释上厘清单一法定刑幅度的减轻处罚逻辑困境，但是容易陷入减轻处罚与从轻处罚混淆的泥泞中，而法定最低刑作为学界的通说观点，不仅契合司法解释的相关规定，更是在司法实践中更具合理性；而通过设置刑格来达到优化法定刑幅度的目标，使量刑更具准确性和操作性的观点，具有一定的讨论价值，但是如何设置科学合理的刑格，在刑法中加入刑格的适用是不是增加了裁量者的负担，是否会过分限制法官的自由裁量权，将量刑陷入机械量刑的处境，也是需要思考的问题。但是必须指出，任何量刑规则的探讨都是为达到量刑更加规范化和准确性的目的，但是规范化量刑目标的实现，不仅要考虑科学正确的量刑规则，更要在量刑方法中考虑现代刑事之论的需求，这也是本文意图通过厘清减轻处罚中的司法适用问题所要探究的重点，即通过减轻处罚规则的明确，为量刑规范化提供思路和蓝本。

二、“下一个量刑幅度”的含义

（一）“下一个量刑幅度”之争

2011 年《刑法修正案（八）》对减轻处罚的规定进行了修改，明确了法定减轻处罚应当在法定量刑幅度的下一个量刑幅度内判处刑罚，但《刑法修正案（八）》修订之前，学界和实务界对如何理解减轻处罚幅度存在不同理解，有“无限制说”“折中说”“严格限制说”等观点。

“无限制说”认为减轻处罚的减轻幅度不应有所限制，可以在法定刑的一格、两格或者三格之下判处刑罚。无限制说的观点认为不应当限制减轻处罚的幅度，应当根据案件的具体情况，在综合案件的社会危险性和被告人人身危险性的基础上适用减轻处罚。“无限制说”的观点认为只要法官在法定刑幅度之下量刑就已符合减轻处罚的实质要求，不应当再对减轻处罚的幅度作过多限制。如果对减轻处罚的幅度作出限制将制约减轻处罚功能的发挥，可能出现轻罪重判和罪刑不相适应的出现，不利于刑罚个别化的实现，同样也影响法官自由裁量权的实现。

“严格限制说”观点认为，减轻处罚的适用应当予以严格限制，对其减轻的幅度只能在法定刑的下一格内判处刑罚。[①]“严格限制说”在《刑法修正案（八）》出台之前就已经是通说主流观点，但是在“严格限制说”观点中也分为“限制减轻底限说”、“下一个量刑幅度说”和“下一刑格说”，“限制减轻底限说”认为减轻处罚应当设置最大减轻幅度，也就是设置减轻的幅度限制，防止减轻处罚的无限制减轻；“下一个量刑幅度说”指的是减轻处罚的减轻幅度应当严格限制在具体罪行所应当适用的下一个量刑幅度内，这个观点也最终通过《刑法修正案（八）》予以明确；持“下一刑格说”的观点是通过将法定刑档次划分为刑格的方法，认为减轻的幅度应该是下一个刑格内减轻，即通过确立刑格的方式进一步精细化减轻处罚的幅度，通过限制减轻处罚的适用效果，达到罪刑均衡的目的。

“折中说”认为减轻处罚的减轻幅度应当有所限制，但是也需要考虑某些特殊情况，即一般情况下减轻的幅度只能是法定刑下的一格，但是特殊情况根据案情的需要可以降二格或者三格。[②]也就是说减轻处罚的减轻幅度应当有条件地进行限制，否则无法适应具体案件中复杂多变的量刑情形。

（二）将减轻处罚限制在“下一个量刑幅度”无法适应实践需求

目前我国刑法对减轻处罚的限度作出明确的规定，但是司法实践中减轻处罚的适用中仍存在很多难题，这些减轻处罚的适用问题得不到解决可能出现量刑不均衡的问题，不利于我国量刑规范化的实现。尤其是在认罪认罚从宽制度的适用背景下，量刑作为刑事司法过程中重要的一环，减轻处罚的适用如果无法从理论上得到明确和清晰的探讨，就无法为司法实践提供有益的

---

① 王志祥、袁宏山：《减轻处罚制度立法再完善之探讨——以〈中华人民共和国刑法修正案（八）〉为分析样本》，载《法商研究》2012 年第 1 期。

② 王志祥、袁宏山：《减轻处罚制度立法再完善之探讨——以〈中华人民共和国刑法修正案（八）〉为分析样本》，载《法商研究》2012 年第 1 期。

指导和参照价值。

首先，将减轻处罚的幅度限制在“下一个量刑幅度内”将造成减轻处罚与免除处罚情节之间的适用间隙。我国的减轻处罚适用通常是与从轻处罚、免除处罚之间形成相互衔接的适用阶梯，三者共同递进适用形成了衔接紧密的处罚体系，前文中论述，减轻处罚与从轻处罚的适用效果通过“法定刑内或外”的量刑结果的区分，因此减轻处罚在法定刑幅度之下判处刑罚已成共识。但如果某一量刑情节的效果是“减轻或者免除处罚”，对其适用减轻处罚的话，对应的法定最低刑幅度之下还有其他的刑罚裁量空间，如果减轻处罚只能在“下一个法定刑幅度内”判处，则会出现减轻处罚与免除处罚在适用效果上的脱节现象，比如绑架罪的法定刑在十年以上有期徒刑或者无期徒刑，并处罚金或者没收财产，情节较轻的，应当在五年以上十年以下有期徒刑，并处罚金，也就是说绑架罪中最低法定刑也是五年有期徒刑，并处罚金，如果在该案中适用减轻处罚，且恪守只能在下一个法定刑幅度内判处刑罚，那最低也只能判处五年有期徒刑，这与免除处罚之间就存在着 5 年以下的刑量差，这种情形不免造成减轻处罚与免除处罚之间刑罚结构的断档，造成刑罚体系结构的不周延。

其次，如果将减轻处罚限制于“下一个量刑幅度内”，不免产生法律逻辑上的悖论。如上文所述的绑架罪中的胁从犯，对其应当按照其犯罪情节减轻或者免除处罚，如果综合其犯罪的情节和犯罪后果，应当对其适用减轻处罚，最低仅能判处五年有期徒刑，并处罚金。不能在五年以下判处刑罚的逻辑在于如果在未能规定的法定刑幅度之下判处刑罚有轻纵犯罪的可能性，但是其具有的胁从犯的情节本身是可以达到免除处罚的程度，那么该情节的最大幅度的量刑效果都可以免除刑罚处罚，却在量刑五年以下存在轻纵犯罪的可能，无疑在法律逻辑上无法周延。因此，将减轻处罚的幅度局限于“下一个量刑幅度内”存在法律解释上的悖论。

最后，从司法实践的适用上看，限制减轻处罚在“下一个量刑幅度内”无法满足司法实践的需求。我国刑法中规定具有“减轻处罚与免除处罚”功能的情节并不多，在总则中规定了七个“减轻或者免除处罚”情节，这些情节从刑法的实质合理性角度看都具备跨幅度减轻处罚的必要性，如果限制这些情节的减轻处罚幅度，与刑罚轻缓化的价值追求相悖；这些具体情节在法条设计之初就已经存在处罚结构的连贯性和完整性的体系构造，对其采取适用上的限制将剥夺情节适用上的连贯性。同时，在司法实践中具体案件中的情况纷繁复杂，对法定刑减轻幅度的限制无法体现不同罪行之间量刑的区别，有出现轻罪重判的可能性，影响罪刑相适应的实现，无法实现裁判效果法律效果与社会效果的统一，最终限制减轻处罚功能的发挥。

综上，对于减轻处罚的幅度限制在“下一个量刑幅度”，无法解决减轻处罚与免除处罚的量刑阶梯衔接问题，容易形成法律逻辑上的悖论与不周延。同时限制减轻处罚的减轻幅度，也无法适应司法实践中复杂的个案罪行，会造成量刑结果的机械和同质，无法真正实现罪刑相适应，更会限制减轻处罚在刑罚轻缓化和个别化上的功效。

（三）特定条件下减轻处罚可以突破“下一个量刑幅度”

《刑法修正案（八）》虽然对减轻处罚的幅度做了限制，但是究其立法本意，一是为了解决理论与实务界争论较大的减轻处罚能否跨幅度减轻的问题，二是为了防止减轻处罚跨幅度适用导致某些职务犯罪缓刑适用率偏高的问题，旨在规则部门职务犯罪量刑中暴露的轻缓失据问题。[①] 减轻处罚的幅度能否突破“下一个量刑幅度”的限制？本文认为可以有条件地突破，理由主要为：

一是限制减轻处罚的减轻幅度旨在规范减轻处罚的适用，防止出现量刑的不均衡和任意性，但是一刀切的刑法规定无法适应司法实践中可能存在的问题，减轻处罚的本质在于犯罪行为社会危险性和犯罪者人身危险性降低，而对其适用较为轻缓的刑罚处罚，但是如果不区分减轻处罚情节适用中可能存在的特殊情况，仅从量刑结果来限制减轻处罚的减轻幅度，而忽视个案中本身展现出的社会危害性与人身危险性降低而需要对刑罚量减轻的要求，会产生本末倒置的问题。

二是承认特定条件下减轻处罚可以跨越幅度减轻，并不违背立法设置减轻处罚限度的初衷和目的，从刑法的实质合理性角度分析，对具有减轻处罚或者免除处罚情节的情形，对其扩大减轻处罚的适用幅度并不会出现轻纵犯罪之虞。法条将某些情节设计为减轻处罚或免除处罚，本身就是对其所体现的社会危险性降低和人身危险性降低的肯定，如正当防卫、紧急避险都是应当减轻或者免除处罚，其蕴含的就是刑法对该种行为的肯定，如果对上述情节的减轻处罚适用进行幅度的限制将与立法的精神违背，也无法真正落实宽

---

① 张军：《〈刑法修正案（八）〉条文及配套司法解释理解与适用》，人民出版社2011年版，第57页。

严相济的刑事政策要求。在个案中出现多个从宽情节的情形，如果无法对减轻处罚跨幅度减轻，就制约了其他从宽情节的适用效能。

三、刑种与刑期的减轻问题

虽然法条对减轻处罚的减轻幅度作了限制，但是过于原则性的规定没有解决减轻处罚中刑种与刑期的减轻适用问题，比如，故意伤害罪中，法定刑档次为三年以下有期徒刑、拘役或者管制，如果在该案中致人轻伤，确定的基准刑是三年有期徒刑，同时具有自首等可以减轻处罚情节，那么适用该情节后，宣告刑是应当在有期徒刑档次内的最低刑罚量内确定，如有期徒刑六个月，还是可以在有期徒刑的下一个刑种内选择刑罚，如拘役？但是无论是选择六个月有期徒刑抑或是拘役，从刑法的条文理解来看，都不符合减轻处罚在“下一个量刑幅度内”判处刑罚的要求，因为故意伤害致人轻伤所对应的法定刑幅度最低是管制，但即使选择管制作为刑罚，也仍是在法定刑幅度内判处刑罚。因此，上述两种观点和实践选择，选择结果是与罪刑法定要求相悖的。同样，对于应当适用的法定刑幅度内最高法定刑为死刑的罪行，如果适用减轻处罚是否应当从死刑减为无期徒刑更合适，否则直接从死刑减为十年以下的有期徒刑，是否会导致重罪轻罚，罪刑不相适应？

（一）减轻处罚应当是刑种、刑期都减轻

减轻处罚作为一种量刑情节，从适用的效果而言，其应当在法定刑幅度之下判处刑罚，其适用的本质在于体现罪行的社会危险性和人身危险性降低，如果罪行所应适用的法定刑幅度内部存在多种刑种，且刑种之间的量刑差别较大，也不能因为已经体现了刑种之间的递减，而认为已经达成了减轻处罚的效果。以故意伤害致人死亡为例，法条规定故意伤害致人死亡的，处十年以上有期徒刑、无期徒刑或者死刑，有观点认为如果个案中，犯罪嫌疑人以残忍手段故意伤害致人死亡，本应判处死刑，但是犯罪嫌疑人具有减轻处罚情节，那么将其判处无期徒刑就已经在刑罚裁量中体现了减轻的裁量功效，可以达到罪刑相适应的效果，但如果在这一法定刑幅度之下判处刑罚，即三年以上十年以下判处刑罚，将会产生重罪轻罚，刑罚过于轻缓化的问题。因此，只要在量刑过程中体现了刑种的减轻，从死刑减为无期徒刑，或者十年以上有期徒刑，就已经实现了减轻处罚所要达成的效果，不需要跨法定刑幅度进行减轻。持此观点的学者也认为减轻处罚与从轻处罚本身是不需要区分，认为二者的区别就只是单纯的刑罚量减轻比例的差别，本质上并无

差别。上述观点显然存在以下不足之处：

一是在刑法理论上混淆了减轻处罚与从轻处罚的差别。上述观点的实质是认为减轻处罚与从轻处罚无本质差别，但本文之前已论述过，二者的差别并不仅仅是刑罚量减少幅度的差别，减轻处罚情节不仅反映了单纯客观不法的减轻，也反映了责任的减轻，这些都足以使基本罪责发生明显改变，导致基准刑较大范围的调整；而从轻处罚情节通常反映的是行为人预防必要性的变小。统计我国刑法总则中规定应当减轻处罚的情节只有七种情形，且这七种情形中只有两种是应当从轻或者减轻，其他都是应当减轻或者免除，这进一步说明减轻处罚情节中罪行的社会危险性与人身危险性持续下降。正是责任刑和预防性的双重降低，使得对罪行需要判处更加轻缓的刑罚量，如果仍在同一法定刑内选择较轻的刑种判处刑罚，仍是一种从轻处罚的体现，并未体现预防刑和责任刑降低而应予从宽的刑罚量。

二是从量刑方法上忽视了法定刑与量刑起点、基准刑的差别。上述观点中认为本应当判处死刑，已降低为无期徒刑，或者十年以上有期徒刑，体现了减轻处罚的减轻刑罚量，但是其忽视了“本应当判处死刑”是站在宣告刑的角度作出的论断。量刑的起始是选择合适的量刑起点，然后根据罪行的社会危害性程度选择相应的基准刑，减轻处罚是在基准刑的基础上进行调节。认为本应当判处的刑期究竟是量刑起点，抑或是基准刑，都只是量刑过程中的暂时刑期，并不是最终的量刑结果，如果将减轻处罚的效果与量刑起点、基准刑作比较，得出是否减轻处罚的效果，显然是产生了概念的混淆，最终会导致罪行失衡的风险。

因此，正确理解减轻处罚中刑种、刑期的减轻规则，应当是减轻处罚的最终效果是在法定刑幅度之下适用，在下一量刑幅度内的刑罚可以是单纯的刑期降低，如从三年以上有期徒刑减为三年以下有期徒刑；也可以是刑种的降低，如从有期徒刑降低为拘役或者管制。同时，本文认为，在下一法定刑幅度内不需要限制减轻的刑期和刑种的幅度，如有期徒刑可以直接减至管制，抑或是拘役，不需要存在阶梯式的刑种限制，如有期徒刑必须减至拘役，不能跨刑种减轻，本文认为如此限制将制约法官的自由裁量权，也制约减轻处罚功能的发挥，对部分具有责任刑和预防刑明显降低的罪行，可以对其进行较为宽缓的减轻处罚，这也是与我国现今宽缓化的刑罚裁量政策相吻合的，更能契合司法实践的需求。

（二）法定刑如果是该刑种的最低刑，可以减轻至下一刑种

《刑法》第63条中规定了减轻处罚是在法定刑以下判处刑罚，且应当在法定刑幅度的下一个量刑幅度内判处刑罚，但如果罪行适用的法定刑档次仅有一档法定刑，或者所适用的法定刑档次已经是应适用的刑种的最低刑，如何减轻？学界和实务界的主流观点认为，如果出现上述情况，就应当在所适用的法定刑幅度的最低刑处判处刑罚，但如此判处是否体现了减轻处罚的功效，从效果上来看存在将减轻处罚当从轻处罚适用的问题，因此，对于上述情况应当分两种情况应对：

一是如果该罪行应当适用的法定刑幅度最低刑并非该刑种的最低刑，在法定最低幅度刑之下还有一定的刑罚量适用空间，可以在该刑种的最低刑以上裁量刑罚。我国刑法对减轻处罚的幅度作了两个方面的限制，一方面减轻处罚应当在法定刑幅度之下判处；另一方面是在下一个量刑幅度内判处刑罚，这两方面的限制性规定无法满足实践中减轻处罚所面临的复杂情形，同时《量刑指导意见（试行）》中，对减轻处罚的适用效果也只提到，如果有减轻处罚的量刑情节对基准刑的调节，应当在法定最低刑以下确定宣告刑，仅强调在法定最低刑以下确定宣告刑，并未详细规定如果法定最低刑期以下没有明文规定的刑罚幅度应当作何量刑。从刑罚轻缓化的视角以及有利于被告人的角度分析，如果该法定最低刑并非所属刑种的最低刑期，意味着在法定最低刑之下仍有刑罚的裁量空间，对其适用法定最低刑幅度以下的同刑种具有一定的合理性。如果说刑法中法定刑的设置考虑的是犯罪在一般既遂状态下应当判处的刑罚量，是考虑犯罪在一般状态下责任刑与预防刑必要性的情况下制定的法定刑罚量，是罪行的抽象刑罚量，那么对于具体个案中的刑罚裁量，不仅要结合罪行的一般情状，更要考虑其所具有的罪行社会危险性和人身危险性降低的特殊情状，即刑罚量得以减轻的情节，如犯罪者的年龄、主观罪过、犯罪中的地位等因素，如果罪行具有显著的责任刑与预防刑降低的必要性，应当可以在法定刑规定的刑罚量之下判处刑罚，不能因缺乏刑法明文规定而限制减轻处罚的适用。

二是如果该罪行适用的法定刑幅度最低刑已经是该刑种的最低刑，是否可以减轻至下一较轻的刑种需要根据案件的情况。如果法定最低刑已经是该刑种的最低刑，那么在该刑种内已经不存在进一步减轻处罚的空间，而我国刑法中主刑之间是存在一定的阶梯性，可以选择下一个较轻的刑种适用。有学者认为主刑的法定刑之间虽然有位阶，但是各刑种之间的适用规则和刑期

有所不同，如果刑法没有规定下一个刑种即代表该罪行不适用该刑种，不能选择该刑种作为最终的刑罚。对该种观点，本文认为具有一定的合理性，死刑、无期徒刑、有期徒刑、拘役和管制组成了我国的自由刑的刑罚体系，其代表的是不同的刑罚方法，死刑作为最为严重的刑罚处罚方法，在我国刑法中当其作为单独的法定刑幅度时，通常有无期徒刑或十年以上有期徒刑作为下一个量刑幅度，如果是对该档法定刑幅度减轻处罚并不存在下一个量刑幅度的适用问题，无期徒刑亦是如此。但如果已经是该刑种的最低刑期时，如有期徒刑、拘役和管制作为法定最低刑时，是否可以选择较轻的刑种判处刑罚？本文认为如果是有期徒刑的最低刑期时，可以选择在拘役刑种判处刑罚，但是如果该罪行中未规定管制的适用，不能选择在管制刑种判处刑罚。主要理由是，有期徒刑和拘役都是剥夺自由刑，都是在一定期间内剥夺犯罪分子人身自由的刑罚，而管制的实质是一种限制自由刑，其无论是从执行方式还是适用对象都与有期徒刑、拘役相差甚大，因此，如果刑法未将管制作为该罪行的法定刑种，则无法对该罪行适用管制刑罚。这一观点在《刑法》第 69 条第 2 款中的有期徒刑、拘役和管制的数罪并罚中也有体现，数罪并罚中有期徒刑可以吸收拘役的执行，但是有期徒刑、拘役无法吸收管制的执行，有期徒刑、拘役执行完毕之后，管制仍需执行。

四、附加刑的减轻处罚问题

减轻处罚的适用是否包括附加刑，有观点认为刑法没有明确减轻处罚包括附加刑的减轻，如对其也可以减轻，则于法无据；另有观点[①]认为减轻处罚规定的法定刑当然包括主刑和附加刑，对主刑减轻和附加刑减轻所蕴含的法理是一致的，减轻主刑的同时当然也应对附加刑相应地减轻，体现量刑的匹配和一致性。如贩卖毒品罪中，犯罪嫌疑人本应当判处有期徒刑十五年，并处没收财产，如果有减轻处罚情节，主刑应当在七年以上有期徒刑十四年以下量刑，如果认为附加刑亦可以减轻处罚，那应当判处“并处罚金”，但实践中仍有部分判决，仅对主刑减轻处罚，附加刑仍然对应的是没收财产。主张减轻处罚不适用附加刑的观点认为，有可能出现适用减轻处罚后，附加刑反而延长的情况，如将拘役减为管制且附加刑为剥夺政治权利时，因为管

① 余建波：《减轻处罚也应适用于附加刑》，载《检察日报》2016 年 9 月 12 日，第 3 版。

制的剥夺政治权利是与主刑同时开始同时结束的。

本文认为附加刑同样可以适用减轻处罚，但附加刑的减轻处罚适用规则应当与主刑的适用规则有所区分。

首先，从附加刑的概念、功能和其在刑法中的地位等角度分析，附加刑同样可以适用减轻处罚。通说观点认为附加刑是补充主刑适用的刑罚，在刑罚体系中属于从属地位，但是我国的附加刑既可以单独适用，也可以附加适用，因此，将附加刑与主刑的概念从能否附加适用的角度来区分，并未真正反映附加刑的实质，应当从二者之于刑罚目的角度对二者作出界分。附加刑应当是指起辅助或者补充作用的刑罚方法，区分主刑与附加刑的关键并非能否独立适用，而是二者作用于刑罚目的的大小。附加刑的主要功能是弥补主刑的不足，附加刑种类多为资格刑和财产刑，能够弥补主刑剥夺和限制自由刑、生命刑中在特殊预防方面的局限性，同时从实现刑罚经济化的角度来看，附加刑的适用成本也要远低于主刑，附加刑的适用和完善与刑罚轻缓化的趋势相吻合。因此，附加刑并非仅仅是主刑的补充，其与主刑同样是刑罚中无可替代的存在，如果在罪行的法定刑档次内有规定附加刑，同样应对附加刑适用减轻处罚，虽然附加刑在我国刑罚体系中经常处于被忽视的角度，比如累犯中认定刑罚执行完毕，指的是主刑执行完毕，而不包括附加刑执行完毕。而减轻处罚的适用本质是行为人社会危险性和人身危险性的双重降低，同样附加刑的减轻处罚适用既要符合上述条件，又要从特殊预防必要性的角度考虑，因此，罪行如果具有减轻处罚情节，应当对主刑和附加刑同时适用减轻处罚。

其次，对附加刑同样应当适用减轻处罚，符合罪刑相适应原则。在刑罚裁量中，对犯罪分子予以量刑时，依据罪行的社会危害性及人身危险性大小等因素，所应当判处的刑罚量是与刑事责任的大小相匹配的，当罪行具有法定减轻处罚情节时，反映的也是其社会危害性与人身危险性的降低，而我国刑法条文中附加刑的设计是与罪行本身的特点相关联的，其本身的刑罚量也应当与犯罪的罪行轻重相匹配，因此，只减轻主刑而忽视附加刑的减轻，是背离罪刑法定原则的，同样也无法体现罪刑相适应原则。

再次，对附加刑适用减轻处罚符合我国刑法的相关规定，从其功能和刑罚设计来看，附加刑具有辅助主刑的功能，附加刑的适用体现了罪行与刑罚的对应关系，对主刑适用减轻处罚必然应当对附加刑同样适用减轻处罚，否则将造成司法实践中的量刑困惑。对于主刑减轻处罚同样及于附加刑在我国刑法中其已有规定，《刑法》第57条规定对于死刑、无期徒刑减为有期徒刑时，应当把剥夺政治权利的期限改为三年以上十年以下，充分体现了对于减轻处罚是应当主刑与附加刑同时减轻的。

最后，不能将主刑减至单纯附加刑。在具体的罪行中，如果在主刑的可选范围已经是最低刑种，能否将主刑减为附加刑，如应当适用的法定刑档次为三年以下有期徒刑、拘役或者管制，管制已经是主刑刑种中的最低刑种，能否据此将刑罚定在附加刑范围内量刑？本文认为，这样为了减轻处罚而减轻是不合适的，不能以此将最终的刑罚量定在附加刑内。主要理由如下：一是附加刑是补充主刑的刑罚方法，虽然附加刑可以独立适用，但附加刑具有自身所蕴含的刑罚价值，其在刑法分则的设置中是与罪行的性质相匹配的，不能随意判处。我们附加刑的种类主要有罚金、没收财产、剥夺政治权利，以及针对外国人和无国籍人的驱逐出境。罚金针对的是贪利性犯罪和经济犯罪，没收财产一般针对的是比较严重的犯罪，又分为没收全部财产和没收部分财产，剥夺政治权利适用于危害国家安全犯罪，以及部分严重侵害人身、财产安全，破坏社会秩序的犯罪分子，同时剥夺政治权利也可以独立适用于部分轻微刑事犯罪，对于外国人犯罪可以独立适用或者附加适用驱逐出境。因此，附加刑的性质是与犯罪性质紧密联系，不能因为其相较于主刑的限制自由、剥夺自由和生命刑较轻，就理所当然地认为主刑之下可以减至单独适用附加刑，除非单独适用附加刑属于法定刑中已经规定的刑罚量。

综上，减轻处罚的适用应当是主刑与附加刑同时减轻，但在司法实践中，由于主刑与附加刑功能和类型的不同，在减轻处罚的适用中亦会出现一些困境，影响减轻处罚中附加刑的适用效果。

（一）剥夺政治权利的减轻处罚

剥夺政治权利是指剥夺犯罪人参加管理国家及有关政治活动的权利①，这一刑罚所引起的法律后果具有一定的政治属性，在具体罪行的刑罚设计中多集中于危害国家安全犯罪，部分严重破坏社会秩序的犯罪，这部分犯罪通常通过剥夺其政治权利体现对其所犯罪行的惩罚，作为资格刑的剥夺政治权利与犯罪者的人身依附性关系密切，对其减轻处罚有不同于其他附加刑的减轻处罚适用规则。

---

① 王洪青：《附加刑研究》，华东政法大学2008年博士学位论文，第34页。

1. 死刑、无期徒刑中剥夺政治权利的减轻处罚

我国《刑法》第57条第1款规定，对于被判处死刑、无期徒刑的犯罪分子，应当剥夺政治权利终身，那么根据该条规定，当主刑从死刑减为无期徒刑时，附加刑仍是剥夺政治权利终身，不存在减轻处罚的情况，法条如此规定是否背离了主刑减轻附加刑亦需减轻的理论？本文认为，无论是附加刑附随主刑减轻，抑或是主刑减轻附加刑不需减轻，都要从刑罚的目的角度考量，刑罚的本质是惩治与预防，为有效实现刑罚的目的，刑罚的设计和运行都是要服务于惩治预防犯罪的价值追求，要实现刑罚的有效性就必须从犯罪的特殊性角度考量，刑罚应当与犯罪的原因和行为方式相匹配，资格刑作为对犯罪人资格利益的剥夺或限制方法，是现代各国轻刑化刑罚结构的重要构成元素。[①] 剥夺政治权利更多的是为了实现刑罚特殊预防，对于判处死刑或者无期徒刑的被告人，其面临的都是现代社会中最为严重的刑罚，体现的也是其本身犯罪性质极其恶劣，社会危险性极大；死刑本身就是整个刑罚体系中最重的刑罚，是通过肉体上消灭犯罪分子的手段惩罚犯罪并一次性防卫社会的刑法手段。[②] 对于这种最严厉的刑罚手段，对其附加剥夺参与国家管理和政治活动的权利是与死刑这种极其严重的刑罚相匹配的；而无期徒刑同样作为生刑中最为严厉的刑罚，适用的也是罪行恶劣的犯罪分子，是仅次于死刑剥夺犯罪分子终身自由的刑罚，其残酷性和严厉性并不亚于死刑，无期徒刑在刑罚中的设置，针对的是不需要判处死刑，但是需要与社会永久隔离、罪行严重的危害国家安全的犯罪分子和其他重大刑事犯罪分子，对犯罪分子同样需要通过剥夺其实施政治活动和国家管理活动的权利来达到对其罪行恶劣程度的否定以及实现特殊预防的目的。

综上，减轻处罚作为量刑的情节之一，其需要通过对具有减轻处罚情节的罪行减轻刑罚量来达到罪刑均衡以及罚当其罪的目的，如果罪行本身是社会危险性极大、人身危险性极高的行为，即使具有减轻处罚的情节，也是需要根据罪行实际情况来决定是否减轻，在死刑减为无期徒刑这种情况下，犯罪行为的社会危险性和人身危险性相较于其他犯罪而言同样是严重的，因此对该类犯罪，刑法中仍通过规定剥夺其政治权利终身来达到犯罪预防和矫治

---

① 陈伟、郑自飞：《预防刑视域下的资格刑审视：价值、困境与出路》，载《法治论坛》2019年第55辑。

② 刘宪权、杨兴培：《刑法学专论》，北京大学出版社2007年版，第324页。

的目的，以保证刑罚的效果。对于减轻处罚而言，其在量刑过程中发挥的效能是基于犯罪人罪责程度的降低或者是悔罪表现所产生的责任刑与预防刑的降低，减轻处罚功能的发挥需要建立在个案的减轻处罚情状事由上，并与刑罚的规范和观念相对接，同时也要考虑社会民众的正义感和可接受范围，不能把减轻处罚只单纯地看待为刑罚规范，机械地运作在量刑裁量中。唯有将减轻处罚的适用符合客观实际，并充分考虑刑罚报应与刑量减轻之间的关系，才能将减轻处罚的法律适用社会效用发挥出来。

2. 主刑减为管制时剥夺政治权利的期限

剥夺政治权利的期限通常是相对确定的，而判处管制附加剥夺政治权利时期限与管制的刑期相同，因此，如果将主刑减为管制，是否会出现主刑减轻，而附加刑加重的情形？剥夺政治权利的最低期限为一年，而管制的期限为三个月以上二年以下，如果某罪行从有期徒刑一年，剥夺政治权利一年，减为管制两年，那剥夺政治权利的期限则同样为二年，这样的减刑结果无疑是增加了剥夺政治权利的期限，出现减轻处罚后附加刑的刑期倒挂。本文认为要解决该问题需要从刑罚的本质以及减轻处罚的实质功效出发来解决。

首先，从刑罚的类型、功能角度分析，有期徒刑、拘役为剥夺自由刑，而管制属于限制自由刑，是我国刑罚体系中最轻的一种主刑，适用的对象是不需要关押，仅通过限制其部分权利和活动而对其进行改造的犯罪人。因此，当主刑减为管制时，意味着罪行较轻和社会危险性较小，适用管制足以罚当其罪，如果将刑种减为管制，而刑期超过之前所应当判处的刑种的刑期，对于被告人而言，其所感受到的刑罚量的减轻并不存在，无法真正发挥减轻处罚在刑罚轻缓化上的引领和示范作用。

其次，从减轻处罚的本体效能出发，当罪行的社会危险性和人身危险性都有趋轻的情状，主刑减为管制，则意味着被告人犯罪行为较轻，社会危险性较小，无羁押的必要性；且管制这一刑种在设置之初就是为了剥夺被告人的一部分权利，对其自由进行限制并加以改造的刑罚措施，如果被告人实施的犯罪行为通过减轻处罚的适用，最终判处管制，然而判处的管制刑期超过之前刑种所判处的刑期太多，将影响减轻处罚规范指引效果的发挥，进而影响减轻处罚本体效能发挥的空间。

最后，从减轻处罚的功利效能角度分析，通过减轻处罚的适用将主刑减为管制时，降低了刑罚执行的投入，节省了司法资源，也在某种程度上有利于被告人的改造和回归社会，有助于修复破损的社会关系。因此，将主刑减为管制体现了减轻处罚多元的功利效能，如果减轻后的刑罚，虽然刑种降低但是所适用的刑期仍超过之前的刑罚，会影响减轻处罚的经济效能、平衡效能的发挥，进而影响刑罚目的达成。刑罚资源的有限性与犯罪情势的无限性决定了要避免重刑主义的扩张，因此，主刑减为管制后尽量不能超过减轻之前刑种的刑期，方能体现减轻处罚的功利效能。

综上，主刑从有期徒刑或拘役减为管制时，刑期应当不超过减轻之前刑种所应判处的刑期。对于附加刑剥夺政治权利亦是如此，剥夺政治权利的刑期应当体现减轻处罚在刑罚裁量中的效果，如果拉长剥夺政治权利的刑期，出现刑期倒挂的现象，不仅弱化了减轻处罚的本体效能发挥，无法体现罪刑相适应原则，更是忽视了刑罚轻缓化的趋势，与我国宽严相济的刑事政策相背离。

（二）财产刑的减轻处罚

我国附加刑中重要的两种财产刑即罚金刑和没收财产，两者在惩治经济财产犯罪以及贪利性犯罪方面发挥的作用和优势明显，尤其是罚金刑在我国目前的刑法分则罪名中占据 40%，面对日益增长的经济财产型犯罪，适用财产刑对打击贪利性犯罪，实现犯罪的特殊预防意义重大。作为最为重要的附加刑类型，罚金刑和没收财产在适用减轻处罚规则时，面临的问题却并不相同，适用规则也有所区别。如何平衡财产刑与主刑在适用减轻处罚情节时的刑量关系，防止出现主刑与附加刑差别过大，或者以钱赎刑的本末倒置的情形，以适应量刑规范化改革的要求，同样是减轻处罚适用问题中一个重要的命题。

1. 罚金刑的减轻处罚幅度问题

我国刑法中罚金刑的设置有倍比罚金制、定量罚金制以及无限额罚金制，罚金数量的确立是根据犯罪行为的具体情节，与犯罪数额、犯罪情节关系密切，当罪行适用减轻处罚时，罚金刑如何减轻处罚，减轻的幅度如何，是否必须轻于之前的罚金刑？

罚金刑的幅度在刑法条文中的具体规定并非单一形态，不同的立法形态决定了罚金刑在适用减轻处罚时会有不同的减轻幅度。我国刑法中罚金刑最广泛采取的形式是无限额罚金刑形态，在条文中仅表述为并处或者单处罚金，没有规定罚金的最低或者最高限额；倍比罚金刑是根据犯罪数额的倍数或者百分比来确定罚金刑的金额，如生产销售伪劣产品罪中，规定的单处或者并处销售金额百分之五十以上二倍以下罚金；另外某些罪名中规定的是定量罚金刑，如非法吸收公众存款罪里规定的，并处或者单处二万元以上二十万元以下罚金，就属于定量罚金刑。罚金刑的确立是需要根据犯罪行为的恶劣程度、主观恶性以及被告人的经济状况等情形综合进行考量的，我国的罚金刑不仅可以附加判处，也可以单独判处，在主刑减轻处罚之际，罚金刑是否可以减轻同样的幅度，需要根据罚金刑不同的形态作出判断。

（1）当法定刑规定的罚金幅度具有重合交叉时，对罚金刑的减轻处罚可能存在不低于法定最低刑的情形。根据《刑法》第171条规定[①]，这里罪行数额较大和数额巨大所确立的主刑之间是衔接的，但是罚金刑规定的二万元以上二十万元以下与五万元以上五十万元以下的法定刑幅度存在交叉，如果被告人明知是伪造的货币而运输，数额巨大，且作为从犯具有减轻处罚情节，那么主刑减轻处罚应当在三年以下有期徒刑或者拘役范围内判处刑罚，附加刑则应在二万元以上二十万元以下幅度内判处罚金刑，如果罚金刑的最终判刑幅度在五万元以上二十万元以下，虽然也符合“下一档”法定刑幅度，但是同样也适用减轻处罚之前的法定刑幅度，是否意味着存在交叉重合的罚金刑就必须避开交叉部分，即只能在二万元以上五万元以下判处罚金刑？

对于减轻处罚的适用理解要从减轻处罚的本质出发，不能忽视减轻处罚适用目的，减轻处罚无论采取何种适用规则和方法，都需要围绕减轻处罚的情状事由展开，符合减轻处罚反映罪行的社会危害性减轻和人身危险性降低的趋向，也唯有立足于减轻处罚的情状本身，才能发挥减轻处罚的效能。而减轻处罚的效能发挥应该以减轻处罚情节对基准刑的实际调节结果为标准，即使在具体案件中减轻处罚情节对罚金刑的实际调节结果仍在法定量刑的幅度内，仍然应当认可减轻处罚情节的效能发挥，而不能以法定刑幅度适用的界域为限制。所以，对于罚金刑法定刑幅度范围存在交叉的情形下，罚金刑的减轻处罚只要符合减轻处罚的适用本质就符合减轻处罚的效能和目的，并不需要去过分机械地通过基准刑或者法定刑的范围来划分或者认定减轻处罚的效果，毕竟法定刑或基准刑都是减轻处罚的运作对象，而非减轻处罚的运作原由及其根据。[②]

---

① 《刑法》第171条：出售、购买伪造的货币或者明知是伪造的货币而运输，数额较大的，处三年以下有期徒刑或者拘役，并处二万元以上二十万元以下罚金；数额巨大的，处三年以上十年以下有期徒刑，并处五万元以上五十万元以下罚金。

② 蔡伟文：《减轻处罚研究》，西南政法大学2013年博士学位论文，第34页。

（2）主刑的法定刑幅度不同，但是罚金刑的幅度相同时，罚金刑的减轻处罚后的幅度并非必需低于法定最低刑。《刑法》第171条中规定出售、购买、运输伪造的货币罪中数额巨大、数额特别巨大的主刑不同，但罚金刑幅度都是五万元以上五十万元以下罚金，当被告人实施的伪造货币行为符合数额特别巨大时，具有减轻处罚情节时，减轻后的主刑应当在三年以上十年以下有期徒刑内判处，但是罚金刑的量刑区间仍应当在五万元以上五十万元以下的幅度范围内确定罚金刑数额。有观点认为这种适用减轻处罚的方式是否会造成从轻处罚与减轻处罚的混同，本文观点认为减轻处罚的效能发挥不是以法定刑幅度范围的适用界限为标准，应当是以减轻处罚的最终调节结果为准，不论减轻处罚对基准刑的调节结果是否在法定刑幅度以内或者低于法定刑幅度，都不是单纯判断减轻处罚是否发挥效用的关键。刑法条文在设计法定刑之时，根据犯罪情节、数额确定主刑与附加刑的刑量，主刑减轻并不意味着附加刑必然减轻，附加刑虽然作为辅助主刑的刑罚，但是其本身具有独立的刑罚价值，不仅能满足报应主义的惩罚性需求，更在特殊预防方面意义重大。

因此，从减轻处罚的适用规则而言，减轻处罚的适用应当是围绕减轻处罚的适用情状展开，契合减轻处罚所体现的惩罚与预防必要性降低的本质情状，而非局限于法定刑幅度范围的设置，只有立足于减轻处罚的本质情状，才能真正将减轻处罚的功效发挥出来，真正做到罪刑法定和罪刑相适应。从主刑与附加刑的关系角度而言，主刑作为刑罚中最主要和重要的惩罚方法，对其适用减轻处罚，在法定刑幅度之下判处刑罚，已经体现了减轻处罚的适用；而附加刑的主要功能是对主刑的调节和辅助，但是附加刑也具有相对独立的刑罚价值，并不意味主刑减轻附加刑必须跟随主刑减轻，反而可以通过主刑轻，附加刑相对较重，以达到刑罚功能和价值上的平衡。

（3）当罚金数额为倍比罚金制时，罚金数额的确定依据的基数通常为犯罪数额或者涉案金额，对于这类罚金刑适用减轻处罚时，应当根据罪行中具体的涉案金额、犯罪数额为参照，根据法定刑所要求的倍数或者比例确定罚金数额。但是在我国刑法分则条文中设计倍比罚金制的，通常是以犯罪构成的数额抑或量刑情节上作为参照的涉案金额作为罚金刑的确定基数，而被告人虽然具有减轻处罚情节但并不能改变犯罪行为的犯罪数额，因此，即使适用减轻处罚对附加刑减轻，其参照的基数也是罪行中客观产生的犯罪数额，而该类犯罪中通常犯罪数额、涉案金额都是法定刑档次划分的依据，但这种法定刑档次的划分也仅体现在主刑上的刑量差别，罚金刑作为附加刑通常是以犯罪数额作为确定罚金刑的基础，而不同的法定刑档次对于罚金刑的倍数和比例也通常相同。如《刑法》第140条规定的生产、销售伪劣产品罪中[①]，对于这类犯罪中主刑可以降低法定刑档次，但是下一个罚金刑的刑量确定依据的是同样的倍比幅度，在这种情形下罚金刑的确立应当同样在倍比的幅度内，但应当根据犯罪金额与罪行的严重程度，选择相对较轻的比例和幅度，虽然会与从轻处罚在适用效果上存在重合，但减轻处罚的适用效果的判断应当从减轻处罚自身独立、客观的标准出发，通过量化赋权与比例累计运作来解决与从轻处罚的适用关系，不是仅仅从法定刑幅度内或者之下做机械的判断，而是根据具体情况对其作出合目的性的判断。

（4）如果罪行所应当判处的法定刑档次内有"并处或者单处罚金"的规定，对于该罪行而言，其应当适用的法定刑幅度内的最低刑罚为单处罚金，减轻处罚需要在法定刑幅度之下判处刑罚，那是否应当是在单处罚金之下判处刑罚，即应当判处的刑罚量是否就只能是单处减轻刑量之后的罚金刑？有观点认为此种单处罚金的刑罚本质上也是从轻处罚，因为在应当适用的法定刑幅度内已规定了可以单处罚金；另有观点认为，如果法定最低刑为单处罚金，适用减轻处罚后可以直接运用《刑法》第37条的规定，对其免除处罚。本文的观点认为，对法定刑最低档次为单处罚金的罪行适用减轻处罚后，不能直接将罚金刑减为免除处罚，因为免除处罚与减轻处罚直接具有适用规则与适用逻辑、原则的壁垒，减轻处罚不能直接减为免除处罚。同时罚金刑作为最有经济性和效益性的刑罚措施，具有可计量性的特点，对于罚金刑可以根据犯罪的社会危害性和行为人的主观恶性程度来确定与罪行相匹配和适应的罚金刑量，因此，对于罚金刑的减轻处罚，同样应当根据罪行减轻后的社会危害性与人身危险性大小来确定罚金刑的数额大小，通常应当低于减轻处罚之前应当判处的刑罚量。

2. 没收财产刑的减轻处罚幅度问题

没收财产刑作为附加刑中的一种，指的是根据刑法的规定对公民、法人

---

① 《刑法》第140条：销售金额五万元以上不满二十万元的，处二年以下有期徒刑或者拘役，并处或者单处销售金额百分之五以上二倍以下罚金；销售金额二十万元以上不满五十万元的，处二年以上七年以下有期徒刑，并处销售金额的百分之五十以上二倍以下罚金。

的财产或者财产性利益予以剥夺的刑罚方法，我国《刑法》第59条规定了没收财产[①]：没收财产分为没收部分财产和全部财产，但是我国刑法条文中没有明确区分没收全部财产或者部分财产，仅笼统地规定没收财产，具体没收全部或部分财产由法官自行决定。没收财产刑在附加刑中被认为是惩治严重犯罪的辅助措施，通常是辅助生命刑和长期自由刑时附加适用。对于没收财产刑的减轻处罚，理论与实务界也存在诸多分歧意见，如没收财产的幅度问题，没收财产的减轻处罚是否意味着将没收全部财产减轻为没收部分财产？对于没收财产的减轻处罚是否可以直接减为罚金刑？

对于没收财产的减轻处罚，本文认为可以从刑事责任之量与刑罚之量的对应角度来看待没收财产的减轻处罚幅度。减轻处罚意味着犯罪者所实施的罪行的社会危险性降低和人身危险性减弱，因而需要对其施加的刑罚相应减轻，因此，没收财产的减轻处罚意味着没收财产作为体现刑事责任的部分实现方式，其同样应当反映刑罚减轻的必要性，通过减轻没收财产的数额来体现刑罚量的减轻，法官可以犯罪的性质、情节，将没收全部财产减轻为没收部分财产。同时，从减轻处罚的性质来看，没收全部财产与没收部分财产虽然都属于没收财产，但是从二者所体现的刑罚量与刑事责任的对应关系而言，这样的判处是符合罪刑法定原则的。

3. 没收财产刑可以直接减轻为罚金刑

没收财产刑和罚金刑作为刑罚中的财产刑，其功能和地位具有一定的相似性，同时基于二者的功能以及作为财产刑的机能而言，没收财产可以直接减轻为罚金刑。

首先，没收财产多适用于严重的贪利性犯罪，与罚金刑类似，多集中在危害国家安全罪、经济财产犯罪罪名，且多与死刑、无期徒刑或者较长的限制自由刑附加适用；相较于罚金刑，没收财产刑是剥夺被告人的全部或者部分财产，从经济上给被告人最严厉的制裁，不仅体现了报应性的严酷性，更能从经济成本上切段被告人再次犯罪的可能性，罚金刑在贪利性犯罪上的惩治和预防功能与没收财产刑相似，二者在刑罚的功能上具有相似性和互相替代性。虽然从刑罚设置角度来看，没收财产性适用的是较为严重的犯罪，而罚金刑从其处罚方式来看，除了涉及贪利性犯罪之外，也会适用于部分轻罪

① 《刑法》第59条：没收财产是没收犯罪分子个人所有财产的一部分或者全部。没收全部财产的，应当对犯罪分子个人及其抚养的家属保留必须的生活费用。

以及过失性犯罪，但是罚金刑作为现代社会重要的刑罚制度，体现着刑罚轻缓化的价值目标和趋势。从没收财产性和罚金刑在刑罚中的地位和功能角度来分析，二者之间所体现的刑罚价值和目标是相通的，将没收财产刑减为罚金刑符合刑罚的价值趋向，也符合与我国财产刑的法定刑设置，在我国规定没收财产的法定刑档次的下一档次内，无一例外地规定了罚金刑，即从财产刑的法定刑设置角度来看，将没收财产刑减为罚金刑也是与立法规定和司法实践相一致的。

其次，没收财产刑减为罚金刑要注意两种刑罚的实际执行效果，罚金刑的刑罚执行效果并不一定重于没收财产刑。我国刑法中规定的罚金刑多为无限额罚金制，并没有明确规定罚金数额，而是根据罪行的轻重决定判决的罚金数额，通常是与罪行所涉及的犯罪数额或者涉案金额为参照。如果被告人本身全部个人财产数额为 2 万元，而判处的罚金数额为 3 万元，那判处的罚金刑显然重于没收财产刑；从执行方式上来看，罚金的缴纳是随时缴纳，法院在任何时候发现被执行人有可以执行的财产，应当随时追缴，而没收财产只是以判决生效时被告人所具有的财产为限，同时为被告人保留必要的生活费用，如果被告人在被判决时不存在可以执行的财产，则会出现没收财产无法执行的情形。从上述两个角度来看，罚金刑并不必然轻于没收财产刑。因此，将没收财产刑减轻为罚金刑时，不仅要以罪行所涉及的犯罪数额、涉案金额为参照，更要兼具考虑被告人本身的财产状况，所确定的罚金数额不应高于被告人被判处没收财产刑时所应确定的罚金数额。

第四章　酌定减轻处罚情节及其适用

第一节　酌定减轻处罚情节的内涵界定

一、酌定减轻处罚的基本内涵

我国《刑法》第63条第2款的规定[①]，被学界普遍称为“酌定减轻处罚”规定，与第63条第1款的“法定减轻处罚”规定相对应。但是酌定减轻处罚的适用不论是从实体理解到程序规定，都大大限制了该制度在司法实践中的运用。首先从法条规定的内容来看，酌定减轻处罚应当从以下几个方面来理解：

（一）酌定减轻处罚的实体要件

从刑法条文规定的内容来看，适用酌定减轻处罚的实体要素包括两个方面，一是无法定的减轻处罚情节，二是案件存在特殊情况。酌定减轻处罚相较于法定减轻处罚，更多的是法官发挥自由裁量权体现司法能动性的一种刑罚裁量制度，酌定减轻处罚情节的具体内容在法律上没有规定，其适用范围需要根据具体的案件事实、罪行的社会危害性以及犯罪者的人身危险性来进行综合判断。有观点认为酌定减轻处罚的最大特征是具有“非法定性”，并认为这是区分其与法定减轻处罚的关键，但事实上，准确地认定二者的区别在于酌定减轻处罚没有对减轻处罚的具体情节和范围予以明文规定，但是这并不代表酌定减轻处罚的适用具有随意性，酌定减轻处罚核心的适用要件是案件存在特殊情况。所谓的特殊情况没有相关的司法解释和政策法规具体规定，立法初期考量的是从事外交、国防、统战、民族、宗教等工作的需

---

① 《刑法》第63条第2款：犯罪分子虽然不具有本法规定的减轻处罚情节，但是根据案件的特殊情况，经最高人民法院核准，也可以在法定刑以下判处刑罚。

要。[①]但是随着社会的发展和社会矛盾的转变，特殊情况已不再局限于上述几类国家和社会公共事务的范畴，而是具有更为灵活性和广泛性的应用，但是囿于酌定减轻处罚本身的性质、特征以及适用的法律程序，近年来酌定减轻处罚在司法实践中的适用是相对限缩的。如何发挥酌定减轻处罚在实现刑罚个别化和罪刑相适应方面的功效，保证案件的处理做到法、理、情的融合，须从厘清酌定减轻处罚的适用基础、类型以及适用规则入手，使得酌定减轻处罚能与量刑规范化的实质内涵契合，满足个案正义的实现。

（二）酌定减轻处罚的程序要件

《刑法》第63条第2款规定的酌定减轻处罚不仅规定适用的实体要件，更重要的是规定了程序要件，即“经最高人民法院核准”。这一规定修正于1997年刑法，将1979年刑法中酌定减轻的核准权从地方各级法院的审委会收归至最高人民法院，目的是限制酌定减轻处罚的滥用，避免法官自由裁量权的肆意行使，从酌定减轻处罚的程序要件修正后，司法实践中酌定减轻处罚的适用大幅度减少。根据最高法出台的规定，酌定减轻处罚的核准程序需要由作出酌定减轻处罚的法院逐级层报至最高法，很多学者诟病酌定减轻处罚的核准程序与死刑复核一样，是唯二需要最高法核准的事项，但是二者的性质截然不同，如果说死刑复核体现着对死刑判决的慎重，严格的复核程序更是对被告人权利的保障，但酌定减轻处罚本身是对被告人的有利裁量，如果像死刑复核一样耗费大量的司法资源履行层级复核程序，将大大降低该刑罚裁量制度的适用，最终导致该制度的虚置，不利于被告人的诉讼权利保护。

酌定减轻处罚严格的程序要件与实质要件规定的标准不清，致使司法实践中法官适用酌定减轻处罚的主观能动性降低，为避免大量且烦琐的上报复核程序，部分法官在面对可能存在的酌定减轻处罚情节时，为规避适用该程序，直接适用可以由法官自由裁量的免予刑事处罚。相较于酌定减轻处罚，免予刑事处罚同样作为对被告人的从宽处理方式，从量刑效果来看免予刑事处罚的从宽幅度大于酌定减轻处罚，但并不需要层层复核，可以由法官自由裁量决策。

---

① 参见李琪：《有关草拟〈中华人民共和国刑法草案（初稿）〉的若干问题》，载高铭暄、赵秉志编：《新中国刑法立法文献资料总览（下）》，中国人民公安大学出版社1998年版，第1964页。

（三）酌定减轻处罚的法律后果

酌定减轻处罚同样属于减轻处罚的一种，因此其法律后果与法定减轻处罚相同，即“在法定刑以下判处刑罚”，但《刑法修正案（八）》中修改将“应当在法定量刑幅度的下一个量刑幅度内判处刑罚”规定在法定减轻处罚条文后面，是否意味着酌定减轻处罚的“在法定刑以下判处刑罚”并不受“法定刑下一个量刑幅度”的限制？对此，学界也存在不同的意见。有观点认为酌定减轻处罚应当与法定减轻处罚一致，限制减轻处罚的幅度，且酌定减轻处罚的情节和适用范围并非法律明文规定，对其适用的限制应当更甚于法定减轻处罚，法定减轻处罚都有限制，酌定减轻处罚更应当限制。

本文的观点认为，从适用情节和范围上判断酌定减轻处罚的适用规则应当严于法定减轻处罚的逻辑并不能自洽。首先，酌定减轻处罚的适用价值和目的本身就是为了实现个案正义，处理刑罚规则原则性与灵活性的差别，因此，二者并不存在适用规则上的相互限制。其次，酌定减轻处罚虽然在实体适用要件上尚未确定的规制，但是其严格的程序适用要件确保了其并不会出现司法擅断，相反如果对酌定减轻处罚的减轻幅度作与法定减轻处罚相同的限制，将难以发挥酌定减轻处罚在确保个案正义，解决量刑失衡方面发挥的作用。最后，酌定减轻处罚在程序上的适用规则已经被严格限制，如果对实体的减轻幅度再作严格限制，将彻底限制酌定减轻处罚的效能发挥。

二、酌定减轻处罚情节的价值

（一）实现罪刑均衡

酌定减轻处罚本身是一种法定的刑罚裁量制度，虽然赋予了法官在法定情节之外对罪行减轻处罚的权力，但是其本身也是基于法律的明文授权，同时有严格的程序限制，并非违背罪刑法定原则，具有合理调节刑罚量、实现罪刑均衡的效能。

刑罚的结果应当既满足人权保障的需要又契合刑法谦抑性的需求，这就需要在刑罚设计中有多种实现上述需求的方法和制度，比如刑事政策、刑事解释、法定的量刑情节等，但是刑事政策并不能肆意扩大法律规定的制度框架，更不能创设本身超出法律规定的情节；刑事司法解释是严格禁止和限制超出法律规定的类推解释，因此其无法满足罪刑均衡的要求；而法定的减轻处罚情节虽然可以发挥减轻刑罚处罚的功能作用，但是成文法条规定的稳定性和滞后性同样意味着无法囊括司法实践中可能出现或需要减轻处罚的情形。因此，酌定减轻处罚在确保罪刑相适应，保证罪刑均衡实现的方面意义重大。

罪刑相适应要求罪刑相当，罚当其罪，酌定减轻处罚的功效发挥能够弥补刑法条文弹性空间有限的问题，确保行为人所应当承受的刑罚与其应当负担的刑事责任相匹配，避免二者之间的失衡，违背罪刑相适应的要求。罪刑相适应所要追求的正是罪刑均衡，酌定减轻处罚的应用能够使得犯罪与刑罚之间形成恰当的对等关系，不因缺乏合适的、法定的量刑情节致使刑罚过重，超过行为人应当负担的刑罚量。因此，酌定减轻处罚的存在能够弥补法定刑的形式规范桎梏，对于案件中存在的特殊情况予以考量，兼顾天理国法人情，保证量刑的公正合理。

（二）实现刑罚个别化

刑罚个别化的实现，并不代表要抛弃刑罚的报应目的，而是应当以行为的社会危害性为基础，同时对行为人的人身危险性也予以充分考量，社会危险性和人身危险性的大小反映在量刑情节中，使得刑罚在裁量时体现不同的刑罚量，因此，量刑情节对于刑罚个别化的实现意义重大。借助量刑情节，刑罚不再是绝对的报应，也并非绝对的预防，而是实现了公正与功利的相济为用。① 但法定的量刑情节无法穷尽司法实践中可能出现的反映犯罪行为社会危害性和人身危险性的各种情形，要促成报应与预防相结合的刑罚目的的实现，就不得不考虑酌定量刑情节的价值。

公平正义的实现不仅需要通过一般正义的实现，更要保证个案正义的实现，刑事司法实践中的部分犯罪情节可能未在法条中予以明确，也不影响案件的定性，如果对这些可能对案件的判决结果有重大影响的情节不予考虑的话，是无法实现个案的公平和正义的。当遇到其情可悯的情节，而法律没有规定为减轻处罚情节时，赋予法官一定的自由裁量权，即通过酌定减轻处罚为法官行使刑罚裁决提供合理化的立法依据，有利于刑罚个别化和个案公正的实现。

我国的量刑规范化改革从 2001 年起步开始，为克服量刑的随意性和不均衡性，逐步通过系统的制定量刑规则确保能有效消除同案不同判的量刑偏差，但是过于强调量刑规则和法定的量刑情节，将量刑活动机械的囿于法定规则下，可能忽视个案的特殊情状，不利于量刑个别化的实现，严重的甚至

① 王利宾：《论刑罚的酌定减轻》，载《河北法学》2011 年第 11 期。

偏离人民群众对公平正义的直观感受，损害司法公正和司法权威，因此必须重视酌定量刑情节在量刑中的作用和价值。对于一些反映行为危害性小，人身危险性趋轻的情节，虽然法律没有明文予以规定，但是考虑到能够成为其减轻处罚的因素，如行为人的正当性动机、行为对象的特殊性等，就必须积极肯定酌定减轻处罚情节的存在必要性和正当性，为罪行中存在的特殊情节的减轻处罚提供实体上的可行性，充分发挥酌定减轻处罚的司法功能价值。

（三）化解社会矛盾

刑法作为保护和调控社会关系的重要法律之一，其规范和制约体现的是对社会的一般主体行为的抽象提取，即法律具有概括性、稳定性的特征，其无法穷尽司法实践中复杂多变的具体事实，但是要通过刑罚实现刑法关系的调节作用，就必须贯彻以责任主义原则为基础，充分考虑特殊预防和一般预防的必要性，在此目的下考量刑罚设置的价值。刑法条文成文化的设置，不能满足罪行在非典型状态下的刑罚裁量需求，因此，通过酌定减轻处罚情节的规定和设置来满足和调节刑法立法时未能涉及的特殊情况，从而实现刑法对社会关系的包容性调整。

酌定减轻处罚是司法能动性发挥的重要制度，在法律允许的范围内行使自由裁量权，在个案中贯彻罪责刑相适应原则，进而实现正义这一法治基本价值的有效“公器”。[①] 酌定减轻处罚的功效是能在案件裁量中，通过考虑案件的特殊情况来克服刑法的“刚性”规范，将社会伦理、人情与民意、国法兼顾考量，确保个案能够实现社会效果、法律效果的统一。社会效果强调的就是民众对量刑结果的接受程度，直接关系到民众对法治公平正义的感受度，因此，酌定减轻处罚制度与一般预防所追求的效果一致，是通过刑事裁量化解社会矛盾，回应社会现实，实现刑罚目的的重要制度。

三、酌定减轻处罚的适用原则

刑罚目的实现不仅需要有准确的定罪，更需要通过量刑将刑法条文规定的法定刑具体量化为对被告人所执行的刑罚，在这个过程中，客观、全面地查明案件事实，准确地分析出应当适用何种罪名对被告人进行定罪是量刑的前提，而使得被告人能够罚当其罪，不枉不纵地实现罪责刑相适应，则成为

---

① 时延安：《酌定减轻处罚规范的法理基础及司法适用研究》，载《法商研究》2017 年第 1 期。

刑罚目的实现的关键。在对被告人进行刑罚裁量的过程中，法官应当具有一定的自由裁量权，但是自由裁量权的行使要受到刑法条文的限制，不能无边际地行使，酌定减轻处罚作为法官行使自由裁量权最为关键的一项刑罚裁量制度，其适用原则既要遵守量刑的一般原则，又有其区别于其他量刑情节的特殊原则。

（一）罪刑法定原则

量刑原则指的是从法律规定中归纳抽象出在刑罚裁量中应当遵守的规则，量刑原则的确立直接关系到量刑目的的实现。很多学者认为，我国《刑法》第5条的规定[①]是我国量刑的基本原则，体现着刑法的本质和价值，应当是指导量刑活动的出发点。量刑原则必须保证量刑目的的实现，酌定减轻处罚适用的原则同样是以量刑基本原则为基础的，通说观点认为，我国刑罚目的不仅是保护法益，更重要的惩罚和预防犯罪[②]。从惩罚的目的角度出发，量刑应当满足罪刑相称、罪行均衡，刑罚量应当与行为人所实施罪行的社会危害性相匹配；从预防目的角度而言，刑罚应当满足刑罚公正、量刑适当的要求。因此，刑罚仅仅满足重罪重罚、轻罪轻罚的惩罚目的是远远不够的，在对行为人实施刑罚裁量时，应当关注到罪行的特殊情况以及行为人的人身危险性等个体差异，这些因素对于量刑的影响复杂且极具个性化，忽略或者无视这些特殊情节在刑罚裁量时的作用，都必然影响刑罚目的的实现，也将违背罪刑法定原则所蕴含的法治精神。

酌定减轻处罚虽然赋予了法官在法定情节之外减轻处罚的权力，但基于的是案件具体特殊情况而做的有利于被告人的刑罚裁量，酌定减轻处罚的适用并不违背罪刑法定原则保障人权的核心价值。从罪刑法定原则的本质来看，罪刑法定原则强调的是对刑罚权不当扩张的限制，其追求的核心仍是公民人权的保障，而酌定减轻处罚本质是不违背该原则的，其作为减轻处罚制度的一部分被写入法条，本身也是一种法定的刑罚裁量制度，不仅有立法的授权和规定，更有严格的程序限制，因此，酌定减轻处罚是符合罪刑法定原则要求的，这也应当是酌定减轻处罚的应有原则。

要求量刑活动必须遵守刑之法定的原则是罪刑法定原则的含义之一，意味着司法机关在作出刑罚裁量时，不得背离法律的相关规定，即对犯罪人应

---

① 《刑法》第5条：刑罚的轻重，应当与犯罪分子所犯罪行和承担的刑事责任相适应。

② 韩轶：《对我国刑罚目的之理性审视》，载《武汉大学学报》2000年第1期。

当判处何种刑罚，是否可以对其从重、从轻或者减轻处罚，都应当在法律规定的范围内裁决，需要符合刑法规定的法定刑幅度和裁量情节。酌定减轻处罚已经在刑法条文中作了原则性的规定，但是在具体适用酌定减轻处罚时，同样要契合罪刑法定原则的要求：（1）酌定减轻处罚的适用要符合刑罚目的要求。刑罚目的决定酌定减轻处罚情况的适用，酌定减轻处罚也促进着刑罚目的的实现，不论是报应刑的惩罚犯罪目的，抑或预防刑的预防犯罪目的，酌定减轻处罚情节的适用应当兼顾两者，从反映犯罪行为社会危险性和人身危险性方面考虑酌定减轻处罚情节的甄别。（2）坚持原则性与灵活性统一的原则。罪刑法定原则要求罪与刑必须具有明确的法律规定，但是刑法中关于量刑的规定具有概括性、模糊性的特点，这种规定给法官的量刑提供了自由裁量的余地，如果片面地强调严格按照法律的规定来量刑，而忽视罪行中的特殊情况等酌定量刑情节，就会陷入形式正义而非实质正义的囹圄。因此，酌定减轻处罚的适用要积极利用其灵活性、丰富性的特点，满足刑罚裁量过程中原则性与灵活性的要求。

（二）罪刑均衡与刑罚个别化相结合原则

刑事案件的复杂性决定了在具体案件中，不能简单机械地把法律规定生搬硬套到每个案件中，要结合案件的特殊情况来决定如何量刑。量刑的价值不是仅限于形式正义的实现，还要着眼于内容和目的正义的实现，对不同案件的情况应当予以特殊考虑，不能机械地仅从法律规定的角度去量刑，要把案件的具体情况作特殊考量，使刑罚的裁量结果与罪行的社会危害性、犯罪人的人身危险性相匹配，做到罚当其罪，罪刑均衡。酌定减轻处罚适用的重要途径是通过甄别反映罪行社会危害性以及犯罪人人身危险性的情节实现的。

罪刑均衡是刑事司法中的理想状态，我们的司法活动只能无限接近于这种状态，但是罪刑偏差的问题是无法彻底根除的，实现罪刑均衡既要防止机械地适用刑罚而导致的罪刑失衡，又要防止因过于灵活地适用自由裁量权而导致罪刑不均。陈兴良教授说过，罪刑均衡是指刑罚既与已然的犯罪的社会危害性程度相适应又与未然的犯罪的可能性大小相适应。因此，酌定减轻处罚的适用必须满足罪刑均衡的要求，当已然的社会危害性的大小、未然的犯罪可能性大小与犯罪人所应当承担的刑罚量不匹配时，要从案件的特殊情况入手，寻求其是否有可以酌定减轻处罚的情节，通过酌定减轻处罚的适用，满足罪刑均衡原则的要求。

从刑罚个别化角度分析，刑罚个别化强调法官在刑罚裁量时要综合考虑犯罪人的人身危险性以及其他表明犯罪人再犯可能性的情节和因素，刑罚个别化旨在调整刑罚与犯罪者之间的对应关系，根据犯罪人的特殊情况适用相应的刑罚，达到有效教育改造犯罪，满足刑罚特殊预防的需求。刑罚个别化是由近代刑法学派提出的，主要是为了克服“罪刑均衡”原则的缺陷而提出的，但是罪刑均衡和刑罚个别化两者在量刑过程中都是不可偏废的，有观点认为，对于量刑平衡的追求，必然对预防刑的裁量产生不利影响，要实现刑罚的正当化，就必须兼顾报应与预防，不能为了追求量刑均衡而放弃个案的责任刑与预防刑的合理裁量。① 而酌定减轻处罚的适用正是根据个案的特殊情况，兼顾责任刑与预防刑的必要，从而作出符合刑罚正当化根据的量刑判断。

酌定减轻处罚对于责任刑与预防刑的调整是通过法官行使自由裁量权而实现的，因为在司法实践中无法期待所有情节都由刑法明文规定，某些犯罪行为社会危害性与人身危险性需要通过酌定减轻处罚的量刑情节反映出来，而酌定减轻处罚的适用可以为司法机关衡量犯罪人的刑事责任、实现刑罚目的提供全面的评价和考量。要实现量刑均衡与刑罚个别化，需要法官根据刑罚正当化的根据，全面考量案件中的特殊情节，以量刑一般规定背后的实质根据与理由为基础，判断对被告人应当判处的刑罚量。

（三）禁止重复评价原则

禁止重复评价原则虽然没有作为刑法成文的基本原则，但是作为刑法评价具体犯罪时所应当遵循的基本方法，在定罪和量刑方面具有重要的价值和意义。禁止重复评价原则要求司法机关对案件事实的评价，要全面和充分地评价，不得对同一事实做两次以上的价值评价。每个案件都有自身独特的情况，对案件全面、准确的评价，需要对案件中的事实、情节予以仔细甄别，对同一对象的评价不能多次、反复，致使犯罪人承受的法律后果与其本应当承担的刑事责任存在偏差，而导致罪刑失衡。具体到酌定减轻处罚的适用上，其价值不仅是满足政治、外交、国防、统战、民族、宗教等涉及国家重大利益的特殊需求，更重要的是在缓和情与法的冲突，促进刑事个案的量刑公正，同样酌定减轻处罚情节的适用也必须遵守禁止重复评价原则，具体而言应当从以下两个方面入手：

---

① 张明楷：《责任刑与预防刑》，北京大学出版社 2019 年版，第 5 页。

一是已经作为定罪情节的不能再作为酌定减轻处罚情节评价。量刑就是运用各种量刑情节来达成量刑结果的过程，每个犯罪情节都有自己在定罪量刑中的固有身份，无论是事前行为、事中行为或者是事后行为，不论是作为定罪情节还是量刑情节，在围绕罪行社会危害性大小以及人身危险性大小这个中心来做判断的同时，都应当确认其在定罪和量刑时的唯一身份，一旦作为定罪情节在确定罪名环节予以考虑后，就不能再次作为酌定减轻处罚情节予以二次评价，即使本质是有利于犯罪人的重复评价，本书依旧主张不能予以重复评价。对于能否作有利于犯罪人的重复评价，学界有支持的观点，认为禁止重复评价作为刑法评价准则同样遵从有利于被告理念，其主张不得对同一事实进行多次不利于被告人的重复评价，但允许有利于被告人的重复评价，而非禁止一切重复评价。[①] 但将定罪时已经进行考量的情节在量刑时再重复评价，即使是有利于犯罪人的重复评价，也违背了罪责刑相适应原则，有轻纵犯罪之嫌，加之酌定减轻处罚的适用本身就已经给法官相对较大的自由裁量权，如果在适用原则上可以叠加适用已经被评价过的情节，无疑会使得酌定减轻处罚的适用陷入“不确定性”“不可知”的混乱中，加剧酌定减轻处罚适用的困难，容易引起量刑的不规范，最终影响酌定减轻处罚适用和效能发挥。

二是酌定减轻处罚情节不应当与其他法定处罚情节重复评价。无论规定在总则抑或分则条文，法定量刑情节作为刑法条文明文规定的情节，不论其对量刑的调节功能是从重、从轻还是减轻、免除，一旦已经出现在犯罪事实中，首先就应按照法律规定的量刑功能发挥作用，即已经作为法定的量刑情节被评价，就不宜再作为酌定的处罚情节予以二次评价，因为根据禁止重复评价应当包含两方面的含义：一是禁止针对同一法律事实对犯罪人进行二次否定性的评价，主要是为了防止加重犯罪人的刑事责任，保障罪责刑相适应原则的实现；二是对有利于犯罪人的情节也禁止做二次评价，虽然是有利于犯罪人的评价，但重复评价也会存在轻纵犯罪之虞。这一原则其实已经在2021年7月“两高”颁布的《关于常见犯罪的量刑指导意见（试行）》中有所体现，其中提出“认罪认罚与自首、坦白、当庭自愿认罪、退赃退赔、赔偿谅解、刑事和解、羁押期间表现好等量刑情节不作重复评价”。这其实是再

① 孙万怀、刘环宇：《论禁止重复评价的判断标准及其适用争议问题》，载《法治研究》2022年第2期。

次强调了作为法定量刑情节，同一个情节和事实是不能作多次评价的，因为认罪认罚从宽作为一个兼顾实体从宽和程序从宽的制度，在实体上本身就已经将当庭自愿认罪、退赃退赔、赔偿谅解、刑事和解等酌定的处罚情节包含其中，如果再次对同一事实进行评价，势必会出现量刑不均衡，轻纵犯罪等问题。

第二节　酌定减轻处罚情节的考量因素

酌定减轻处罚效能的发挥也是困扰实务界和理论界的难题之一，有学者提出可以通过将酌定减轻处罚情节法定化，以司法便利化助推酌定减轻处罚的适用，但是这种通过增加立法负担而达到减轻司法负担的目的，与酌定减轻处罚的本质意图相背离。首先，之所以在法条中规定酌定减轻处罚，目的就是解决司法实践中复杂的案件情况，通过适用酌定减轻处罚以达到平衡罪刑，实现刑罚目的，如果将酌定减轻处罚情节予以法定化，其实是变相地限制了酌定减轻处罚的功能的发挥；其次，酌定减轻处罚的情节是无法通过法定化予以穷尽的，其适用的本质就针对个案不同的情况而予以个别化的判断，具有一定的复杂性和特殊性，如果将其法定化，无法满足司法实践中复杂个案正义的需求；最后，将酌定减轻处罚的情节予以法定化，是变相地削弱酌定减轻处罚的地位，架空酌定减轻处罚在司法实践中的适用。因此，酌定减轻处罚的功效发挥不能期望通过法定化其适用情节来实现，而应通过对酌定减轻处罚的适用情节予以量化提取，通过适用范围的明确化来达到其效能发挥的实效性和稳定性，实现效能最大化。

本书认为，减轻处罚的本质应当是基于刑罚报应与刑罚预防，由于存在影响责任刑与预防刑降低的事由，而在犯罪人所应当判处的刑罚基础上考虑上述减轻事由导致的刑量减少。减轻处罚事由主要包括影响责任刑的减轻处罚事由和影响预防刑的减轻处罚事由，要对酌定减轻处罚的事由进行类型化的考量和提取，除了上述两种类型因素外，还包括社会影响力、刑事政策等因素，这也是酌定减轻处罚情节区别于法定减轻处罚情节之处。可以从以下几个方面对酌定减轻处罚的情节予以提取和考量。

一、罪行行为因素

（一）罪行的社会危害性

社会危害性作为刑法的基本概念，有广义和狭义两种界定之分，社会危害性在定罪和量刑方面发挥作用，通过判断犯罪行为对刑法所保护的社会关系造成的或可能造成的危害，分为有犯罪的社会危害性和其他的社会危害性。[①] 社会危害性指的是罪行侵犯国家、社会或其他公民所具有的危害性。据以定罪的社会危害性通过对刑事责任大小的判断来影响量刑，提取酌定减轻处罚的社会危害性因素，首先是应当是能否判断罪行社会危害程度大小的因素。

通过梳理近年来法院判决中适用酌定减轻处罚的案件，通过对减轻处罚的事由归纳，符合社会危害性降低而予以减轻处罚主要有以下事由：

1. 犯罪造成的危害后果

犯罪后果是判断犯罪行为社会危害性的具体表现，因此有学者并不赞成将犯罪造成的后果作为酌定量刑情节，认为一切犯罪的量刑都需要根据其所造成的损害后果来判断其刑罚量，作为社会危害性判断的依据，将其作为酌定量刑情节不适宜。诚然，所有的犯罪都会给社会带来损害后果，但是刑法中有部分犯罪是以犯罪行为的实施与否来决定是否构成，对于没有将犯罪结果纳入犯罪构成的必然要件的情况，犯罪所造成的危害后果即可以成为酌定减轻处罚的事由。

在乐某辉犯拐卖儿童罪中[②]，乐某辉与张某某育有一男婴，因经济困难将该男婴以人民币 3 万元出售给他人，后被乐某辉的父亲乐某知晓，要求两人将男婴要回，乐某辉夫妇于次日将 3 万元归还并抱回男婴。一审判决认定乐某辉犯拐卖儿童罪，判处有期徒刑三年，缓刑五年，并处罚金人民币 10000 元。因该案系适用酌定减轻处罚条款，省高院经复核后发回重审，该案改判为免予刑事处罚。本案中即属于犯罪后果轻微的情形，乐某辉将亲生子出卖一天后，在父亲乐某的要求下，主动将孩子领回抚养，并退回钱款，其上述犯罪行为未对孩子造成较大伤害，因此从犯罪所造成的危害后果而言，符合适用酌定减轻处罚的事由，可以对其酌定减轻处罚。

---

① 石经海：《量刑的个别化原理》，法律出版社 2021 年版，第 43 页。

② 福建省南平市延平区人民法院刑事判决书，（2018）闽 0702 号刑初 264 号。

2. 犯罪的对象因素

犯罪对象不仅反映了行为人的主观恶性程度，成为衡量罪行严重程度的标志，所侵犯的对象不同意味着其所造成的危害后果也会有所不同，同样也影响是否可以对其酌情从轻处罚的必要性。如在危害珍贵、濒危野生动物罪中规定了“非法收购、运输、出售国家重点保护的珍贵、濒危野生动物以及制品的”[①]，在该类犯罪中，部分嫌疑人多是出售人工养殖的上述濒危动物，如在刘某某非法收购、运输、出售珍贵、濒危野生动物、珍贵、濒危野生动物制品案中[②]，刘某某共非法收购、出售国家重点保护的珍贵、濒危野生动物鹦鹉72只，分别为金太阳鹦鹉67只、小黄帽鹦鹉1只、灰鹦鹉4只、鹦鹉鸟蛋519枚，已经达到情节特别严重，应当在十年以上有期徒刑，并处罚金或没收财产这档法定刑内判处刑罚。但是刘某某收购、出售的鹦鹉多是人工养殖的，根据“两高两部”于2020年12月18日出台的《关于依法惩治非法野生动物交易犯罪的指导意见》第9条的规定[③]，刘某某非法销售的鹦鹉虽达到“情节特别严重”的标准，但其贩卖的鹦鹉均是人工繁育，因此根据刘某某犯罪的对象来判断其行为的社会危害性小于非法收购、出售纯野外生长、繁殖的鹦鹉，最终对其进行酌定减轻处罚，判处有期徒刑三年，缓刑五年。这一判例即是犯罪对象成为衡量行为人主观恶性大小和社会危害性大小的依据，可以根据其较轻的人身危险性和社会危害性对其酌定减轻处罚。

（二）行为人的人身危险性

1. 犯罪的手段

行为人为实现犯罪目的，通常会采取一定的手段实施犯罪行为，犯罪手段也能凸显出行为人的主观恶性程度，如果犯罪人所采取的犯罪手段并不属于严重暴力或极端卑劣手段，或者可能行为在某种程度上具有日常性，并不

---

① 这里“珍贵、濒危野生动物”不仅包括列入国家重点保护野生动物名录的国家一、二级保护动物，也包括列入《濒危野生动植物种国际贸易公约》附录一、附录二的野生动物以及驯养繁殖的上述物种。

② 河南省商丘市梁园区人民法院刑事判决书，（2019）豫1402号刑初839号。

③ 2020年12月18日出台的《关于依法惩治非法野生动物交易犯罪的指导意见》第9条：在认定是否构成犯罪以及裁量刑罚时，应当考虑涉案动物是否系人工繁育、物种的濒危程度、野外存活状况、人工繁育情况、是否列入国务院野生动物保护主管部门制定的人工繁育国家重点保护野生动物名录，以及行为手段、对野生动物资源的损害程度、食用涉案野生动物对人体健康的危害程度等情节，综合评估社会危害性，确保罪责刑相适应。

是完全为达到恶性的犯罪目的而采取的手段，可以在某种程度上反映出行为人主观上的恶性程度较低。根据行为人所采取的犯罪手段来判断是否需要对其判处超过其主观恶性的刑罚量，因此犯罪手段在某种程度上也可以成为酌定减轻处罚的事由。

2. 犯罪的动机

犯罪动机指的是犯罪人实施犯罪行为以达到犯罪目的的内心冲动或内心起因。犯罪动机对衡量行为人主观恶性关系重大，相较于卑劣的动机，出于高尚动机的行为的非难可能性相对降低，比如犯罪人因食不果腹而抢劫一块面包，相较于贪利动机去抢劫财物的行为，其主观恶性更低，更值得对其酌定减轻处罚；同样的故意杀人行为，基于泄愤的杀人动因，与怜恤被害人饱受病痛折磨而对其实施安乐死的行为相比，明显后者可以基于其犯罪动机予以酌定减轻处罚。在孙某某诈骗案[①]中，孙某某与被害人倪某有债权债务关系，为让倪某还钱，孙某某谎称有项目工程，想引诱倪某投资，以其投资抵欠款，但倪某未投资，反而是唐某对孙某某虚构的项目感兴趣，经倪某介绍唐某向孙某某汇款50万元表示要参与该项目，后孙某某通过法院诉讼主张倪某是通过唐某归还欠款50万元，法院未支持。一审判决认定孙某某诈骗他人财物数额特别巨大，后考虑其犯罪动机，又有退赔、取得被害人谅解等情节，对其酌定减轻处罚，判处有期徒刑6年6个月，并处罚金人民币5万元。该案中，孙某某的犯罪动机是追讨欠款，其通过欺诈的方式骗取他人钱款，已经构成诈骗罪，但是由于其犯罪动机的缘故，认定其具有酌定减轻处罚的事由，对其减轻处罚。

（三）犯罪是否具有偶发性

在对罪行进行评价时，犯罪是否具有常发性也是判断罪行社会危害性的因素之一，从犯罪预防与惩治的角度来看，对于案发率高的罪行有必要采取较重的刑罚来形成对社会一般大众的震慑力，同样，发生概率高的案件也会激起一般大众对其强烈的报复欲望，因此，对常发性犯罪适用较重的刑罚更能满足刑罚的报应和预防的需求。与之相反，对于偶发性的犯罪，对其报复和预防的意念会相应降低。如在“许霆案”中，由于ATM故障而为许霆提供犯罪机会，具有极大的偶发性，且此类犯罪再次发生的概率极低，因此，民众对于该类案件的报复欲望会降低，相应由于偶发性极大，对该类犯罪的预

---

① 河南省濮阳县人民法院刑事判决书，（2019）豫0928号刑初277号。

防必要性降低，从预防刑和责任刑两个角度来分析，犯罪的偶发性在一定程度上可以成为酌定减轻处罚的事由。

二、被害人因素

（一）被害人有过错

在被害人存在过错过失的案件中，如果将被害人的过错认定为酌定减轻处罚的事由，则意味着被害人的过错应当是能够影响犯罪人主观恶性或者人身危险性评价的过错。如果只是被害人在行使自己合法权利过程中存在过失行为，并不能将其纳入刑法评价的范畴，同样，被害人的过错应当是对案件的发生具有严重过错的行为，甚至违法或者是违背公序良俗的行为，这类被害人存在过错的行为在严重的人身伤害类犯罪中占比较多。最高法曾颁布规定："对于被害人一方有明显过错或对矛盾激化负有直接责任，或者被告人有法定从轻处罚情节的，一般不应判处死刑立即执行。"这一规定也反映出，在司法实践中如果被害人有明显过错或者对矛盾激化负有直接责任的，可以减轻对行为人的刑罚处罚。

目前各国或地区对被害人过错的考量已经多在立法与司法实践中有所体现，比如我国台湾地区规定："犯罪时所受之刺激、犯罪人与被害人之关系等情状为科刑应审酌的事项。"[①] 被害人有过错，某种程度上也使得犯罪人的可谴责性降低，也反映出其人身危险性降低，因此在特殊情况下，被害人的过错也是犯罪人实施犯罪的动因，反映出其主观恶性也相对较轻，再犯可能性也较小，因此从犯罪预防的角度来考虑，可以据此对犯罪人适用较轻的刑罚处罚。

（二）被害人是否具有特殊体质

被害人的特殊体质也可以成为酌定减轻处罚的事由之一，在梁某故意伤害案中，[②] 被告人梁某酒后，以借钱为由联系被害人姚某，在姚某拒绝后对其进行威胁、恐吓，被告人梁某采用拳击的方式对正在店门口的被害人姚某实施殴打，致其受伤倒地，送至医院后抢救无效死亡。经鉴定，被害人死因系冠状动脉粥样硬化性心脏病致心源性猝死，纠纷过程中情绪激动、外伤为其死亡的诱因。一审法院认定被害人特殊体质，对其酌定减轻处罚，判决梁某

---

① 参见陈聪富主编：《月旦小六法》，台湾元照出版有限公司 2007 年版，第 6–10 页。

② 上海市宝山区人民法院刑事判决书，（2019）沪 0113 号刑初 2200 号。

犯故意伤害罪，判处有期徒刑四年。

被害人的特殊体质要成为酌定减轻处罚事由的前提条件是被害人的特殊体质并不被犯罪人事先知晓，具有一定的偶发性；且被害人的特殊体质应当是与犯罪结果具有直接因果关系，而犯罪人所实施的行为与犯罪结果之间应当具有偶然因果关系，唯有此，被害人的特殊体质才能成为对犯罪人酌定减轻处罚的事由。

三、社会性因素

（一）社会因素

社会因素能否成为酌定减轻处罚的事由，具有一定的争议。社会因素涵盖的范围甚广，比如公序良俗、社会舆论、文化传统等，这些因素在某种程度上与法律规定并不存在密切的相关性，但是不可忽视的是，社会因素在一定程度上确实能对刑事立法和司法产生影响。社会因素中对法律影响最大的在于社会价值观，由于国情的特殊性，我国的司法需要考虑大众的感受度，案件的公平正义需要以人民看得见的方式实现，达到政治效果、法律效果和社会效果的统一。刑法规范首先是裁判规范，刑法的适用是一门专业性特别强的工作，如果刑法的适用违背大众的正义观念，就会有损刑法的权威性[①]。因此，社会因素可以成为酌定减轻处罚的事由。另一方面，从犯罪本质的角度分析，社会因素直接影响到对犯罪所侵犯的社会关系的社会评价，与犯罪的社会危害性密切相关，社会对犯罪行为的评判具有当然性和不可避免性，我们需要理性地判断社会因素对罪行的影响，甄别社会因素的正当性和必要性能否作为判断罪行社会危害性降低的因素。比如发生在亲属间的盗窃犯罪或者窝藏包庇类犯罪，出于社会公序良俗等因素考虑也可以成为酌定减轻处罚事由。

（二）民众的法情感

民众的法情感在一定程度上也可以影响到对罪行的可罚性的判断，民众的法情感应当得到尊重，所谓的公平正义说到底是一种社会约定，民众对于罪行的评价与罪行的社会危害性具有直接的价值挂钩，即对于刑期的感受比罪名的感受更为直观，民众基于朴素的法情感，对明显超过民众接受程度

---

① 张明楷：《中国刑法学的发展方向》，载《中国社会科学评价》2022年第2期。

的过重刑罚具有更强烈的感受。因此，民众对刑法的认同基础也在某种程度上成为刑法是否正义的判断依据之一，当案件的最终判决结果与民众的一般预期相差过大时，民众自发的正义感便与刑法规定之间产生了偏差，这种偏差某种程度上会损害法律的威严，也影响民众对法律的预判性，法律本身具有的指引、规范作用将会打折扣。从这种角度分析，民众的法情感亦即民意，也应当成为酌定减轻处罚的可能性事由之一。

对于民意是否理性、全面，是否一定需要完全按照民意来决定刑罚的轻重，民意来源的复杂性决定其具有一定的随意性、从众性和易被操作性，[①] 民众法情感产生的基础是个人情感的表达，而这些情绪往往未经充分的思考和论证，容易被人引导和操纵，这就需要司法者合理地甄别民意，明白法律产生的基础即是民意，正确的实施法律即是尊重民意的过程。在惩治犯罪过程中，当民意的表达与我们的法律具有相关的价值理念时，可以将其中的合理诉求予以甄别和尊重，这本身就是引导民众树立对法律的信仰的过程，也是强化民众法规范意识的过程。比如在“许霆案”中，民众的一致法情感都认为许霆虽然有窃取财物的行为，但是因该行为被判处无期徒刑量刑过重，这种民意与法理念和法律本身的价值追求一致，应当予以尊重，可以成为酌定减轻处罚的事由。

四、刑事政策因素

刑事政策意味着一种“选择”，这种选择的结果将在极大程度上影响刑事立法，包括刑罚结构的构筑。[②] 刑罚是刑事政策得以实现的必要手段，然而实践中存在的很多问题无法通过成文法规定而明确，为适应惩罚犯罪的需要会规定一些可以由法官自由裁决的情况，如何行使这部分自由裁量权，并体现宽严相济的刑事政策，成为量刑过程中的重要一环。刑事政策的价值追求与刑罚的功利追求紧密相连，一方面是建立在对犯罪的客观性和必然性的认识上，同时刑事政策也不能忽视民众对于犯罪的认识问题，要想得到民众的认可和理解、支持，就不能忽视民众的呼声与要求；另一方面，刑事政策的制定和执行也需要契合民众普遍认可的正义感。

---

① 刘宪权：《刑事立法应力戒情绪——以〈刑法修正案（九）〉为视角》，载《法学评论》2016 年第 1 期。

② 陈兴良：《刑事政策视野中的刑罚结构调整》，载《法学研究》1998 年第 6 期。

对于反映民众普遍诉求的公共意志，这种集体意志所折射出的社会正义感是刑事政策与刑罚制度契合的关键，刑事政策不能完全以民众的情绪为转移，但是刑事政策可以对民众的情绪有效的引导，找到刑事政策在施行中的正当性与合法性依据。即使有刑罚的必要性，如果可以采用较轻的刑罚就能达到犯罪惩治与预防的效果，就不需要采取更重的刑罚。这与宽严相济刑事政策是契合的，因此，刑事政策也可以成为酌定减轻处罚的事由。

第三节　酌定减轻处罚的适用问题

酌定减轻处罚制度具有重要的立法价值和司法功能，但是酌定减轻处罚的司法适用现状却不容乐观，存在实体和程序两方面的适用困境，这些困境限制了酌定减轻处罚功效的发挥，不利于量刑个别化和个案正义的实现。要完善酌定减轻处罚制度的实现路径，不仅要明确其实体适用的范围，更要规范其程序实现途径，可以通过司法解释、指导性案例等方式丰富酌定减轻处罚的实现路径。

一、酌定减轻处罚适用的实体困境

（一）适用犯罪类型集中

通过检索中国裁判文书网中的已经公布的裁判案例，梳理出酌定减轻处罚的适用罪名相对比较集中，主要是在非法制造、买卖、运输、邮寄、储存枪支、弹药、爆炸物罪，非法收购、运输、出售珍贵、濒危野生动物、珍贵、濒危野生动物制品罪，走私珍贵动物、动物制品罪，故意伤害罪，过失致人死亡罪，贪污贿赂类犯罪，信用卡诈骗罪等几种罪名。目前尚未有相关的司法解释来细化酌定减轻处罚的适用范围，意味着其适用范围并不存在案件类型的限制，但是从目前的判决结果来看，酌定减轻处罚的适用案件类型比较单一和集中，主要集中于危害公共安全罪、妨碍社会管理秩序罪以及侵犯公民人身权利罪中。酌定减轻处罚的适用并非在刑罚裁决中越多越好，但作为实现刑罚个别化和实现个案正义重要的刑罚制度，其适用不应当受犯罪类型的限制，而应当以个案的具体情况为限。出现相对集中的适用犯罪类型，虽然与案件的性质存在一定的关联度，但某种程度上也反映出酌定减轻处罚在司法实践中存在适用局限。

（二）特殊情况指代不明

《刑法》第63条第2款中规定的酌定减轻处罚的适用情况为“案件的特殊情况”，这里的“特殊情况”至今为止没有明确的司法解释或者政策法规予以明确，作为酌定减轻处罚适用的核心问题，目前司法实践和理论界都尚未形成统一的认识。相关的政策法规中仅有《全国人大常委会法工委就冯洲受贿案答复最高人民法院的意见》中提出“特殊情况”在法定刑以下判处刑罚的规定，主要是针对涉及国防、外交、民族、宗教等个别特殊案件的需要，不是对一般刑事案件的规定；在2001年最高法公布的案例中，将“特殊情况”阐释为“一般应是指涉及政治、外交、统战、民族、宗教等国家利益的特殊需要”，但上述两种阐释“特殊情况”的文件已经被更多的刑事判决所突破，不局限于国防、外交等政治性因素，但是学界显然没有对它的内涵达成共识，也有试图将其进行概括提炼，以明确化酌定减轻处罚的适用范围，但是目前学界尚未有统一的共识。

（三）减轻幅度不明

酌定减轻处罚适用的争议较大的问题除“特殊情况”指代不明，对其减轻幅度的问题更是争议不休。《刑法修正案（八）》修订增加了“本法规定有数个量刑幅度的，应当在法定量刑幅度的下一个量刑幅度内判处刑罚”，但是该条修订增加在第63条第1款法定减轻处罚的条文之后，有学者认为，这表明酌定减轻处罚的减轻幅度不应当受法定刑“下一个量刑幅度”的限制，[①]因为酌定减轻处罚的目的之一在于实现个案正义，尊重的是法官的自由裁量权的行使，其在刑罚中的功能意味着减轻处罚的幅度不能被过分限制。但是是否意味着酌定减轻处罚的减轻幅度不应当受任何减轻幅度的限制，且在刑种或者量刑档次的减轻上都可以不受限制？有观点认为酌定减轻处罚仍应当遵守法定减轻处罚的减轻幅度的规定，因为“法定情节优于酌定情节”，举重以明轻，酌定减轻处罚当然应同样遵守减轻处罚的幅度限制。而司法实践中，最高院对跨幅度减轻处罚，甚至直接减至免除处罚的案件多数是不予核准的，这也充分说明酌定减轻处罚的减轻幅度同样应当受到限制。

（四）与法定减轻处罚之间的关系

根据《刑法》第63条第2款的规定，酌定减轻处罚适用的前提是“虽然

① 王丹、陈晋：《困境与出路：对酌定减轻处罚制度适用的检讨与重构——以刑法第63条第2款的司法适用为研究样本》，载《上海法学研究》集刊2019年第3卷，第245页。

不具有本法规定的减轻处罚情节”，那酌定减轻处罚的适用是否要以“不具有法定减轻处罚情节”为实体要件，那么犯罪嫌疑人已经具有法定的减轻处罚情节，是否还可以根据《刑法》第 63 条第 2 款对其适用酌定减轻处罚？很多学者认为这是必然前提，即《刑法》第 63 条第 1 款、第 2 款互相之间不存在交叉适用的关系，只有将“不具有法定减轻处罚”情节作为酌定减轻处罚适用的前提条件，才能将酌定减轻处罚与法定减轻处罚相区分。但有持相反观点的学者认为，不论是否具有法定减轻处罚情节，只要案件符合“特殊情况”都可以在法定刑以下减轻处罚，主要是基于以下理由：一是酌定减轻处罚与法定减轻并不是此消彼长的关系，如果因为存在法定减轻处罚而否定酌定减轻处罚的适用，是对被告人不利的一种主张；二是酌定减轻处罚的减轻幅度不受“法定减轻处罚在法定刑下一幅度内减轻处罚”的限制，如果因为存在法定减轻处罚而否定酌定减轻处罚的适用，无疑是在变相限制酌定减轻处罚的减轻幅度。

二、酌定减轻处罚适用的程序困境

酌定减轻处罚之所以在司法实践中几乎被虚置，除实体因素指代不明之外，更重要的是其程序上存在适用程序的复杂和核准程序烦琐等问题，这些问题大大制约司法实践中法官适用酌定减轻处罚的积极性。

（一）复核程序复杂

酌定减轻处罚适用面临的最多问题即层层报批的复核程序，酌定减轻处罚的程序在刑事诉讼法中并无相关规定，在《最高人民法院关于适用〈中华人民共和国刑事诉讼法〉的解释》（以下简称《最高法刑诉法解释》）中规定了报请最高人民法院在法定刑以下判处刑罚的报请程序、报请规则和报请案件的审理期限。报请程序是层报最高法进行核准，但如果基层法院在法定刑以下判处刑罚，首先必须在无上诉或抗诉后三日内上报上一级法院复核，上一级法院同意的，再书面层报最高法核准；如果上一级法院复核后不同意的，则裁定发回重审，或者按照二审程序提审；如果有上诉或者抗诉的，维持原判或者改判后仍在法定刑以下判处刑罚的，再按照上述程序层层上报复核。在酌定减轻处罚的核准程序层层上报的过程中，如果有上一级法院不同意在法定刑以下判处刑罚，即需要重审或者上级院提审，这一层报审核程序对基层法院而言无疑是繁杂的，从司法资源节约和诉讼便利的角度来看，层层上报的酌定减轻处罚核准程序拖延了司法诉讼程序，加重了基层法官的办案负担，很多基层法官为避免这种冗长的诉讼核准程序，都尽量避开对酌定减轻处罚条款的适用。

（二）核准程序时间长

酌定减轻处罚的核准层报最高人民法院生效，使得案件的生效日期被拉长。在《最高法刑诉法解释》中规定了在法定刑以下核准案件的审限，最高人民法院和上级法院复核案件的审限参照的是《刑事诉讼法》第243条，即二审案件的审理期限为二个月。但最高人民法院的审理期限是由最高人民法院决定的，这就意味着层报的过程中，从普通的基层法院到最高人民法院，每级法院的复核时间都可以长达二个月，而最高人民法院的核准期限不受该期限的限制，可能需要更长时间。酌定减轻处罚本身就意味着当事人具有在法定刑以下判处刑罚的必要，意味着更轻的刑罚，但是较长的核准期限无疑是影响司法效率，很可能出现当事人已经达到判决生效的刑期而核准仍未通过的情形，这种耗时过长的核准期限使得酌定减轻处罚的法律适用效果被打了折扣。

（三）核准限制严

酌定减轻处罚的核准具有一定的限制性。在核准程序中最主要的问题就是程序的烦琐以及复杂，以及诉讼过程的反复性。层报最高法核准的在法定刑以下判处刑罚的案件，需要考虑被告人是否提起上诉以及上诉的过程中是否存在改判情形，当被告人未提出上诉亦未抗诉时，应当在上诉期、抗诉期满后三日内向报请上一级法院复核；上一级法院可能同意下级法院在法定刑以下判处刑罚，继续层报最高人民法院核准，也可能不同意，则将裁定发回重审或者按照二审程序提审；经过二审程序的案件有可能被二审法院改判，不存在在法定刑以下判决的情形，自然不需要层报最高人民法院核准，如果二审法院仍在法定刑以下判处刑罚，仍需要层报最高人民法院核准。

酌定减轻处罚的核准程序设置虽然有一定的科学性，但是其层层核准的严苛性与我国的死刑复核制度相似，这两种对于被告人有着截然不同处遇的制度设置相同的复杂复核程序是否具有合理性存疑。如果说死刑复核事关对人生命权的剥夺，需要慎重，越是复杂和严谨的程序设置越能发挥死刑复核的作用和价值，那么酌定减轻处罚的适用是一种对被告人有利的司法制度，在程序设置上与死刑复核程序相似，显然并不恰当。免除处罚的适用并不需要层层复核，如果说酌定减轻处罚是对被告人在刑罚上的轻缓，那免除处罚对被告人的刑罚轻缓幅度更大，且适用程序更便利。死刑复核、免除处罚与酌定减轻处罚固然都有其在刑罚适用中的价值和作用，但是看一项制度的设计是否合理，不仅要考虑制度本身的价值和刑罚定位，更要实现整个刑罚体系的平衡与均衡，唯有此才能真正发挥出制度的作用和效能。

三、酌定减轻处罚适用的路径探索

酌定减轻处罚制度在弥补法定情节不足，实现个案正义和刑罚个别化方面意义重大，其功能和价值是刑事司法制度中不可或缺的一环，但近年来对于酌定减轻处罚的讨论和研究逐渐暗淡沉寂，且多次刑法修正都未对该条进行修正，也一直未有明确具体的司法解释对该条文进行详尽的解释。对于酌定减轻处罚制度功效的发挥不仅应当重视规范解释和规则建构，还应当在研究这项制度背后的价值基础上，通过从实体规则和程序完善两部分构建相应的刑事司法制度来激活酌定减轻处罚制度的适用活力。

（一）实体规则的确定

1. 适用情节的明确化

酌定减轻处罚制度中“特殊情况”毫无疑问是该制度实体适用的核心问题，这一核心实体要件的规定却十分模糊和简单，对于“特殊情况”的指代不明范围不清，成为限制酌定减轻处罚适用的主要实体问题。有观点主张将部分常见的酌定减轻处罚情节予以法定化，但是这并不能解决根本问题。酌定减轻处罚的价值本身就在于“酌定”，即对于法律未有明文规定的减轻处罚情节适用减轻处罚。要想真正解决酌定减轻处罚适用的实体问题，就必须对“特殊情况”予以实质化的解释，一方面可以出台相关的司法解释，对“特殊情况”予以原则性、概括性的明确，作实质化的提炼和指导，为司法实践中的把握做好指引，比如司法解释可以从罪行的社会危害性、行为人的人身危险性、犯罪对象、被害人因素、社会因素等方面对酌定减轻处罚的适用情节予以明确。

另一方面，可以通过指导案例的方式对适用酌定减轻处罚的案件进行案例指导。从 2010 年开始，最高法和最高检分别制定了《关于案例指导工作的规定》，并陆续发布多批指导性案例，通过案例指导的方式将刑事司法中的标准统一化，因为刑法条文作为一种类型化的表达，条文的内容无法涵盖全部的情形，这种开放性的特点为刑法的适用提供多样的逻辑范式和解释路径①，这种弹性的解释和适用虽然能够尽可能地满足刑事司法的需求，但是在某种程度也造成了法适用的标准不统一。可以通过指导性案例的发布将酌定减轻处罚的适用要素进行类型化的归纳，通过对适用酌定减轻处罚的案件事实、适用理由以及量刑规则予以公布，对其中的减轻处罚因素进行抽取和分析，予以类型化归纳，在厘清酌定减轻处罚适用的本质的基础上更好地指导司法实践。

司法解释与指导性案例都是为了明确酌定减轻处罚的适用范围，但是两者在明确酌定减轻处罚的适用范围上具有不同的价值。司法解释以一种指引性的规定厘清酌定减轻处罚的适用条件，比如考虑被害人的因素、期待可能性降低等要素，为酌定减轻处罚的适用提供指引性概括性的规定。而指导性案例中则应当更侧重于实践指导性，强调适用酌定减轻处罚的说理性，不仅需要明确具体情节是否属于酌定减轻处罚情节，更要对其为何认定为酌定减轻处罚理由给予说明，以案释法，不仅能更好地指导司法实践，更能对民众起到教育和指引的作用。

2. 减轻幅度的明确化

酌定减轻处罚在实体适用方面的另一个问题即酌定减轻处罚的适用幅度问题。酌定减轻处罚是否应当与法定减轻处罚一样有在“法定刑下一个幅度”内处罚的限制，在学界和司法实践中仍存在争议。酌定减轻处罚的减轻幅度必须予以明确，否则会造成适用上的混乱。

首先，酌定减轻处罚的减轻幅度应当有别于法定减轻处罚。从酌定减轻处罚的功能设计角度出发，酌定减轻处罚在适用条件和减轻幅度上均应当区别于法定减轻处罚，才能更好地凸显酌定减轻处罚在刑法谦抑性和刑罚轻缓化方面的价值。酌定减轻处罚本身就是为弥补法定减轻处罚的不足设置的，《刑法修正案（八）》虽然对酌定减轻处罚条款作出修改，但是并没有明确限制是针对酌定减轻处罚还是法定减轻处罚，本文认为酌定减轻处罚的减轻幅度不应当受在“下一个法定刑幅度”内减轻处罚的限制。酌定减轻处罚存在的本身价值之一就是弥补法定减轻处罚刚性有余柔性不足的问题，更好地满足刑罚个别化的需求。从酌定减轻处罚的适用条件是“不具有法定减轻处罚情节”来看，酌定减轻处罚的幅度也不应当照搬对法定减轻处罚的减轻幅度

---

① 江奥立：《刑事案例指导制度的理论和实践》，华东政法大学 2021 年博士学位论文，第 56 页。

限制，否则将影响酌定减轻处罚功能的发挥。酌定减轻处罚的减轻幅度不受限制才能构建出相对缜密的从宽量刑梯度，在从轻、减轻以及免予刑事处罚之间构建出递进和衔接的从宽量刑体系。

其次，酌定减轻处罚如果不受减轻幅度的限制，是否意味着酌定减轻处罚可以不受限制的减轻，比如是否可以直接从十年以上的刑罚幅度减轻至拘役或管制，甚至减轻至免予刑事处罚？本文的观点认为，虽然酌定减轻处罚的减轻幅度不应当受“下一个法定刑幅度”的限制，但是并不代表可以不受任何限制地随意减轻，酌定减轻的幅度应当有一个相对确定的规则，既不能出现与其他从宽量刑情节之间的适用脱节，也不能过于随意损害从宽处罚的严密性。酌定减轻处罚的减轻应当设置基本的减轻处罚底线和刑格，无论是何种减轻处罚情节，在我国的刑罚裁量制度中都是围绕基准刑来展开的，即在刑罚裁量中，首先要明确的是基准线的高低，根据犯罪的基本情状确定基准刑，量刑情节围绕基准刑而展开作用，酌定减轻处罚亦是如此。对酌定减轻处罚的减轻幅度展开限制也离不开与基准刑的影响，通常情况下，基准刑的高低直接影响到减轻处罚的幅度大小，比如基准刑高的，在十年以上有期徒刑内确定基准刑，那减轻处罚的幅度就可以相应地从十年以下延至三年以上，抑或更轻，酌定减轻处罚的幅度相较于基准刑在三年以下有期徒刑的明显幅度更大。因此，结合基准刑的适用来设计酌定减轻处罚的减轻幅度具有一定的科学性。

3. 按比例确定减轻幅度

我国刑法中规定的量刑区间较为宽泛，分别有三年以下有期徒刑或拘役、管制；三年以上七年以下有期徒刑；三年以上十年以下有期徒刑；五年以下有期徒刑；五年以上十年以下有期徒刑；七年以上有期徒刑；十年以上有期徒刑、无期徒刑或者死刑这几档量刑区间。科学设计酌定减轻处罚的减轻幅度应当与我国目前的法定刑量刑区间相结合，设置减轻幅度的比例，如应当适用的法定刑幅度在十年以下有期徒刑、无期徒刑或者死刑的，基准刑亦应在这个区间内确定，基准刑如果确定在十年以上，减轻的幅度可以不受该罪名下一个法定刑量刑幅度的限制，但是也不应无限制地减轻，直接从无期徒刑或死刑的量刑区间减至三年以下的量刑区间，会出现明显的量刑失衡问题。

每个具体的罪行都有与其匹配的法定刑区间，在不同的法定刑区间里确定基准刑后，决定了减轻处罚空间的宽窄，但减轻处罚的空间不同于减轻处罚的幅度，二者应当具有一定的比例关系，只有呈现出正向的比值才能使得减轻处罚的幅度不受空间的影响。因此，酌定减轻处罚的减轻空间与基准刑的确立息息相关，减轻处罚的幅度同样受其制约，但是二者是相互映射的关系，即基准刑确定的刑期越长，酌定减轻处罚的空间就相对越大，与之相关的减轻处罚幅度也就越大。

科学合理的减轻处罚幅度应当是与基准刑、减轻处罚空间呈正向等值的关系。即可以通过法定刑的量刑区间来确定相应的减轻处罚比例，如无期徒刑、死刑的减轻处罚最低限度应当确定为十五年以上有期徒刑；十年以上有期徒刑的减轻处罚在确定基准刑后，应当确定减轻处罚比例不得超过基准刑的 40%，例如某人所犯之罪应当在十年以上有期徒刑的区间内量刑，确定其基准刑为十一年有期徒刑，对其酌定减轻处罚，减轻的最低幅度是基准刑的 40%，即最低刑罚量为六年六个月，符合罪刑相适应的要求；对于十年以下五年以上有期徒刑的减轻处罚比例可以确定为不得超过基准刑的 50%，即在二年半以上五年以下确定量刑区间；对于五年以下三年以上以及三年以下有期徒刑、拘役、管制适用酌定减轻处罚的最低比例可以确定为基准刑的 60%，因为法定刑刑期越短，相应的酌定减轻处罚的空间就越少，而与之对应的酌定减轻处罚幅度可以相应的加大。法定刑期短而加大酌定减轻处罚的幅度不仅是考量处罚空间变窄，更是基于法定刑刑期短的罪行，本身的社会危害程度以及人身危险性都相对较小，对其惩戒与预防的必要性显然要低于法定刑刑期长的罪行。因此，通过以幅度比例来确定酌定减轻处罚的减轻幅度，不但对减轻处罚的幅度形成限制，更契合宽严相济的刑事政策的要求，也能避免自由裁量权的滥用，防止重罪轻判情形的出现。

（二）程序规则的完善

我国酌定减轻处罚的程序设计总体来看具有一定的合理性，但是无论是核准主体还是核准程序，与其他需要进行相同核准程序的事项相比，也存在一定的不妥之处。所有的制度设计不仅是需要考虑制度的合理与否，还要考虑制度能否实现其功能和目的。酌定减轻处罚的核准程序与死刑复核相比，核准主体相同，核准层级亦相似，但两者对被告人在刑事诉讼中产生的效果显然截然不同。死刑复核关乎对被告人生命权的剥夺，因而严格的核准程序更能保障被告人的权利，也更能发挥其在核准死刑中的纠错作用；但酌定减轻处罚本质是一种对被告人有利的从宽制度，其价值理念和设置目的与死刑复核明显不同，但核准程序却极为相似，这显然不利于酌定减轻处罚的适用。从目前的司法判决来看，酌定减轻处罚的适用比例极低，如此低的适用比例大部分原因也是核准程序较为复杂。要释放酌定减轻处罚的适用空间就必须进一步完善酌定减轻处罚的程序设计。

1. 精简核准程序

上文已经分析到，现有酌定减轻处罚的核准程序最主要的问题就是程序的烦琐以及复杂，以及诉讼过程的反复性。酌定减轻处罚核准需层报最高人民法院才能生效，《最高法刑诉法解释》中规定酌定减轻处罚案件的核准审限是参照二审审限二个月，但是最高人民法院的审理期限由其自己决定，层层上报的核准意味着酌定减轻处罚的核准期限被不断延长。层报核准的案件如果遇到当事人上诉或者被上级法院否定适用酌定减轻处罚，会导致程序再次反复，最终呈现出司法实践中法官刻意规避酌定减轻处罚适用，而致使该制度被虚置的情况。

对酌定减轻处罚的核准程序应当在保证诉讼公正的前提下，以诉讼便利和程序精简为基础来设计，以符合诉讼经济的原则。精简酌定减轻处罚的核准程序应当从两方面入手，一是改变逐层报送的制度，逐层报送中不仅需要多层级的法院对案件审核，更会出现某一法院不予核准而出现程序反复的情形，层报审核虽然能最大限度地保证酌定减轻处罚适用的正确性，但科学的程序设计必须是公平和效率兼顾的，层报审核制度只关注了酌定减轻处罚适用的正确性，确保了司法公正，虽然在一定程度上杜绝了司法的随意性，抑制了可能存在的司法腐败，但是这种以司法资源和精力的消耗来杜绝可能存在的司法腐败是否具有必要性值得思考，本文认为，从目前我国的刑事政策以及刑事犯罪结构发生变化的背景来看，这种层报审核的制度应当作出一定的调整。二是缩短核准时间。酌定减轻处罚从宣判直至最高法核准之日，普遍历时较长，从二个月到十个月不等，很多案件被复核的时间在某种程度上都将超过对案件的最终处理时长。随着社会经济的全面发展，我国的刑事犯罪结构发生明显变化，2022 年 7 月最高检召开新闻发布会时提到，抢劫、杀人等严重暴力犯罪持续下降，醉驾、扰乱市场秩序等危害经济社会管理秩序犯罪大幅上升。近年来，认罪认罚从宽制度不断推进，犯罪嫌疑人的主观恶性和社会危害性大大降低，犯罪结构发生变化，重罪案件数量下降，轻刑案件数量上升，刑事司法实践也有回应，判处不满三年有期徒刑及以下刑罚的轻罪案件和作出不起诉的案件达 90% 左右。对于这样的司法实践判决，如果酌定减轻处罚的核准时间不根据司法实践作出相应的调整，最终该制度将失去在司法实践中应用的可能性，真正被束之高阁。

2. 下放核准权

要完善酌定减轻处罚的核准程序，一方面是精简核准程序，缩短酌定程序核准时间，但是最有效最便利的举措应当是酌定减轻处罚核准权的下放。1997 年刑法修改酌定减轻处罚规定的初衷是控制酌定减轻处罚的滥用，限制司法实践中过剩的自由裁量权，保障司法公正。但是预防酌定减轻处罚滥用的关键并不仅仅是阻止司法机关的权力寻租，而应该为酌定减轻处罚提供更为精准的实质性适用指引，才能避免酌定减轻处罚的适用无序。目前逐层上报的酌定减轻处罚核准制度，因所经历的程序复杂和消耗的时间已经使该制度被法官刻意避开适用，为使该制度重新发挥其在刑罚个别化领域的作用，应当探索将核准权下放的途径。

首先要明确的是核准权应当下放至何层级。1979 年刑法中规定的酌定减轻处罚的核准权是同级法院的审委会决定，可以在法定刑以下判处处罚。由该院审委会来决定确实有酌定减轻处罚被滥用的风险，要对法院的审判起到有效监督，就不应由同一级别的法院来决定酌定减轻处罚的适用是否正确，应当由上级法院来决定更为恰当。对于由上级法院来核准的情况，是由作出判决的上一级法院来决定还是由各省高院来决定更为合适，本书的观点是由省级高院统一核准更为合适。理由主要有：一是如果由上一级法院来核准，每个刑事案件的审判对应不同级别的法院，那么实质核准的法院级别不统一，难以真正实现简化酌定减轻处罚情节适用程序的目的，反而增加了程序的复杂性。二是统一由省高级人民法院核准从层级来看是最为合适的，刑法在具体适用中存在地域差别，各地由于经济社会发展情况不均衡，对于某些罪名的入罪标准存在差异，这些差异在全国范畴可能存在差异，但是在省高级法院辖区内的标准是统一的，由省高级法院层级来行使核准权，既能兼顾裁量过程中的地域性的考量，又兼具司法权威性的考量。省高级法院自行判决适用酌定减轻处罚的案件，应报送最高人民法院核准，如此才能保证酌定减轻处罚适用的公正和准确。

其次要确定核准的部门为何。省高级法院核准能否适用酌定减轻处罚的案件是由审委会核准，抑或组成三人合议庭进行审核更为合适？本书认为，由三人组成合议庭进行核准更合适，主要理由如下：一是审委会是法院内部对审判工作进行集体领导的组织，其职责主要是讨论重大、疑难复杂案件或其他与审判有关的问题，并总结审判经验。对酌定减轻处罚的审核并非多为疑难复杂案件，且对酌定减轻处罚的适用与否的审核多涉及案件的事实判断等实体问题，不单单是程序问题，需要有专门的承办人对所报审核的案件进行细致的审查，审委会对案件的讨论需要建立在案件承办人对于所讨论案件的详细汇报基础上，由下级法院上报审核的酌定减轻处罚案件如果没有具体的案件承办人对于案件情况进行详细梳理汇报，对于高级法院的审委会而言，仍是形式大于实质的过程。二是酌定减轻处罚能否适用归根结底是法律适用问题，既有对案件事实、证据的判断和采信，更有对法律适用的理解和判断，通过组建合议庭的形式确定酌定减轻处罚的适用与否，能够更全面、更具体地从案件本身出发作出考量，能够更好地防范自由裁量权滥用的风险，将诉讼便利与诉讼公正结合起来，使酌定减轻处罚发挥更大的作用和功能。

3. 弹性量刑建议权

2018 年《刑事诉讼法》修改，认罪认罚从宽制度写入法条，而与之伴随而生的是检察机关的量刑建议权从幅度量刑逐步转向精确量刑。根据最高检公布的数据显示，近年来刑事案件的认罪认罚适用率接近 90%，即意味着近 90% 的案件都是在检察机关提出量刑建议之后而进行的庭审。毫无疑问，在认罪认罚案件中，检察机关的精准量刑无疑是围绕庭审实质化的改革需要而开展的一项工作，但是检察机关提出的量刑建议必须充分考虑个案的情况，综合案件的基本情况以及犯罪嫌疑人的认罪悔罪态度，提出具体的、精准的量刑建议，才能够确保控辩双方的争论焦点集中，保证诉讼效率，同时也改变了法官单独决定案件量刑的局面，增加了案件的透明度和公正性，有利于个案公正的实现。

越来越精细化、准确化的量刑建议，要求检察机关对审查起诉案件有精准的刑量判断。而酌定减轻处罚本身与司法自由裁量权相辅相成，作为最明确体现法官自由裁量权的一种制度，如果以苛刻的程序约束限制其适用，必将限制酌定减轻处罚功效的发挥。既然现在认罪认罚从宽制度适用率的提高与量刑建议精准化已经成为刑事司法中主要的方向之一，如何在目前的刑事司法制度中为酌定减轻处罚的适用找寻空间，探索弹性量刑建议权是可取的路径之一。

对于酌定减轻处罚的适用从决定到复核都在法院职权范围内，是法官自由裁量权的体现，将酌定减轻处罚的适用从审判阶段提至审查起诉阶段，将该制度的适用融入检察机关的量刑建议权内。在考虑对案件适用酌定减轻处罚的情形下，检察机关的量刑建议可以采取相对模糊的区间量刑法，即结合案件中可能存在的酌定减轻处罚情节提出弹性的区间量刑。但需要注意的是，如果检察机关在提出量刑建议时已经考量到该案有适用酌定减轻处罚的可能性，势必会选择在法定刑之下提出量刑建议，就必须对所提出的区间量刑建议作出较为详尽的量刑建议说明，详细阐释适用的酌定减轻处罚的理由和依据，并提出相对确定的量刑区间；另外检察机关在行使量刑建议权时，如果认为有适用酌定减轻处罚的情形，也可以通过设置弹性的量刑建议，通过采取附加条件的量刑建议方法，将诸如退赃、退赔以及被告人谅解等对量刑具有酌定影响的情节作为影响量刑建议的因素，明确告知犯罪嫌疑人上述因素对量刑的影响，对犯罪嫌疑人进行司法正向评价的引导，不仅对追赃挽损工作具有积极影响，也符合恢复性司法的理念，更能积极修复社会关系。弹性量刑建议模式一方面是对法院自由裁量权的尊重，更是有利于减轻检察机关、律师在审查起诉阶段因量刑建议的准确性而承担的压力；另一方面能扩大类案认罪认罚的适用率，更能通过弹性的区间量刑给嫌疑人更轻刑罚的可能性，提高诉讼效率。

第五章　减轻处罚情节竞合时的适用

第一节　减轻处罚情节竞合时的适用原则

在我国刑法规定中，减轻处罚情节作为量刑情节几乎没有单独规定，而是与从轻、免除处罚形成了从宽的量刑阶梯，被称为多功能量刑情节。从减轻处罚情节的适用效果来看，其作为并非单一化存在的量刑情节，不仅与同为从宽处罚情节的从轻、免除处罚存在竞合选择适用的问题，与从重处罚等逆向量刑效果的情节也同样存在竞合适用的问题，同时在这些量刑情节中，“应当型”与“可以型”量刑情节也存在适用竞合的问题。如何在现行的量刑适用规则内为减轻处罚的适用寻找准确恰当的规则，并据此得出罪刑相适应的刑罚，成为研究减轻处罚司法适用的核心问题。

同一案件内有一个或数个量刑情节，如果既有从宽的处罚情节，如从轻、减轻或者免除处罚情节，又有从重处罚情节，那么存在逆向竞合冲突，属于量刑情节冲突；而可以型的从轻、减轻处罚情节与应当型的从轻、减轻处罚情节的适用竞合问题，称为同向量刑情节之间的竞合；法定减轻处罚情节与酌定减轻处罚情节的竞合适用问题也是需要解决的问题。研究减轻处罚的量刑情节竞合适用问题，应当需要厘清哪些情形属于量刑情节的竞合适用，在此基础上厘清各量刑情节之间的适用规则，才能真正将减轻处罚的适用功效发挥到极致，即避免在量刑中虚置的情形，也避免其在量刑中的滥用。

减轻处罚的适用情节竞合主要有以下几种情形：一是同向多功能从宽情节的竞合适用。我国减轻处罚无论是可以型抑或应当型都是与其他从宽情节并行规定的多功能型情节，如“可以从轻、减轻处罚”“可以减轻或者免除处罚”“可以从轻、减轻或者免除处罚”。这种同向的多功能从宽处罚情节的竞合适用，是减轻处罚情节适用中最主要的情形，如何选择从轻、减轻或者是免除处罚的从宽幅度，是司法实践中并未明确而又饱受困扰的难题之一。

二是减轻处罚与从重处罚的竞合适用问题。这里不仅包括可以型、应当型减轻处罚与可以从重处罚、应当从重处罚中的竞合适用问题，还包括酌定减轻处罚与可以型或应当型从重处罚的适用竞合，同时还要兼顾考虑减轻处罚如果是多功能的从宽处罚情节时，如何选择适用情节的问题。

一、依法适用原则

减轻处罚与其他量刑情节的竞合适用问题归根结底是刑罚裁量的问题，而刑罚裁量必须依法适用，即在遵守量刑的事实根据与规范依据的基础上依法适用。我国《刑法》第 5 条规定:“刑罚的轻重，应当与犯罪分子所犯罪行和承担的刑事责任相适应。”在我国，量刑应当以查明的案件事实和准确定性为前提，与被告人犯罪的社会危害性和人身危险性、主观恶性相适应。在多量刑情节适用中，同样需要坚持依法适用原则，包括两个层次的含义：一是应当将所有的量刑情节都纳入量刑的事实根据中，并且以每个情节所体现出的犯罪行为的社会危害性和主观恶性来量化该情节在量刑中的地位和作用，对于在量刑中影响大的情节应当着重考量其在量刑过程中的作用以及对刑罚的调节适用，但该量刑情节必须是在整个罪行中具有重大影响的关键情节，如有案件中有从轻、减轻处罚抑或从重处罚情节的情节，应结合每个情节所映射的社会危害性以及主观恶性来综合考量。二是必须保障最终确定的刑罚轻重与罪行的社会危害性和犯罪人的主观恶性相适应，也不可过分强调某一量刑情节而使其成为量刑的决定性因素，如果罪行整体的社会危害性较小，犯罪情节轻微，就应当在较轻的法定刑幅度内确定刑罚，不能因案件中存在从严惩处的情节而选择远超过其责任刑应当承受范围的刑罚，应当综合考虑行为的社会危害性以及人身危险性，不能偏颇或孤立地去强调某一情节的作用。

二、全面适用原则

全面适用原则是指全面考量所有的犯罪构成事实情节和法定情节之外，可能对量刑产生影响的情节。每个案件中如存在多个量刑情节，情节的性质以及作用都有不同，在量刑时必须作出全面的考量，不能忽视各个情节的适用，要正确地理解减轻处罚与其他量刑情节的适用规则，应树立量刑情节全面适用的原则。首先，要全面地考虑各量刑情节的性质、种类和作用，对于量刑情节产生的量刑效果进行评判，对作用相同的量刑情节予以归类，防止遗漏量刑情节，虽然有些罪行中的事实情节对于刑事责任的影响较小，但在量刑阶段应当对其进行全面的提取，将其纳入考察视野。其次，要根据量刑情节的功能，全面地考量各量刑情节的效能，不能只关注犯罪中的情节，对于罪前或罪后可能影响量刑的情节也应当有所考量；不仅要关注对被告人不利的量刑情节，对被告人有利的量刑情节同样需要引起重视；不仅要关注法定量刑情节，对于酌定量刑情节也不应忽视。最后，存在多个量刑情节的情形，对于每个情节的效果都要充分评价，即使存在量刑效果一致的情节，对于每个情节产生的法律后果也都应充分评价，确保每个量刑情节都能得到实际评价，以实现全面、公正、准确的刑罚裁量。

三、禁止重复评价原则

具体个案中的情节通常分为定罪情节和量刑情节，已经在定罪环节予以考量的情节，不能在量刑环节再次被评价。定罪情节决定的是法定刑，量刑情节决定的是宣告刑，两者在定罪量刑中的功能不同，不能重复评价，以免过度加重或减轻被告人的刑罚，造成刑罚的不均衡。《德国刑法典》中明确规定“已经是法律的构成要件标志的情况，不允许加以考虑”，我国的《量刑指导意见》中虽然没有明确规定同一情节在定罪和量刑情节不能重复评价，但是在司法实践和理论中，都认可对于同一情节不能作两次评价。如《刑法修正案（十一）》中对猥亵儿童罪作出修订，对猥亵儿童罪的从重处罚情节进行细化，但由于现行的法规中对于猥亵儿童罪的具体行为方式没作出明确界定，实践中猥亵儿童的刑事处罚范畴和行政处罚范畴并未作出严格区分。对于某些发生在公共场所抚摸儿童身体敏感部位的猥亵行为，如果将“发生在公共场所”看作猥亵儿童行为入罪的条件，将其作为区分治安处罚的情节，就不能再次将该情节评价为“在公共场所当众猥亵儿童，情节恶劣的”的从重处罚情节，即某一情节一旦作为犯罪构成的事实情节进行评价，就不能再作为量刑情节适用。

禁止重复评价是否包括同向竞合的量刑情节适用时，避免对同性质的情节重复评价，学界存在争议。有学者认为禁止重复评价还要防止性质相同的量刑情节之间的重复评价，并提出意大利学者所言，当“其他犯罪情节本身包括了另一个情节，也只应适用一个情节，即只适用那个能最大限度地从重或减轻刑罚的情节”。[①] 本书认为这样的理解并不准确，对于同一性质的量刑情节能否重复评价要结合其所对应的事实情节，对于同一事实涉及不同量刑情节时，一般不能重复评价。比如，认罪认罚与自首、坦白以及当庭自愿认罪，退赃退赔、和解等情节所对应的事实情节是相同的，不能作重复评价，但可以在相应的幅度内给予更大的从宽处罚幅度。即同一事实情节，虽有不同性质的评价，如犯罪嫌疑人犯罪后主动投案，到案后如实供述自己的罪行，并自愿认罪认罚，那么上述行为既可以被评价为自首情节，也可以认定其自愿认罪认罚，虽然是不同性质的评价，但在量刑的从宽层次是同一层次和意义的评价，不应当对该行为在量刑时作重复的评价和适用。

四、罪刑均衡原则

罪刑均衡原则是罪责刑相适应的基本要求，指的是量刑时所确定的刑罚量应当与犯罪嫌疑人所犯的罪行相适应，使得罪行与刑罚之间形成均衡适用的关系，罪轻则刑轻，反之亦然。我国刑法中具体罪行中规定的法定刑幅度是较宽泛的，对于具体量刑情节之间的调节幅度并没有具体而明确的规定，且不同的地区、法院以及法官之间对于罪行轻重的理解不同，存在同案不同判，不仅无法实现个罪之间的罪刑均衡，不同案件之间也无法实现量刑均衡。罪刑均衡是量刑规则中最为重要的规则之一，尤其对于减轻处罚情节的适用更是意义重大。减轻处罚本身就是因为适用刑法规定的法定刑档次无法体现罪刑均衡，对犯罪者有在法定刑以下判处刑罚的可能性和必要性，准确地说是犯罪行为的社会危害性程度能够使得其获得法定刑之下刑罚量的评判。在考量不同量刑情节的适用规则时，必须以社会危害性、人身危险性的大小作为刑罚依据，不仅要充分考量各因素对于上述社会危害性和人身危险性的影响力不同，还要清楚即使是同一种因素，在不同案件中的情况不同，其对量刑的影响力也会产生变化。要想彻底地实现罪刑均衡原则，就必须综合把握其具体罪行的社会危害性程度和人身危险性大小，正确地选择与其相匹配的刑罚。

---

① ［意］杜里奥·帕多瓦尼：《意大利刑法学原理》，陈忠林译，中国人民大学出版社 2004 年版，第 239 页。

第二节　减轻处罚情节竞合时的基本规则和方法

一、减轻处罚情节竞合时的量刑步骤

量刑过程是一个整体思维过程，量刑方式是量刑思维过程的具体体现，犯罪的事实、性质、情节以及罪行的社会危害程度是量刑的根据，而这些情节中是否有刑罚量得以减少的事由，如何将减轻处罚的功效在量刑的过程中予以体现，以何种方式明确减轻处罚与其他情节的适用关系，都是需要解决的关键问题。

在“两高”出台的《量刑指导意见》中明确，量刑时应以定性分析为主，定量分析为辅，依次确定量刑起点、基准刑和宣告刑，但是上述规定中如此明确的量刑方法实则对减轻处罚情节的适用产生本末倒置的适用背离，其中提出应将减轻处罚情节的适用放在对宣告刑的调节上，不同于先综合全案的情况来确定多功能的量刑情节具体是适用从轻、减轻或者免除处罚的哪项功能，然后再根据这项功能确定最终的从宽处罚幅度。指导意见中提出，要先确定具体量刑情节的调节比例，再根据该情节对基准刑的调节结果来确定适用量刑情节的哪项功能，如果调节结果在法定刑幅度内，但具有应当减轻处罚情节的，也应依法在法定最低刑以下确定宣告刑；如果调节结果在法定刑以下的，具有法定减轻处罚情节的，就可以直接确定为宣告刑；有从轻处罚可确定法定最低刑为宣告刑，但是案件情况特殊的，可以经最高法核准，在法定刑幅度以下判处刑罚。这样的量刑规则无法满足减轻处罚的功效发挥，也可能使得减轻处罚与其他从宽处罚的界限模糊，产生适用上的混乱与随意性。

本书认为，量刑是刑罚的裁量过程，但如果将其仅看成是刑罚的量化过程，一个形式化的技术活动和过程，实际上是对量刑运行规律的背离和对量刑本体的异化①。量刑的过程不能机械地理解为就是刑罚的裁量，应当以行为人行为的可谴责性即刑事责任为基础去理解量刑，量刑应当以协调报应和预防为目的，同时也要明确对报应和预防的追求不能超过责任的范围。本书赞

① 石经海：《量刑的个别化原理》，法律出版社 2021 年版，第 34 页。

同在先确立责任刑之后再考虑预防刑，即根据责任刑情节确定责任刑。责任刑确定之后，预防刑情节只能受制于责任刑。从责任刑与预防刑的理论角度分析，整个量刑的过程应当是首先确定应当适用的法定刑幅度，再根据影响责任刑的情节确定责任刑，然后在责任刑的基础上考虑预防必要性的大小，再确定宣告刑。从该角度来考虑减轻处罚的适用规则，就不仅是将各从轻、减轻或者从重处罚情节的简单相抵，而是根据情节对责任刑或者是预防刑的影响来决定其最终对于量刑过程的影响。

《量刑指导意见》中的量刑步骤虽具有一定的实践操作价值，但是忽视了量刑背后的理论基础，也缺乏对量刑情节各功效的考量。本书主张的量刑步骤同样是优先考虑法定刑的选择，但是是在区分责任刑和预防刑的基础上进行情节的选择适用，不仅考虑罪行的社会危害性和人身危险性大小，更是在明确各量刑情节对责任和预防所产生的作用基础上而作出的刑罚裁量，不是机械地将各情节划定对刑罚量的适用比例，然后进行“同向相加，逆向相减”，这种量刑步骤考虑的是将各量刑情节的作用厘定清楚的情况下，充分发挥各情节在量刑中的作用和价值，避免估堆量刑和经验量刑。

二、减轻处罚情节竞合时的适用规则

不同的量刑规则对于减轻处罚的适用会产生不同的机能效应影响，量刑规则直接决定着量刑目的实现，量刑运行方式的不同会导致量刑结论的迥异，减轻处罚要被科学合理地适用，首先要明确其在量刑规则方面的几个问题：一是如何理解减轻处罚情节对量刑的修正调节的量化赋权问题，不仅要解决其在量刑修正调节的阶段问题，是应该在确定法定刑之初就因为案件存在法定的减轻处罚情节，直接选择减轻的法定刑；还是在确定法定刑之后将减轻处罚情节作用于基准刑，对基准刑的确定发挥决定作用；抑或在确定宣告刑时，因存在减轻处罚情节而对基准刑进行调节，最终确定宣告刑；再或是通过减轻处罚情节等对基准刑进行调节后，因为存在法定的减轻处罚情节，继而对宣告刑进行调整，确定是否能在法定刑以下判处刑罚，在何种诉讼阶段确定减轻处罚的适用，需要对减轻处罚情节进行量化，检验着量刑规则机能的合理性，这些问题都是践行量刑经验和理论不可忽视的一部分。二是在量刑规则中，除考虑法定的减轻处罚情节的适用外，对于酌定减轻处罚情节亦需要合理考虑，这就要求量刑规则必须能满足量刑均衡和刑罚个别化，不仅要考虑刑罚报应与预防的关系，还要从行为责任与行为人责任的责任主义来考虑规则的设置，要兼顾法官的自由裁量权同时保证罪刑相适应。

本书认为减轻处罚的适用规则应当根据情节的性质作出实质判断，进而选择减轻处罚情节在各个量刑阶段的适用与否。首先，在法定刑幅度的选择上，只有体现不法要素或责任要素减轻的情节，才能作为选择减轻的法定刑的依据，反映犯罪行为、结果的不法要素，如未遂；或者反映责任能力的法定减轻处罚情节，如犯罪时系未成年人；或者酌定减轻处罚情节，比如目的、动机、违法性认识的可能性，这些情节都可以反映罪行较轻，而成为选择减轻法定刑的因素。其次，表明预防必要性的预防性因素的减轻处罚情节，只能在法定刑、责任刑确定之后，对预防刑产生调节作用，而不能对责任刑产生影响。再次，减轻处罚情节的适用，要区分其对责任刑和预防刑的影响，先判断减轻处罚情节是否影响责任刑，再判断是否适用影响预防刑，不能单纯地以“应当”或“可以”来确定适用顺序，也不能区分情节对责任刑和预防刑的不同功效而机械加减。最后，对于减轻处罚情节的适用要避免重复评价。如果减轻处罚的情节已经在确定选择减轻的法定刑时进行过评价，就不能在责任刑或者预防刑的调节时再次被评价，同样，对于部分减轻处罚情节既对责任刑有影响，又对预防刑产生影响，也不能在量刑过程中被重复评价。

减轻处罚的适用规则与整个刑罚裁量过程密切相连，是整个量刑过程中最复杂的情节之一，如何自洽减轻处罚的适用规则，既能满足量刑规则的规范化要求，又能适应刑罚个别化的实质正义需求，是减轻处罚适用规则中必须解决的问题。应在减轻处罚的事由情状与刑罚规范之间构建合乎逻辑又经得起推敲的量刑规则，确保减轻处罚的功效发挥到位。

（一）法定处罚情节优于酌定处罚情节

法定减轻处罚情节是通过司法实践的长期适用和检验而形成共识，并以法律规定的形式予以确定的情节。因此，在一般情况下法定减轻处罚的适用要优于酌定减轻处罚情节，对于这点在酌定减轻处罚的适用规定中也有所体现。“犯罪分子虽然不具有本法规定的减轻处罚情节”，也进一步强调了如有法定减轻处罚情节，应当优先适用法定减轻处罚情节。

对于该适用规则更准确的理解为，在量刑过程中全部考察法定情节并据此选择法定刑幅度，在确定基准刑之后，如果认为仍有进一步从宽的必要的，应“在法定刑以下判处刑罚”。在《量刑指导意见》中，虽然没有明确规定必须先考虑法定从宽情节再考虑酌定减轻处罚情节，但是从《量刑指导意见》中对于各量刑情节的选择来看，确实是先考虑法定情节再考虑酌定情节，并且我国的部分酌定从宽处罚的情节已经被逐步法定化，如退赃、退赔以及刑事和解等本属于酌定从宽处罚的情节，已经被规定在相关的司法解释、刑事诉讼规则中。不仅上述几种情节可以酌定从轻处罚，对于犯罪对象、犯罪的特殊时期等非经法律法规明确的处罚情节也规定了其对量刑的调节比例，这些酌定情节如何发挥减轻处罚的功效，要结合具体的案件情况。首先是根据案件中责任刑的限度确定法定刑范围，并在相应的法定刑范围内确定基准刑。接下来就是考虑预防的必要性，对于案件中的酌定量刑情节，比如退赃、退赔或刑事和解进行考虑，如果对于量刑的减少幅度比例已经使得宣告刑可能要低于相应的法定刑幅度，此时上述酌定量刑情节发挥的就是酌定减轻处罚的功效，也可以理解为《刑法》第 63 条第 2 款的“特殊情况”，因为这些情节虽然已经被准法定化，但是其本质仍是酌定情节。

（二）可以型减轻处罚情节应作实质性判断

减轻处罚情节中分为应当型和可以型情节，应当型量刑情节是法律规定要求必须适用的量刑情节，可以型是指刑法未强制要求必须适用的量刑情节。立法的强制性意味着应当型量刑情节对量刑本身具有一定的重要性，只要符合法律规定的情节都应当对其适用相应的量刑效果。可以型减轻处罚情节占刑法条文规定的减轻处罚情节的 72%，对于可以型减轻处罚的适用，体现了法官在“可以从轻、减轻或者免除处罚”时的自由裁量权，本文的观点认为，对可以型减轻处罚情节的适用应当做实质性判断。

实质性判断指的是罪行具有法条规定的从宽量刑情节时，一般都应当对其进行“可以型”的从宽处罚，要从两方面进行理解：一是明确法律规定的该量刑情节的实质内涵为何，只要案件事实符合法律规定的实质内涵时，就应当对其适用相应的从宽处罚效果。如自首情节的量刑效果为“可以从轻或者减轻处罚，其中罪行较轻的，可以免除处罚”。而自首情节的实质内涵主要是鼓励犯罪嫌疑人犯罪后主动投案，同时通过犯罪嫌疑人的主动投案降低案件的侦破成本，提高司法效率，自首情节最主要内涵价值之一是犯罪嫌疑人犯罪后的认罪悔罪态度，上述这些因素就是自首情节适用的实质性根据，只要犯罪嫌疑人所实施的行为具备上述的实质性根据，就应当对其适用自首的从宽处罚量刑效果。二是“可以型”的量刑情节体现的是一种授权性的规范表达方式，只要犯罪嫌疑人实施的行为符合情节规定的行为特征，都可以对嫌疑人进行从宽处罚，不需要作出特别的理由说明，反而对其不进行从宽时需要特别的理由。

（三）罪中情节优于罪前、罪后情节

相较于罪前、罪后情节，罪中情节更能体现出罪行的客观危害性、社会危险性以及人身危险性，在量刑时值得优先考虑。在减轻处罚的适用规则中要正确地看待各情节的作用以及地位，罪前、罪后情节相较与罪中情节对于量刑的作用当是减弱的，犯罪人罪前的品行表现，是否有前科、劣迹；以及犯罪后的行为，如是否主动投案、如实供述，或者逃避侦查，抑或积极退赔退赃等，这些行为虽然是与犯罪行为的表现有关，但是对犯罪嫌疑人所实施的犯罪行为没有直接影响，准确地说就是这些行为所影响的只是其改造的难易程度和再犯罪的危险性大小。与罪中情节产生的影响不同，罪中情节影响的是罪行的责任刑，而罪前、罪后的情节影响的是预防刑。在刑罚裁量过程中，是以责任刑的确定为限度，但并非忽视预防刑情节，在裁量的过程对于影响预防刑的罪前、罪后情节无法对罪行的责任刑产生影响。区分影响责任刑和预防刑的情节，按照先确定责任刑的原则，以责任刑为限，根据罪前、罪后的行为来判断犯罪嫌疑人的再犯可能性，考虑预防的必要性确定预防刑的轻重，形成最终的刑罚裁量。

因此，在减轻处罚的适用中，无论是法定还是酌定减轻处罚情节，对于罪前、罪中、罪后的情节可以区分适用，不仅要根据犯罪行为的社会危险性以及人身危险性等情况，更要考虑惩罚与预防的平衡和兼顾。

第三节　减轻处罚情节竞合时的具体适用

一、单一情节多功能竞合时的适用

在我国刑法中关于减轻处罚的规定中，除两处规定为单功能的减轻处罚情节外，其他的减轻处罚情节都是与从轻、免除处罚形成多功能的量刑情节，在案件中如果存在单一的多功能量刑情节，如何选择该多功能情节的量刑效果，是适用减轻处罚抑或从轻处罚、免除处罚，是本节所要讨论的单一情节的多功能竞合适用问题。

多功能情节的适用核心问题是从某一情节所包含的多功能中选择一种功

能，并将其适用于具体案件的量刑过程[①]。这种多功能量刑情节的适用是选择从轻还是减轻，抑或免除处罚，学界和实务界有不同的观点，有观点认为应当先定性再定量，即先根据具体案件确定是减轻处罚还是从轻处罚，再量化分析减轻或从轻的幅度；另有观点认为，应当对全案的情节进行量化分析，再将量化结果结合法律规定确定是减轻处罚还是从轻处罚。[②]根据《量刑指导意见》中的规定，实际是采取第二种观点，即先不对量刑情节的性质作出区分，而是各情节以百分比的形式确定其在刑罚裁量中的比例，然后对这些情节所影响的百分比进行综合计算，按百分比量化后确定的刑罚量来确定对量刑结果的影响，是从轻还是减轻处罚。

除上述两种观点外，学界和实务部门对于从轻处罚、减轻处罚的适用规则还有主张通过重罪、轻罪进行划分的观点，认为应当是："对于重罪，一般应当选择从轻或减轻处罚功能。对于轻罪，一般应当选择免除处罚功能。"[③]并且基于重罪、轻罪以"三年有期徒刑"为划分标准，进一步提出"从轻、减轻或者免除处罚"的适用规定为："最高刑期为无期徒刑或者死刑的，一般应选择从轻处罚；法定最低刑为三年以上有期徒刑的，一般选择减轻处罚；法定最低刑三年以下有期徒刑、拘役或者管制，以及五年以下有期徒刑的，一般应选择免除处罚。"[④]对于从轻、减轻处罚的适用规则亦是如此，认为判处无期徒刑、死刑的，一般适用从轻处罚，只要有法定刑减轻处罚空间的，都可以适用减轻处罚。在减轻处罚与免除处罚的适用问题上，同样认为："犯重罪的一般选择减轻处罚，犯轻罪的一般选择免除处罚。"[⑤]也有观点认为，对于多功能量刑情节的选择应当考察量刑情节与所触犯罪名之间的关系，所触犯的罪名越严重就越应当弱化量刑情节的选择功能，[⑥]并具体细化为，罪行越严重的犯罪应当选择越轻的功能，罪行越轻微的犯罪应当选择越强的功能。该观点的实质是认为，多功能的量刑情节对量刑结果的影响应当与罪行

---

① 张明楷：《责任刑与预防刑》，北京大学出版社2019年版，第323页。

② 汤建国、吴晓蓉：《中国规范量刑指引》，中国人民公安大学出版社2011年版，第165页。

③ 郭磊：《量刑情节适用研究》，吉林大学2011年博士学位论文，第106页。

④ 郭磊：《量刑情节适用研究》，吉林大学2011年博士学位论文，第106页。

⑤ 赵廷光：《量刑公正实证研究》，武汉大学出版社2005年版，第33页。

⑥ 郭磊：《量刑情节适用研究》，吉林大学2011年博士学位论文，第110页。

密切相关，对于严重的罪行应当弱化量刑情节对最终量刑结果的影响。

本书认为，上述的适用规则和理论对于减轻处罚的适用问题而言过于简单和机械，无论是先定性还是先定量的适用方式，抑或按照罪行的轻重来选择从轻、减轻或者免除处罚，都与减轻处罚的价值和原则相去甚远。目前，我国刑罚轻缓化的趋势毋庸置疑，但实践中对于减轻处罚的适用并无扩大的趋势，其适用空间在司法实践中受制于缓刑、免予处罚或其他非刑罚处置措施等更为轻缓的处置措施的挤压，虽然有基于刑罚谦抑与刑罚效益原则功能的发挥等因素，但是以罪行的轻重来确定减轻处罚的适用规则，将更加限制减轻处罚的效能发挥。因此，正确地理解减轻处罚在多功能情节中的适用规则尤为重要，本文认为应当从以下几个方面来厘清适用规则。

（一）免除处罚与从轻、减轻处罚的适用区分

本书认为，免除处罚和从轻、减轻处罚虽然有时会存在于同一量刑情节中，但是适用基础是不同的，应当从罪行是否具有刑罚处罚必要性角度判断。当免除处罚与从轻、减轻处罚共同存在某一量刑情节的可选择功能之中时，意味着必须对该罪行的轻重作出实质性的判断。对于该观点有人认为不妥，认为不论是免除处罚还是从轻、减轻处罚都是有对刑罚调节的从宽效果的量刑情节，因此，在多功能的量刑情节中，需要考虑的是这个情节对于责任刑的影响大小，而非罪行本身的轻重。[①] 但本书认为，免除处罚不同于从轻、减轻处罚情节的适用，原因在于免除处罚作为一种刑罚后果，其裁量机制和基础不同于从轻、减轻处罚，其并非严格的刑罚裁量后果，适用的基础是罪行较轻，不具有刑罚惩罚的必要性，从这点来看，免除处罚的适用应当是基于整个罪行轻重的评价而决定其是否需要免除处罚，而非通过比例化的量刑幅度的减轻，最终认定可以免除处罚。如果是通过比例化的降低量刑幅度，认定最终减轻处罚、从轻处罚的比例致使可能确定的刑罚量极低，继而认定可以免除处罚，这是违背免除处罚和从轻、减轻处罚的适用基础的，将得出减轻处罚最终可以减为免除处罚的错误结论。因此，在既有免除处罚，又有从轻处罚、减轻处罚的多功能量刑情节选择适用时，必须先对罪行进行整体判断，如果罪行整体趋轻，加之具有可以适用免除处罚的情节，罪行呈现出无刑罚处罚必要性的特征，应当优先考虑免除处罚；如果罪行整体并不趋轻，虽然量刑情节中可以选择免除处罚，也不应当优先考虑免除处罚，而

① 张明楷：《责任刑与预防刑》，北京大学出版社 2019 年版，第 323 页。

是要根据量刑情节所体现的社会危害性及人身危险性降低的具体情形，选择从轻或者减轻处罚。如防卫过当行为，从量刑效果来讲是“应当减轻或者免除处罚”，选择量刑效果时，首先要对罪行作出整体评价，根据防卫的目的、手段、造成的后果来整体判断罪行的轻重，再决定是减轻还是免除处罚。如果是先按比例根据各个量刑情节进行刑量调节，再根据刑量测算结果来判断是免除处罚还是减轻处罚，将限制免除处罚的效能的发挥，使其陷入纯粹的规范或观念运作。

对免除处罚与减轻处罚的适用从罪行本身的轻重角度作实质性的理解，是与我国当前的刑事政策相契合的，我国目前社会环境稳定，整个刑事犯罪的结构已经发生变化，免除处罚与减轻处罚作为我国刑罚从宽的裁量效果具有不同的适用基础，罪行是否整体较轻，有无刑罚处罚的必要性才是区分免除处罚与减轻处罚适用的关键。

（二）对于从轻、减轻处罚的适用区分

从轻、减轻处罚的选择适用，是减轻处罚量刑功能中最主要的选项组合，本书认为要以量刑情节的本体情状事由的性质来判断是从轻或是减轻处罚，这里的本体情状指的是该情节能够反映出犯罪行为中罪责程度降低的具体情状或认罪悔罪事由的具体情况。减轻处罚的本质在于犯罪嫌疑人的罪责程度降低以及人格责任程度降低，不同于免除处罚不具有刑罚惩罚必要性，减轻处罚和从轻处罚的适用基础是应当受到刑罚惩罚，但如何择二者之一来适用，成为多功能情节适用的关键。本书认为应当在对罪行整体评价的基础上，结合量刑情节的具体情状事由，厘清情状事由在个案中的功能地位，即该情节对于整体罪行的影响分量，最终选择是从轻还是减轻处罚。唯此，才能将量刑情节的客观实在与减轻处罚所蕴含的刑罚、功能价值相契合，并准确地体现其在刑罚裁量中的功效。具体可以从以下几个方面理解适用：

首先，要对罪行进行整体评价。本文虽然不认可“重罪从轻、轻罪减轻”的适用规则，但是量刑情节的功能选择还是应当放在罪行的整体中予以评价和考量。因为对罪行的整体评价即罪行轻重的判断，影响的是量刑起点，而从轻、减轻处罚情节对于刑罚的调节作用就应当是在确定量刑起点之后，对基准刑、宣告刑的调节，即对罪行的整体评价是从轻、减轻处罚功能选择的判断基础。罪行的轻重不应成为从轻、减轻处罚选择的决定性因素，有观点认为，对于从轻、减轻或者免除处罚这类多功能情节的选择适用，虽然没有相关的司法解释规定其适用规则，但显然“罪行轻重”和“自首的具体情况”是选择的关键。[①] 二者究竟是并行考虑的两个因素还是具有主从辅助区别的两个因素，存在不同的观点，有人主张“罪行轻重”应当起主导作用，而量刑情节在案件中的“具体表现”只能起辅助作用，因为对于许多较轻的犯罪来说，量刑情节的“具体表现”有时会与犯罪人所犯之罪的法定刑发生冲突。[②] 本书认为这样的观点显示是陷入了形式主义的适用枷锁，不能认为因某些法条中没有减轻处罚的适用空间，就当然地选择从轻处罚，如果如此机械地理解从轻处罚、减轻处罚的适用，则二者的功效和价值区分将无法体现，进而影响二者的正确选择适用。对于“罪行轻重”和“量刑情节的具体表现”，本文主张二者是递进的关系，情节的具体表现是放在罪行的轻重中进行总体评价和考虑的，如在共同抢劫致人重伤的案件中，致人重伤的结果无法评价为罪行较轻，但如果嫌疑人系从犯，在抢劫案中仅有望风的作用，并不能因此认为该案不能适用减轻处罚，对嫌疑人当然可以根据其具体的量刑情状事由选择减轻处罚，不能以该罪行整体偏重而不对其减轻处罚。

其次，分析量刑情节的具体情状事由。本书认为，从轻、减轻处罚的选择关键是看具体的量刑情状事由，而非以罪行的轻重起决定性作用。罪行整体评价确实对量刑情节的适用具有影响力，但是关键并不在罪轻、罪重，也非因罪轻罪重相应的量刑情节对于刑罚的调节幅度就应当相应的重或者轻，本书主张要以情节的具体情状事由所反映的罪行的社会危害性和人身危险性的降低情况为判断依据。以自首情节为例，作为典型的多功能量刑情节，量刑功能包括从轻、减轻，罪行较轻的可以免除处罚，即上文提出的观点，免除处罚的适用基础是无刑罚惩罚必要性，必须满足的条件即罪行较轻；而对于从轻、减轻处罚的选择，则应当根据自首情节的具体情状判断。如典型的自首情状，罪行尚未被司法机关发觉，而主动至司法机关投案并如实供述，显然这种自首的主动性以及对司法成本的节约，都反映出犯罪嫌疑人的认罪悔罪态度。因此，对于自首的量刑功能选择，首先结合罪行的事实，包括犯

---

① 最高人民法院1998年5月9日《关于处理自首和立功具体应用法律若干问题的解释》第3条，曾就“自首”功能选择问题，做出解释：“具体确定从轻、减轻还是免除处罚，应当根据犯罪轻重，并考虑自首的具体情况。”

② 郭磊：《量刑情节适用研究》，吉林大学2011年博士学位论文，第108页。

罪的情节、性质以及危害后果，社会影响；其次是自首情节本身的情状，包括自首的主动性、供述的及时性和稳定性，以及是否节约司法资源，比如准自首，或者在公安机关去抓获的途中，遇到其正在投案，该情形的从宽幅度应小于标准的自首情状，这些具体情状都影响自首功能选择。在具体情形分析中，尽管刑法对各量刑情节，包括减轻处罚事由，作了法条明文规定即事前预设，但是每个情节背后所蕴含的刑法理念和刑罚观念，在不同的减轻处罚情状事由中有不同的效能分配，必须结合具体的量刑情节情状进行分析，作出具体的功能选择。

最后，根据量刑情节的实质确定刑罚量的减少幅度。不论是从轻还是减轻处罚，都是对可能判处刑罚量的减少。从刑罚裁量的后果来看，从轻处罚的最终量刑结果是在法定刑的量刑幅度内判处刑罚，而减轻处罚是在法定刑下一幅度内判处刑罚。之前有观点认为，在从轻、减轻处罚的适用中，应当根据该罪行所适用的法定刑幅度是否有下一法定刑幅度来判断是从轻还是减轻处罚，如果该罪行所应选择的法定刑幅度下已经无其他的法定刑幅度，则仅能对该罪行从轻处罚，无法在法律没有规定的法定刑幅度内判处刑罚。本书认为这样的理解从轻、减轻的适用规则过于机械，还是应当从量刑情节的实质判断适用减轻还是从轻，根据具体情节所反映的是责任刑的降低还是预防刑的降低，来判断其对刑罚量的减轻幅度。如果该量刑情节影响的是责任刑，应当是在确定基准刑时进行刑罚量的调节，如该情节影响的是预防刑，则应当是在确定宣告刑时进行刑罚量的调节。这种调节最终对于刑罚的裁量结果也会因为量刑情节的实质不同产生区别，不同的量刑情节比例的运算方式也会产生不同的量刑结果，本节讨论的是在同一量刑情节的不同量刑功能的选择，对不同量刑情节的调节比例问题不做讨论，下文再深入讨论。

二、多情节同向竞合时的适用

多情节同向竞合的适用问题指的是个罪中存在多个从宽量刑情节时应当如何适用的问题，这里的从宽量刑情节包括从轻、减轻处罚和免除处罚，《量刑指导意见》中关于多个量刑情节规定，“同向相加，逆向相减”，但上文中已提出，该种量刑规则并不能解决多个量刑情节选择适用的根本问题，如罪行中具有多个量刑情节，同时具有从轻情节，减轻情节或者免除处罚情节，如果是按照各量刑对刑罚量的减少比例来进行调节，然后以最终的减少后的刑罚量来确定是适用从轻还是减轻，抑或免除处罚，无法准确地反映出各量刑情节在刑罚裁量中的作用和功能，也会出现适用中的悖论。对于多情节同向竞合的适用问题，学界也存在不同的观点，有学者主张，如果存在多个减轻处罚情节，对于法定刑的减轻不受“下一个量刑幅度”的限制，可以对犯罪嫌疑人降低多个量刑幅度[①]。也有学者认为这样的理解突破了罪刑法定的原则，即使有多个减轻处罚情节，也不能脱离“下一个量刑幅度”的限制，更不可以将多个减轻处罚情节的适用效果合并为免除处罚。[②]还有学者主张，如果存在从轻处罚和减轻处罚的情况，可以直接适用减轻处罚，这种适用观点显然不符合立法规定和司法实践，可能出现仅有减轻处罚的罪行与具有从轻、减轻处罚的罪行最终产生的刑罚裁量效果具有相同的刑罚幅度。本书认为，上述观点都未能清晰明确地揭示罪行中存在同向的多个量刑情节应当如何适用的原则和规律。对于存在同向功能的多情节的适用问题还是应当从量刑情节的本质出发，厘清这些情节影响的是责任刑还是预防刑，抑或兼而有之，在此基础上讨论具体的适用规则。

同向的多个量刑情节的适用问题的关键从来都不是这些情节的适用顺序，不是简单的是先从轻还是先减轻，抑或多个从轻即能减轻处罚，或者多个减轻处罚情节可以直接免除处罚的问题，而是应在厘定各量刑情节的本质基础上作出适用判断，厘清这些情节决定的是责任刑还是预防刑，确定其在量刑过程中对刑量的调节。可以从以下几个方面理解多情节同向竞合的适用问题：

第一，厘清各量刑情节是对责任刑还是预防刑产生影响。责任刑应当是刑罚的上限，为预防刑设置了刑罚惩处的上限，不论是出于一般预防还是特殊预防的需要，预防刑都不应突破责任刑的范围而判处刑罚，量刑的过程是责任刑和预防刑同时实现的过程，不能偏颇二者，既不能出现突破责任刑的范畴而划定预防刑，也不能忽视罪行中的预防必要性，如果案件的预防必要性较小，也要在责任刑的范畴内对刑量进行调节，不能陷入绝对的报应主义观念中。在厘清责任刑与预防刑的关系基础上，分析具体量刑情节的适用规则更加清晰明了。罪刑均衡是量刑的题中之义，有观点认为，罪刑均衡中的罪指的是责任，也就是刑罚必须与行为人的责任相均衡。[③]认定责任刑是量

① 张明楷：《论减轻处罚与免除处罚》，载《人民检察》2015 年第 7 期。

② 郭磊：《量刑情节适用研究》，吉林大学 2011 年博士学位论文，第 118 页。

③ 张明楷：《责任刑与预防刑》，北京大学出版社 2019 年版，第 168 页。

刑的基础，包含两层含义：一是罪刑相适应要求，罪行判处的刑罚量应当与责任程度相配适；二是罪行判处的刑罚量在任何情形下都不应超过责任的程度。因此，责任刑应当是刑罚裁量的基础，预防刑不能超过责任刑的范畴，在多功能量刑情节适用时，应当先对量刑情节进行甄别，甄别这些情节的性质是影响责任刑情节还是预防刑情节，再根据责任刑情节和预防刑情节分别对责任和预防产生的影响进行刑罚裁量。

第二，在厘定责任刑情节和预防刑情节的基础上，将影响责任刑的情节先进一步区分为影响法定刑档次选择的情节，再考虑其他影响责任刑的情节，来确定责任刑，在确定的责任刑基础上，考虑案件的影响预防刑的情节，综合考量案件的预防必要性大小，最终确定罪行的宣告刑。量刑的过程是根据犯罪的事实、性质、情节和社会危害程度决定判处刑罚的过程，在这个过程中，首先要根据罪行的轻重选择法定刑档次，多个量刑情节都发挥功能，如罪行的实行行为、犯罪后果，甚至包括故意、动机、目的、责任能力以及违法性认识、期待可能性等能够反映罪行责任的减轻抑或单纯客观不法的减轻，影响责任的因素都影响着罪行轻重的判断，都可以使罪行选择减轻的法定刑。比如，行为人防卫过当致使他人死亡，行为人出于防卫的目的实施的罪行，本身就应当认定为罪行较轻，可以在故意杀人的减轻法定刑档次内确定法定刑，如果行为人还有其他的影响责任刑的情节，再考虑这些情节对责任刑的影响，比如实施防卫过当的行为人系未成年人，则这一情节属于影响责任刑的因素，判断这一情节对责任刑的影响大小，来确定罪行的责任刑罚量，将所有影响责任刑的情节甄别之后，确定责任刑的刑罚量，剩余的情节属于影响预防刑的情节，进一步将影响预防刑的情节进行甄别适用，发挥其功能。这一规则实际上是与《量刑指导意见》中规定的量刑顺序和规则是相契合的[①]，这里列举的量刑情节都是影响责任刑的情节，但是在该条规则前半部分提出的“具有多个量刑情节的，一般根据各个量刑情节的调节比例，采用同向相加、逆向相减的方法调节基准刑”，又没有清晰明确地指出要区分责任刑和预防刑的情节，容易在司法实践的具体操作中影响责任刑的

---

① 《量刑指导意见》在调节基准刑的方法中提出：“具有未成年人犯罪、老年人犯罪、限制行为能力的精神病人犯罪、又聋又哑的人或者盲人犯罪，防卫过当、避险过当、犯罪预备、犯罪未遂、犯罪中止，从犯、胁从犯和教唆犯等量刑情节的，先适用该量刑情节对基准刑进行调节，在此基础上，再适用其他量刑情节进行调节。”

情节和影响预防刑的情节混同相加或相减，违背责任主义，最终难以实现罪刑相适应。

第三，在厘清责任刑和预防刑的基础上，多功能情节的选择应当避免重复评价。一是如果已经因为法定减轻处罚情节的存在而选择减轻的法定刑，就不能再因为同一减轻处罚情节而再次在基准刑、宣告刑的调节过程中重复评价。如行为人实施故意杀人行为，在实施过程中自愿中止犯罪，但造成被害人受伤的结果，可以在故意杀人罪中减轻的法定刑档次内确定量刑起点，但在最终的基准刑和宣告刑确定中，是否可以因犯罪具有中止情节而再次减轻处罚，司法实践和理论界存在争议。本书认为任何量刑情节都要避免重复评价的问题，即使是有利于被告人的情节。但是有学者并不赞同，认为如果该情节存在免除处罚的可能性，那么根据该情节选择了减轻的法定刑档次之后，还是可以继续适用免除处罚的规定，否则将违反这一情节本身的规定。[①] 本书认为，量刑情节不能重复评价是量刑过程中的原则性规定，如果该量刑情节本身有可免除处罚的功能，那么对该罪行能否免除处罚并不是在量刑过程中重复评价的问题，因为每个量刑情节对于量刑过程中发挥的作用都是通过对刑罚量的增减而产生的，免除处罚最终只是该量刑情节呈现的量刑效果，同一情节对量刑过程中的刑罚量影响，如果已经在减轻的法定刑选择中进行了评价，该情节在量刑过程中的功能就已发挥，显然不能在基准刑或宣告刑的确定过程中再次对该情节予以评价，如果综合该案的其他情节以及罪行轻重，该罪确无刑罚处罚的必要性，当然可以对该罪行免除处罚，这并不属于对该情节的重复评价。二是在存在多个量刑情节的罪行中，如果因其中某一量刑情节选择减轻的法定刑档次并不影响其他从宽处罚情节作用的发挥，即这些情节仍然可以对基准刑和宣告刑进行调节，那么不存在重复评价的问题。罪行中有多个量刑情节都应当发挥其在刑罚裁量中的功效，既不能重复评价，也不能忽视各个情节的功能，否则是对行为人作出了不利的刑罚裁量，本应当在量刑中予以考虑的从宽情节没有予以考虑。

各个情节如何对责任刑和预防刑发挥功效，应当按照以下步骤进行：首先，根据罪行的轻重选择合适的法定刑，如果多个量刑情节中的情节对于罪行的轻重有明显影响，法定刑的选择必须考虑是否在减轻的法定刑档次内。其次，确定法定刑幅度后，必须在该法定刑档次内确定量刑起点，量刑起点

① 张明楷：《责任刑与预防刑》，北京大学出版社2019年版，第237页。

的选择是该罪行所对应的犯罪的一般形态，虽然《量刑指导意见》中对常见罪名规定量刑起点，但是从部分列举罪名的量刑起点来看，其并非从该罪行应当适用的法定刑档次的中线处确定的起点，而通常是低于法定刑档次的中间位置，通常是在法定刑档次的最低刑罚量处确定。最后，确定好量刑起点之后，按照先确定责任刑后确定预防刑的步骤将各量刑情节的功能发挥出来，同时需要注意两点：一是要正确判断各情节对于责任刑的影响作用，这些情节对于责任刑的影响是有区别的，不能简单地认定“应当型”的减轻处罚情节作用就一定比“可以型”减轻处罚情节小，或者法定减轻处罚情节作用大于酌定减轻处罚情节，而要根据各情节的地位和作用，如果是多功能情节，应当从该情节中的功能中选一功能适用于罪行的具体量刑中；二是对于影响责任刑的情节，判断的实质肯定是该情节对于责任刑的影响和作用的大小，如果该情节能够使罪行的责任程度明显降低，就应当使该情节反映出责任刑量降低在量刑中的效果，而预防刑情节的选择适用亦是如此。

同向多情节的适用最终体现的量刑效果基于所有情节都被充分评价的基础上。本书认为，对于罪行中存在多个同向的量刑情节，其适用规则并不能简单地以《量刑指导意见》中规定的“同向相加”来适用，肯定是要充分考虑各情节对责任刑和预防刑的影响来作出判断，否则即会出现责任刑与预防刑的混同，影响最终的量刑后果。所有的情节，不论是可以型还是应当型、法定型还是酌定型，每个情节都应当在刑罚裁量中予以评价，且先责任刑后预防刑情节的适用顺序不能混同，否则将违反责任主义和偏离刑罚个别化的风险。

每个情节都应当充分考虑其在刑罚裁量中的作用和价值，这些情节对刑罚量的具体影响是可以量化的。比如未成年人帮助他人在盗窃时望风，共窃取价值人民币 5 万元的财物，后未成年人犯罪后主动投案如实供述，并积极退赃，赔偿被害人经济损失取得谅解，在这节事实中的量刑情节有，未成年人犯罪、从犯、自首、退赃和取得谅解。其中影响责任刑的法定情节有未成年人犯罪、从犯，而影响预防刑的法定情节有自首，退赃和取得谅解是影响预防刑的酌定情节，这些都属于可以从宽量刑的情节。未成年人犯罪是应当从轻、减轻处罚，从犯是应当从轻、减轻或者免除处罚，而自首是可以从轻、减轻，犯罪较轻的可以免除处罚。对这节罪行中多个从宽量刑情节，按照上文中讨论的适用规则应当是，首先对罪行进行整体评价，盗窃价值人民币 5 万元的财物，已经属于数额巨大，应当适用的法定刑档次是三年以上十年以下有期徒刑，因此在三年至十年的法定刑档次内确定其量刑起点，由于刚达数额较大的档次，可以将五年有期徒刑确定为量刑起点，而综合未成年人犯罪、从犯两个法定的量刑情节，可以对量刑起点进行调节，将未成年人犯罪、从犯情节分别减轻 30%、20%，则这时确定的责任刑就应当是二年六个月，也就是说无论罪行的预防必要性有多大，都不能超过二年六个月的责任刑幅度，接着再对自首、退赃以及和解的从宽情节进行评价，可以综合减少刑罚量的 30%，此时应当是在二年六个月的基础上再次分别减少 20%、5%、5%，则最终确定的宣告刑则为一年九个月有期徒刑，这样的量刑结果能够体现处罚当其罪，也与未成年人犯罪、从犯、自首这些多功能量刑情节的选择相契合，符合这些情节的法律规定，也不会出现多个减轻处罚情节应当减轻两个法定刑档次，或者直接免除处罚的错误结论。

综上，对于存在多个同向的从宽处罚情节时，各量刑情节的适用要先厘清各情节的性质，是对预防刑产生作用还是对责任刑产生作用，在确定其性质之后，综合罪行的整体轻重，确定罪行应当适用的法定刑幅度，如果在选择法定刑幅度时已经考虑罪责减轻的情节而选择较轻的法定刑幅度，则该情节就不应在确定的责任刑和预防刑中再次被评价，然后先考虑罪行中影响责任刑的情节，确定责任刑的量，这个量是罪行最终确定刑罚量的限制，即使预防必要性极大也不能超出责任刑的范畴，在充分考虑每个情节作用的基础上，综合案件的整体情况，测算出最终的刑罚量。

三、多情节逆向竞合时的适用

多情节逆向竞合的适用问题指的是，罪行中存在多个量刑情节而其中某些情节具有相反的量刑功能的情形，由于我国并不存在加重处罚，从轻、减轻或者免除处罚情节与从重处罚情节的竞合适用问题，这些不同种类的量刑情节作用不同，对于量刑的影响大小亦有所不同，适用次序的不同，会对产生的量刑产生不同的结果，如何解决他们的竞合适用问题，做到裁判有序，量刑均衡，是减轻处罚适用规则中必须解决的问题。对于多种量刑情节逆向竞合适用存在不同观点，概括下来主要有以下几种：

整体综合判断，也就是通常认为的“估堆法”，该观点主张全面综合考虑罪行中的情节，对存在逆向功能的多个量刑情节，要全面考虑案件中的各种情节决定刑罚的轻重，不能仅凭某一情节就决定刑罚。该观点主张有从宽处罚情节也有从重处罚情节，不能简单地一一抵消[①]。该观点虽然没有具体分析应当如何分析和厘清各情节之间的功能和作用，如何对逆向量刑情节相互作用提出具体和可操作性的规则，但是该学说认可从宽和从重处罚情节不能简单地一一抵消的观点是正确的，也是本书赞同的刑罚裁量理念之一。

分别综合判断，该观点认为，对于存在多个逆向竞合的量刑情节，应当按照先从严再从宽的顺序进行适用，应当在考虑全面从严惩处情节基础上确定拟判处的刑罚，然后再在此基础上综合考虑各种从宽处罚情节，在拟判处的刑罚基础上减轻部分刑罚量，以此确定对行为人适当的刑罚。[②]该观点虽然提出要将从重处罚情节与从宽处罚情节分别作用于量刑，但是先从严后从宽的适用顺序，并且从宽的幅度只能在从严确定的刑罚量基础上进行调节，明显不妥，无法达到罪刑相适应。

优先适用优势情节，该观点主张，优势情节应当优先适用，认为在量刑情节的功能完全对应且无明显的主从优势之分时做此选择，该观点的实质是认为应当情节优于可以情节，法定情节优于酌定情节。这一观点存在一定的不合理之处，没有对量刑情节的功能进行划分，对冲突情节简单的抵消是不合理的，对于应当和可以、法定和酌定情节的适用顺序不能简单归纳“应当”优于“可以”，“法定”优于“酌定”。

抵消说，这种观点又分绝对抵消说和相对抵消说，绝对抵消说观点认为，存在从重和从宽情节时，应该对该情节设置对量刑影响的轻重系数，将上述轻重系数进行抵消，将相抵后剩余的系数作为量刑结果的参照，同时还有另一种观点认为，当从重处罚情节与从宽处罚情节的轻重系数相等时可以互相抵消，但是不对等时相抵剩余的情节，可以采取排除的方法将剩余的情节予以排除适用；相对抵消说认为，如果各量刑情节中没有主从之分，应当按照先后顺序来选择适用顺序。相对抵消说和绝对抵消说的不同之处在于，相对抵消说认识到不同情节之间的性质不同，也即应当在区分各情节的性质基础上进行抵消，认为对于从宽和从重情节，应先明确是否具有主从优劣之分，但这种区分主从优劣之分的观念，也与优先适用情节的观点陷入同一种错误。

---

① 高铭暄主编：《中国刑法学》，中国人民大学出版社1989年版，第278页。

② 周光权：《量刑情节冲突及其解决的争议问题研究》，载《中外法学》1999年第7期。

本书认为，上述几种解决逆向竞合的量刑情节冲突，并没有真正地厘清各逆向情节之间的关系和作用，要使量刑情节都发挥各自的功效，必须在明确各情节性质的基础上进行适用，应当在区分这些情节是影响责任刑和预防刑的基础上进行适用，不能简单地“逆向情节相减”，即不区分责任刑情节和预防刑情节而混同的进行抵消相减，最终无法实行罪责刑相适应。在明确责任刑和预防刑的基础上，按情节的性质划分对逆向竞合情节进行适用。不论是可以型还是应当型，抑或法定还是酌定情节，都是概括地规定在刑法条文中，作为在刑法条文中概括、抽象的存在，在具体的应用中，每个情节都鲜活具体地体现在各罪行，都呈现出必然、唯一、确定的量刑效果，可以型的效力和功能并不必然弱于应当型，只要该情节符合量刑情节的具体规定，没有不能适用的否定性评价，都应当予以适用。因此本文主张，逆向适用的量刑情节应当从以下几个方面来进行适用：

一是区分不同的量刑情节性质进行量化运算。本书的观点认为，应当将量刑情节进行区分后量化运算，这里的区分主要是分为影响责任刑和预防刑的情节，对于将量刑情节进行区分后量化运算也有不少观点支持，但是区分的标准不一，有观点认为，《量刑指导意见》中是将量刑情节区分为“一般量刑情节”和“特殊量刑情节”[①]，对于一般量刑情节应当根据各量刑情节的调节比例，采用“同向相加、逆向相减”的方法进行调节，对于特殊量刑情节则按照“部分连乘、部分相加减”的方法，这种量刑方法虽然表面上有所区分，但是实际上仍是笼统地将量刑情节进行量化运算，没有能够充分地发挥这些量刑情节的功能，而且这种笼统的方法也很容易使得量刑的结果无法罚当其罪。对于量刑情节的划分，有观点认为应当以量刑情节反映的是罪行的社会危害性还是犯罪人的人身危险性两方面来进行区分[②]，该观点的落脚点也是对责任刑和预防刑的影响，诚然，无论是反映罪行的社会危害性还是犯罪人的人身危险性，影响的正是罪行的责任大小以及预防必要性的多少，最终也是通过影响责任刑和预防刑在量刑过程中起作用。

二是在厘清不同的量刑情节的性质基础上进行同向或逆向的竞合适用。

---

① 《量刑指导意见》认为“未成年人犯罪、老年人犯罪以及限制行为能力人犯罪、又聋又哑以及盲人犯罪，防卫过当、避险过当、犯罪预备、未遂、中止、从犯、胁从犯和教唆犯”都属于一般量刑情节。

② 石经海：《量刑的个别化原理》，法律出版社 2021 年版，第 323 页。

首先应明确情节影响的是责任大小还是预防必要性的多少，在此基础上进行分类适用。必须将影响责任刑的全部情节进行考虑，适用顺序不是“先应当后可以”，也不能一刀切地主张先从严再从宽。对于同一性质的量刑情节，比如既有增加责任刑的从重处罚情节，又有减少责任刑的从宽处罚情节，应当综合这些情节对罪行的整体影响，确定各自对刑罚量的影响比例，然后在全面考虑这些情节的影响比例基础上，确定责任刑的大小，这些情节对刑罚量的调节比例可以参考《量刑指导意见》中的相关比例，情节的内部适用顺序并非最关键的，而是要综合这些情节确定责任刑的大小，明确刑期的限制点。在确定责任刑之后，再来考虑预防刑中的逆向竞合情节的适用问题，预防刑的逆向竞合可以采取先从重后从轻的适用顺序，这是由于责任刑是预防刑适用的基础，本质是限制了可能判处的最高刑期，对于从重或从宽情节都有所限制，而先从重再从宽，是更有利于犯罪嫌疑人的量刑规则，可以给予从宽处罚情节更多的适用余地。

三是对于同性质的情节在逆向适用时要进行综合判断。部分量刑情节的性质可能是复杂的，比如在侵财类犯罪中，犯罪数额既可能是定罪情节，又可能是量刑情节，因此，对于影响责任刑的情节不能只是简单地进行比例罗列，而不进行综合考量，要确定责任刑的大小或者预防刑的大小，应当对于同一性质内的量刑情节进行综合判断，最终确定责任的轻重以及预防必要性的大小。要真正实现罚当其罪就必须综合全面地考虑这些量刑情节的功效发挥，如《量刑指导意见》中强调，确定各量刑情节的调节比例时，应当综合平衡调节幅度与实际增减刑罚量的关系，确保罪责刑相适应。每个具体的量刑情节对于刑罚量的调节比例都要与具体情节的性质、作用和价值相匹配，如认罪认罚情节与自首、坦白、退赃退赔、谅解等情节不能重复评价，可以在综合考虑情节的基础上调整刑罚量的比例。

本书主张的逆向竞合量刑情节的适用规则，可以更准确地确定罪行应当判处的刑罚，实现刑罚的正当化和个别化，比如在王某甲绑架案[①]中，王某甲因犯抢劫罪于2012年被判处有期徒刑三年六个月，刑满释放后，2015年11月底王某甲因赌博输钱，遂提议、教唆张某（案发时系未成年人）与其一起绑架他人勒索钱款。2015年12月3日晚24时许，王某甲、张某带工具来到王某居住的小区，乘王某进入楼道时将王某挟持，欲将王某捆绑带走。其

① 西藏自治区高级人民法院刑事裁定书，（2016）藏刑终29号。

间王某甲所持刀具割伤了王某面部及颈部，由于王某奋力抵抗，王某甲、张某未能得逞，二人逃离现场。经鉴定，王某面部所受损失为轻微伤，颈部所受损失为轻伤二级。2016 年 1 月，被告人王某甲向张某提议绑架小学生。为此，王某甲在扑克牌上写“你的小孩在我手上”及王某甲的电话号码，打算在绑架小孩后将扑克牌扔到小孩家长驾驶的车内。二人在拉萨市某小学门口蹲点二日，寻找作案目标，后因小学放假，二人未得逞。2016 年初，被告人王某甲经跟踪决定绑架被害人程某。王某甲从网上购买了万能钥匙，与张某使用万能钥匙进入程某房间寻找财物未果。2016 年 1 月 15 日下午 17 时许，王某甲、张某二人戴头套、持刀、通过网上购买的高级万能钥匙再次进入程某的住处，至当晚 21 时许程某回家时，将程某挟持、捆绑于程某的家中，王某甲通过殴打、威胁强奸程某的方式劫取程某家中保险柜内现金 5.13 万元及程某 1 手提包内的现金数千元。2016 年 1 月 16 日凌晨 5 时许，王某甲、张某驾驶程某的保时捷卡宴车将程某挟持至曲水县一空地处，威胁程某给亲朋打电话索要赎金 35 万元，后欲领取赎金未果，驾车逃离现场被抓获。该案例中存在三节事实，但是整体罪行中存在多个量刑情节，比如应当从重处罚的累犯、教唆未成年人犯罪，以及犯罪未遂、犯罪预备等，这些量刑情节如何在刑罚裁量中发挥作用确定最终的刑罚量，不同的观点会得出不同的刑罚裁量结果。

第一种观点认为，本罪中既有犯罪未遂可以从轻、减轻处罚的情节，又有累犯从重处罚情节，应按照法定量刑情节确定其宣告刑，然后进行从宽、从重情节相抵确定刑期。本案中犯罪嫌疑人实施三次绑架行为，其中一次未遂，一次既遂，还有一次预备。未遂犯应比照既遂从轻、减轻处罚，预备可以比照既遂犯从轻或者减轻处罚。犯罪嫌疑人还有教唆未成年人犯罪以及累犯的从重处罚情节，该观点认为按照一个正常的绑架罪的既遂量刑即可，主张未遂情节从宽与教唆未成年人犯罪从重可以相互抵消，预备情节从宽与累犯情节从重可以相互抵消。第二种观点认为，按照相应的量刑规范进行刑罚裁量，即综合考量不同的犯罪对象对社会造成的社会危害性以及行为人的人身危险性进行综合考虑①，根据具体案情，先考虑从重处罚情节，兼顾考虑从轻精神，进行正确的量刑。第三种观点主张先根据量刑情节在罪行中的作用作出判断，如果从宽处罚情节大于从严处罚情节，则对全案的量刑应从宽；

① 张明楷：《论预防刑的裁量》，载《现代法学》2015 年第 1 期。

如从严情节大于从宽情节，则全案从重处罚；如二者的作用相当，则按照同类案件中的正常量刑适用刑罚。该观点认为本案中，犯罪嫌疑人已构成累犯，且教唆未成年人犯罪，在共同犯罪中可以认定为主犯，而且三次实施绑架行为，一次既遂、一次未遂还有一次预备，虽然有未遂和预备情节，但是不足以给予减轻处罚，从宽处罚的幅度明显小于从严处罚的程度，应当全案从重处罚。

显然这三种观点在量刑过程中都没有区分这些情节的性质，不分性质地进行抵消和相减，是无法真正做到罪刑相适应的，应按以下步骤正确量刑：首先，对罪行进行整体评价，本案中王某甲共实施了三节绑架事实，这三节绑架行为可以认定为一个绑架罪，因为第二节事实已经既遂，必须整体以绑架罪既遂作为责任刑的量刑起点，第一次的未遂以及第三次的预备行为不能简单地认定为是从宽处罚情节，而是在责任刑的起点上作为增加责任刑的情节，如果没有厘清这点，就会陷入既要按照既遂来定罪，又要比照既遂从轻、减轻或者免除处罚的适用混乱中，本案中王某甲虽然实施三次绑架行为，但评价为一罪更为合适，如果认定为数罪，则第一次的未遂、第三次的犯罪预备都要作为绑架罪的责任刑减轻情节来考虑，这样的量刑结果显然是无法实现罚当其罪。其次，在明确责任刑情节和预防刑情节之后，先考虑责任刑情节，再考虑预防刑情节。本案中，未遂、预备并不能简单地认为是减少责任刑的情节，且犯罪嫌疑人教唆未成年人犯罪，在犯罪中起主要作用，应当认定为主犯。这些情节都是增加责任刑的情节，因此，未遂、预备和主犯都在同一绑架既遂的基础上增加了责任刑量，在确定责任刑之后，再考虑累犯情节，累犯情节显然是影响预防刑的情节，而累犯情节对于预防刑的刑罚调节量，也必须是在责任刑之下从重考虑。最后，需要根据案件的所有情节，按照上述步骤予以综合考虑和调节，最终形成罚当其罪的量刑裁决。

第六章　刑法分则中减轻处罚情节的适用

第一节　刑法分则个罪中减轻处罚情节

我国刑法中减轻处罚的规定除总则中的 17 种规定外，分则中也规定了 8 种可以减轻处罚的情形，减轻处罚的学术讨论多以总则中的减轻处罚情节为对象，我国刑法总则中的减轻处罚情节包括：经过外国审判的域外犯罪、未成年人犯罪、老年人犯罪、部分刑事责任能力犯罪、盲聋哑人犯罪、防卫过当、避险过当、犯罪预备、未遂、中止、从犯、胁迫犯、教唆未遂、自首、坦白、立功以及第 63 条的整体规定，而分则中的减轻处罚情节主要集中在第 164 条中，对非国家工作人员行贿罪、对外国公职人员、国际公共组织官员行贿罪中，行贿人在被追诉前主动交代行贿行为的；第 176 条非法吸收公众存款罪中，在提起公诉前积极退赃退赔，减少损害结果发生的；第 241 条收买被拐卖妇女、儿童罪中，按照被买妇女的意愿，不阻碍其返回原居住地的；第 272 条挪用资金罪中，在提起公诉前将挪用的资金退还的；第 276 条之一拒不支付劳动报酬罪中的，在提起公诉前支付劳动者的劳动报酬，并依法承担相应赔偿责任的；第 383 条贪污罪中，贪污数额较大，在提起公诉前如实供述自己罪行、真诚悔罪、积极退赃，避免、减少损害结果的发生；第 390 条行贿罪中，行贿人在被追诉前主动交代行贿行为的；第 392 条介绍贿赂罪中，介绍贿赂人在被追诉前主动交代介绍贿赂行为的。

刑法分则中规定的 8 种可以减轻处罚的情形，可以作以下划分：（1）特别自首情节。其中对非国家工作人员行贿罪、对外国公职人员、国际公共组织官员行贿罪、行贿罪、介绍贿赂罪中，规定的减轻处罚情节都是在“被追诉前”主动交代行贿行为的，可以减轻或者免除处罚；（2）积极挽回损失，减轻犯罪后果情节。在非法吸收公众存款罪、拒不支付劳动报酬罪、挪用资金罪以及贪污犯罪中，都是在提起公诉前积极的退赃退赔，减少犯罪损害后果的情节，可以减轻处罚；（3）主观恶性降低的情节。在收买被拐卖妇女、儿童罪中，没有违背被拐妇女意愿，不阻碍其返回原居住地的情节，反映出犯罪嫌疑人主观恶性降低的情节，可以减轻处罚。我国刑法分则中规定的8类减轻处罚情节，均是犯罪后的行为得以在量刑中取得刑罚量减轻效果的情节，这些情节在量刑中功效和作用与总则中的减轻处罚情节相同，但是本文想重点讨论一下上述减轻处罚情节设置的合理性以及背后的法理依据，并且从分则个罪的角度分析减轻处罚情节设置的合理性，以及我国分则中减轻处罚情节的完善路径。

现如今各国刑法的体例多是由总则和分则两部分组成，总则通常规定犯罪与刑罚的一般原则，分则则是对具体的犯罪以及法定刑进行规定，总则和分则的规定是抽象与具体、普遍与特殊的关系。通常理解总则的规定应当适用于所有的分则条款，但也有观点认为，总则规定并没有抽象出分则的全部内容，如果以总则条款来要求分则中的具体条款全部以总则规定的内容为限，显然是存在不合理之处的，但是如果以“特别法优于一般法”的基本原则，当分则条款与总则条款发生冲突或者不一致时，一律地排除总则条款的适用，显然与刑法的体系性相悖。分则中规定的减轻处罚情节，无法被总则中的所有情节所包括，可以从以下几个方面来考虑总则减轻处罚情节与分则减轻处罚情节的关系。

一、总则与分则减轻处罚情节平等适用

总则与分则中规定的减轻处罚情节的差别在于行为的社会危害性或者人身危险性程度的不同，进而对罪行最终的量刑结果产生不同的作用力，各量刑情节不论是规定在总则中还是分则中，都应当予以平等地适用，不应存在分则情节优于总则情节，或总则情节先于分则情节适用规则。

有观点认为，因为分则中规定的减轻处罚情节多是罪后的行为，而“犯中情节优于犯前和犯后情节”，所以分则中的减轻处罚情节的适用效力上应当后于总则中的减轻处罚情节，这种优先性的适用规则其实并不合理，在量刑影响力上不应当做区分，否则将与量刑情节对于量刑作用的逻辑产生背离。罪行中的各种量刑情节在适用上不应存在此类的优先性适用规则，尤其是在总则与分则减轻处罚情节的适用问题上，主要是基于以下理由：

第一，所有情节都应当得到准确的评价。无论是先对哪个情节适用，按照正确的量刑步骤和量刑环节，这些情节适用后所得到的量刑结论应当都是一样的，并不会因为某些情节的优先适用导致量刑结果的偏差，能产生的影

响只是量刑规则的不同，而非某一情节的适用优先与否。因为各量刑情节在事实性的标准上是一致的，不会因为对量刑情节的优先性而产生改变。如果否定各量刑情节在适用顺序上的平等性，则会出现对于某些情节的“轻视”，导致这些情节在量刑过程中存在被忽视的危险。

第二，量刑情节的优先适用不利于公正评价各量刑情节。有观点只是区分总则减轻处罚情节和分则减轻处罚情节的适用优先级，而非否定各情节的平等适用，这种区分毫无意义，反而是把简单的问题复杂化，不利于对于各量刑情节进行公正客观的评价，容易陷入经验主义或者“估堆式”量刑的窠臼中，即只凭借经验对于所谓的“优先”情节进行考量而忽视了整体量刑情节的把握，无法精准地实现对于行为人罪行的全面把握，实现量刑精准化。

第三，量刑情节的区分优先适用违背量刑过程的逻辑性。科学的量刑过程首先是要对各个量刑情节都有客观公正的评价，然后根据评价的结果最终确定所应当判处的刑罚量。不以量刑情节位于总则或是分则作出区分是每个量刑情节都能得到公正评价的基础，经验式的量刑方法是先从整体上对于整个罪行进行评价，如果认为该罪行偏重，则会在量刑过程中选择性地忽视某些从宽情节，这种步骤和方式显然违背科学的量刑规则。如果将量刑情节的优先性按照某种逻辑或者规则做此类的规定，在进行整体评价时，排在优先后面的量刑情节显然容易被忽视，进而导致量刑不公正。

二、总则与分则减轻处罚情节分步骤适用

我国刑法的总则和分则都规定了减轻处罚情节，本书的观点认为，总则和分则的减轻处罚情节应当平等适用，唯此才能充分地发挥各情节在量刑中的作用。但是平等适用并不意味着在量刑步骤中同时适用，根据上文的观点，本文主张在区分责任刑情节和预防刑情节的基础上适用各量刑情节，对于总则和分则的减轻处罚情节亦是如此。从分则中规定的减轻处罚情节的内容来看，8 种可以减轻处罚的情形分别为特别自首情节，积极挽回损失，减轻犯罪后果情节，以及反映出主观恶性降低的情节，这些情节虽然均是犯罪后的行为，也应当是在区分责任刑和预防刑的情节基础上，对于分则减轻处罚情节分步骤适用。

首先，不论是总则还是分则的减轻处罚情节，先明确其影响的是罪行的责任刑抑或预防刑。总则中的减轻处罚情节多数是对责任刑产生影响，但是也有对预防刑产生影响的情节，比如自首和坦白、立功，而分则中的减轻处

罚情节多是影响预防刑的情节，但是在收买被拐卖妇女、儿童罪中，没有违背被拐妇女意愿，不阻碍其返回原居住地的情节，反映出犯罪嫌疑人主观恶性降低，该情节可以作为影响责任刑情节予以评价。

其次，适用能够确定责任刑大小的情节时，不论该情节是位于总则还是分则，都不能简单地采用同向相加、逆向相减的步骤去粗放地量刑。《量刑指导意见》中提出的量刑步骤，有多个量刑情节的调节比例，采用同向相加、逆向相减的方法对基准刑进行调节，但是这种量刑步骤的弊端上文已经做过讨论，上海市高院、上海市检察院 2022 年 12 月出台的《关于常见犯罪的量刑指导意见（试行）实施细则》中已经注意到该问题，认为在确定责任刑情节的量刑情节调节比例时，应该按照连乘的方式来调节基准刑，即对于责任刑的各情节调节比例是认定为同一适用比例的。

最后，在确定好责任刑之后，再来考虑预防刑中的减轻处罚情节适用问题，不论是总则还是分则中的影响预防刑的减轻处罚情节，在确定其对于刑罚量的影响时，对于同向或者逆向的情节都应该按照上文中提出的，先从重后从轻的适用顺序，而非区分应该或可以、法定或酌定；对于总则和分则中减轻处罚情节的调节比例的确定，还是应当按照案件的全部事实以及具体量刑情节的实际情况，最终确定量刑情节的调节幅度。

第二节　刑法分则中的特别自首情节

我国刑法分则中最为重要的减轻处罚情节之一即“特别自首情节”，该情节规定在我国《刑法》第 164 条、第 390 条和第 392 条中，“被追诉前主动交待行贿行为的，可以减轻或者免除处罚”，有观点认为上述情节应当被认定为特别自首情节，区别与总则第 67 条第 1 款、第 2 款的一般自首和准自首，作为分则中适用于个罪的特别自首制度，是刑法对于行贿类犯罪的特殊规定，因为该情节已经突破自首原本的制度规范，因此称之为“特别自首”。[①]但是也有观点认为这三类情节并不符合自首的规范要求，认定为坦白更为合适。本书认为，对分则中上述减轻处罚事由的适用阐释，本质是要归结到对减轻处罚适用的指引上，以什么样的立法规范和技术来划分减轻处罚的适用

① 赵秉志、于志刚：《刑法分则中的特别自首制度》，载《人民检察》2000 年第 3 期。

范畴，以发挥减轻处罚的功效，实现罪刑相适应。因此，对于分则中规定的“被追诉前”主动交待行贿行为的情节，要发挥其作为减轻处罚事由对减轻处罚适用的指引功能，就必须先对其性质和情节特征进行论证。

一、被追诉前主动交待行贿行为的性质

我国《刑法》第164条、第390条和第392条中规定的“被追诉前”主动交待行贿行为的性质，学界大多数的观点认为该行为属于“特别自首”制度，并且早在1988年的全国人民代表大会常务委员会《关于惩治贪污罪贿赂罪的补充规定》中就已经存在职务犯罪中的特别自首制度，从职务犯罪中关于该规定的演变来看，不仅将其纳入刑法法条的正式规定，也逐步扩大了“被追诉前”主动交待行贿行为而得以从宽处罚的适用范围。但是对于这个情节是否属于“特别自首”学界存在不同的观点，有观点认为该情节应当被认定为坦白情节而非自首情节，但本文认为将该情节视为自首情节更具合理性。

首先，从行为特征来看，更符合自首的构成要件。这三款法条中规定的情节发生的时间都是在“被追诉前”，而坦白和自首在时间上最重要的区别就是司法机关介入的时间节点，该情节中的时间节点是“被追诉前”，主观意愿是“主动”，交待的内容是“行贿行为”这一主要犯罪事实，这些行为特征与自首的构成要件更为契合。

其次，从行为性质而言，更契合自首的本质特征。自首与坦白的区别之一在于有无投案的主动性，分则中这三个情节中嫌疑人都是选择主动投案的，是在被追诉前就已经如实供述自己的行贿行为，其投案的主观性相较于被动投案的坦白情节而言，其人身危险性的降低是十分明显的。

最后，从该情节的功能效果判断，更契合自首的量刑效果。三种情节的刑罚效果都是“可以减轻或者免除处罚”，这一量刑效果相较于一般的自首情节而言更宽宥，更何论相较于坦白情节，如果将其视为坦白情节，则会出现量刑效果的倒挂，这显然与自首和坦白的量刑效果和功能相背离，因此，将其视为自首于我国现行的量刑情节体系更为和谐。

二、特别自首情节的实质内涵

分则中上述三种行为之所以被视为特别自首情节，本质是罪行在司法机关尚未掌握之前，主动地让司法机关进行掌握了解，解决贿赂犯罪隐蔽性

强，取证难度大的问题，行贿人主动交待，存在两方面的价值：一是行贿人如实地供述自己的罪行；二是对受贿行为的揭发检举，某种程度上也是一种立功表现。这种使得案件得以及时告破的情形，在一定程度上也对腐败犯罪起到遏制的作用，分化行贿和受贿的利益共同体，减轻贪腐案件的侦破压力。对于自首情节而言，其之所以能够产生减轻处罚的量刑效果，应从其本体原由角度来讨论该情节能够从宽处罚的依据，进而为如何正确地发挥该情节在刑罚裁量中的减轻处罚功效找寻本体原由。

（一）刑事政策说

关于自首的本体原由，最主要的观点之一即是立法者为督促犯罪嫌疑人主动投案，认罪服法，从而为自己争取从宽处罚的机会，这是从刑事政策的价值取向出发，对犯罪嫌疑人的感召和督促，通过明确的立法规定告知已然犯罪的嫌疑人，自觉主动地投案，如实供述自己的罪行，依然能够获得司法机关的宽宥。

（二）诉讼功利说

这一学说认为，自首的设立不仅出于刑事政策的考量，更有节约司法成本的功利主义目的。该情节的设立通过让犯罪嫌疑人主动置于司法机关的约束中，节约司法资源，提高诉讼效率，进而可以更好地修复受损的社会关系。且犯罪嫌疑人的自首行为，无疑对于后续案件的侦破以及诉讼成本的节约都有益的，加之认罪认罚从宽制度的应用，自首情节对于整个司法诉讼效率的提升都意义重大。

（三）刑罚目的说

该学说是从刑罚的目的角度出发，认为自首情节的设置是为达到预防犯罪的目的，鼓励犯罪嫌疑人主动投案，自愿认罪悔过，其再犯可能性降低。刑罚裁量的过程中只能以过去的事实为根据来判断犯罪人人身危险性的大小和预防的必要性多少，犯罪后主动投案，如实供述这一情节预示着犯罪嫌疑人可被改造的难易程度，也预示着其再犯的危险性大小。某种程度上认为，自首情节能满足一般预防和特殊预防的刑罚目的，并且转化为积极的刑罚裁量效果。

（四）责任减轻说

有观点认为，自首情节的设立是刑罚个别化原则的体现，也反映出犯罪人人格责任的降低，因为犯罪嫌疑人选择自首，意味着其自愿将自己置于司法机关的控制下，也反映出其主观恶性和人身危险性的降低，因此可以认为其人格责任的减少，所以基于此对于自首行为从宽处罚，是因为其责任减轻，进而可以减少责任刑的刑罚量，实现刑罚个别化。

自首情节究竟是基于何种事由而得以从宽处罚的理论依据，主要是基于该情节对于减轻处罚中减轻幅度的影响，自首情节的从宽依据是与自首行为的具体情况相结合的，应当从自首行为的本质特征出发。对于分则中规定的这三种特别自首情形而言，是立法者依据惩办与宽大相结合的刑事政策，根据行受贿犯罪隐蔽性强、侦破困难等特点，从获得行贿人的如实供述而节约大量的调查、审查成本，提高诉讼效率，节约司法资源的角度出发，而设置的特殊自首情节。因此，特别自首作为减轻处罚情节，本身是在刑事政策的指导下，对于在被追诉前如实供述的行为人给予从宽处罚。但须明确一点，该行为对已经实施的犯罪行为的性质并没有丝毫影响，降低的只是犯罪人再犯可能性，即罪行预防必要性的减轻。因此，应当将特别自首情节的性质视为影响预防刑的情节，但是同时也不能忽视其中的刑事政策的考量，作为犯罪嫌疑人的罪后行为，其主动投案和主动交待的行为并不能改变罪行的性质，即无法减轻罪行的责任程度，本质还是减少预防刑的情节，降低的是行为人的再犯可能性，基于此可以有从宽处罚的量刑效果，在法条中规定的是“可以”减轻或者免除处罚。

对于特别自首中的量刑效果虽然规定是“可以减轻或者免除处罚”，上文中已经讨论过，这一量刑效果的从宽幅度是大于一般自首的“可以从轻或者减轻处罚”，这其中的“可以”减轻或者免除处罚，其实是对法官自由裁量权的尊重，法官的自由裁量权不等于任意裁量，这种“可以型”的法定减轻处罚情节，也应遵守以下两点适用规则：一是理解该情节的实质根据，当行为人所实施的行为具备该情节的实质根据时，就应当适用该情节的量刑效果，即特别自首情节中只要行为人在被追诉前主动交待其行贿行为的，就应当对其适用减轻或者免除的刑罚裁量效果，而不能仅以该如实供述没使得案件的侦破变得更加及时而不予以减轻处罚或免除处罚；二是“可以”虽然是一种授权性的表述方式，但是其和总则中的自首情节的适用规则一样，没有特别的情况一般应当予以适用，即从有利于犯罪嫌疑人的角度来看，对其适用减轻、免除处罚是原则，而不予适用减轻或者免除处罚则需要有特别理由和情况。

作为影响预防刑的特别自首情节，对其是否可以减轻处罚的考察中必然会掺杂罪轻罪重以及是否真诚悔罪等其他因素，但是这些因素都没有真正围绕特别自首的本体情状，而是考虑其本质之外的其他要素，并不属于自首情节性质的本然范畴，如果将这些因素甚至包括是否影响诉讼效率等因素都作为能否对其减轻处罚必须考虑的因素，则有可能在某种程度上限缩了特别自首的适用范围，有悖于特别自首情节设置的预期效果，更会从长远上损害司法效益，不利于反贿赂犯罪的惩治和预防。因此，对于特别自首而言，只要其符合犯罪嫌疑人在被追诉前如实供述的本体情状，都应当对其减轻或者免除处罚，而不能以本体情状之外的因素决定对其不予减轻或者免除处罚。

对于特别自首本体情状之外的因素，不影响是否对其减轻或者免除处罚的适用，但是可能影响该情节减轻幅度的选择。特别自首情节的设置是基于刑事政策，以及提升刑事诉讼效率的功利目的，只要犯罪嫌疑人在被追诉前主动供述行贿行为，都反映出其预防必要性的降低。不论监察机关或者司法机关是否掌握其行贿的犯罪证据，即使是监察机关或者司法机关在初查阶段进行询问谈话期间，行贿人基于压力而主动供述，也应当认定为符合特别自首的适用条件，这种情形影响的只是可以予以减轻的幅度大小，而不能据此影响犯罪嫌疑人本应获得的减轻处罚的机会。不论犯罪嫌疑人基于何种动机的如实供述，所实施的是何种行贿行为，影响的都是减轻处罚程度，而非能否减轻处罚的机会。

三、分则中特别自首情节的完善

特别自首情节的设置着眼于我国反腐制度存在预防机制薄弱，侦破和惩戒机制乏力等问题，同时在实践中虽然行贿罪与受贿罪作为对向性的犯罪，但行贿罪的立案率、起诉率都远低于受贿罪，在此背景下《刑法修正案（九）》顺应反腐大势，对于行贿罪的从宽条件进行了限制，但是，只有从特别自首情节的本质以及其在刑罚裁量中起到的作用角度出发，厘清该情节设置的合理性以及必要性，发挥该情节在查办贪贿犯罪中的作用，才能真正贯彻惩办与宽大相结合的刑事政策要求。

（一）扩大特别自首情节的适用范围

我国特别自首情节的适用范围仅限于刑法分则规定的对非国家工作人员行贿罪、对外国公职人员、国际公共组织官员行贿罪，介绍贿赂罪以及行贿罪，特别自首情节作为刑法分则规定的绝对法定化的自首制度类型，其适用范围仅限于特定的贿赂型犯罪。近年来，对贿赂犯罪的惩治从“重受贿轻行贿”向“受贿行贿并重惩治转变”，从《刑法修正案（九）》收紧对于行贿罪的特别宽宥规定即能看出端倪，但是对于行贿罪和受贿罪在惩罚上的不对称性争议并未平息。有观点呼吁取消部分行贿罪中的特别自首制度，2021 年中纪委发布《进一步推进受贿行贿一起查的意见》，2022 年 12 月最高检也印发《关于加强行贿犯罪案件办理工作的指导意见》，其政策精神旨在如何调整完善包括贿赂犯罪在内的贪腐犯罪的惩治模式以及治理预防措施，通过优化对贿赂犯罪的惩治模式来达到该类犯罪的最佳抑制效果，在该治理理念的影响下，如何发挥特别自首制度的优势和效果，使得该法定减轻处罚情节能够更好地发挥其在惩治贪腐犯罪方面的作用和功效，成为特别自首情节中的一个重要命题。

特别自首制度设计所针对的目标是外围型的职务犯罪，设置目的是通过鼓励不具有公共管理权力的外围犯罪人能够主动投案而对其他隐蔽性的职务犯罪起到及时打击和侦破的目的，这一制度目前适用于四种罪名，但是从其制度设计的初衷和目的来看，要实现特别自首的功能和价值，仅对四种犯罪设置特别自首，是难以实现及时恢复社会秩序，提高刑事司法效率，并促进实现预防犯罪的刑罚目的的。特别自首的本质在于犯罪嫌疑人的自愿认罪，其自愿主动地将自己纳入司法机关的管控中，并如实供述自己的罪行，本身就表明其对自身行为的违法性认识，并且也进一步彰显出其人身危险性趋轻，预防必要性降低，这种情形下给予嫌疑人较轻的刑罚，是合理且适当的，因特别自首的设置本身就是兼具刑事政策与刑事诉讼效率提高的价值，所以即使犯罪嫌疑人所犯之罪性质严重，且其自首的自愿意志不高，是基于压力或者无路可走的投案，也只能对该情节的减轻幅度予以限制，但是不能剥夺其应予减轻处罚的机会。

因此，要想进一步发挥特别自首制度的功效，就应当适当地扩大特别自首情节的适用范围，对于职务犯罪中符合外围型犯罪以及职务犯罪的附属型特征的犯罪行为，都应当将其纳入特别自首情节的适用范围中，比如非国家工作人员与国家工作人员的贪污共犯，其本质也应当属于职务犯罪的外围犯罪，也可以纳入特别自首的范围。同时，对于部分隐蔽性较高的职务犯罪，也应当借鉴特别自首情节的规定，仅在四个罪名中规定了特别自首情节，而与这四个罪名具有同质性、社会危害性相当的其他罪名却无相关规定，也会产生刑罚处罚上的不均衡。比如对有影响力的人行贿罪、对单位行贿罪以及单位行贿罪，这三个罪名的社会危害性以及对职务廉洁性的影响并不重于可以适用于特别自首的罪名，且从犯罪行为的隐蔽性以及侦破的难度上更甚于对非国家工作人员行贿罪、行贿罪以及介绍受贿罪，但是刑法中确没有规定这些罪名可以适用特别自首情节。本书主张，应当在充分理解特别自首情节作为减轻处罚情节的依据和功能上，将其他同质罪行中相似的情节，增设适用特别自首的情节或者将上述情节作为酌定减轻处罚情节予以认定，如此才能达到刑法适用的平等，防止出现罪刑不均衡的现象。

（二）特别自首与一般自首的竞合适用规则

特别自首只在《刑法》分则第 164 条、第 390 条第 2 款以及第 392 条第 2 款中予以规定，针对的都是犯罪嫌疑人在被追诉前主动交待相应的犯罪行为，可以减轻或者免除处罚，但总结司法实践中可能出现的自首情形主要有以下三种：一是犯罪嫌疑人犯罪后主动投案，如实供述自己的行贿事实，这一行为符合《刑法》第 67 条第 1 款中关于自首的一般规定。二是嫌疑人行贿后，因其他犯罪行为被采取强制措施或者在服刑期间，如实向司法机关供述其涉嫌上述三个法条中规定的犯罪行为，符合第 67 条第 2 款规定的准自首规定。三是犯罪嫌疑人在被追诉前主动交待其犯有上述三个法条规定的行贿行为，后又脱逃再次主动投案的情形。这三种司法实践中可能存在的情形涉及如何认定的问题，因总则中规定的自首情节的刑罚裁量效果与分则中特别自首的裁量效果不同，相较于总则中的自首情节中的"可以从轻或者减轻，其中犯罪较轻的可以免除处罚"的规定，显然特别自首中的"可以减轻或者免除处罚"在裁量效果上更宽松。

对于上述情形，存在一般自首、准自首与特别自首的竞合适用问题，如果将分则中特别自首认定为是自首的特别条款，而将上述情节认定为特别自首的话，则是无视了特别自首与总则中自首规定中刑事政策的价值导向的不同。特别自首的设置初衷是为了通过犯罪嫌疑人的主动投案而对隐蔽性的职务犯罪起到及时打击和侦破的目的，但二者在提高刑事司法效率、及时恢复社会秩序并实现预防犯罪的目标上是一致的，但由于行受贿犯罪中犯罪性质的特殊性，为突破行受贿犯罪的隐蔽性，更高效地侦破职务犯罪而设置了特别自首制度，就上述三种情形是应当适用一般自首还是特别自首，应当从上述情形是否符合特别自首的政策导向的角度作出判断。第一种情形中，犯罪嫌疑人在犯罪后主动投案，其自动投案的时间显然是早于被追诉前。这种一般自首与特别自首的竞合，由于发生在刑法特别规定的几类犯罪中，认定为特别自首更为合适，因为其主动投案的意愿更大，从投案时间而言对于犯罪的侦破行受贿犯罪提供的价值和帮助也更大，可以对其适用减轻处罚及免除处罚的裁量效果。第二种情形，犯罪人已经被采取强制措施或者是已经被判处刑罚，主动交待上述行贿行为。从其交待的时间来看，已经被采取强制措施或者已经进入司法机关的控制范围，在这种情况下，其主动交待自己的行贿行为，犯罪嫌疑人已经进入刑事诉讼程序中，其本身的归案和如实供述，都应当是其认罪悔罪态度的体现，根据目前案件的侦查方式和节奏，其如实供述上述三种行贿行为对于职务犯罪的侦查起到的作用显然弱于正常的特别自首情节，因此，对该情形下的准自首行为仍应视为准自首，而非特别自首。第三种情形在司法实践中能否认定为特别自首存在一定的争议。有观点提出，犯罪嫌疑人主动交待自己的行贿行为后逃脱，又再次投案的行为，不能评价为特别自首，因其再次投案是发生在罪行已经被司法机关所掌握后，行为已经不能被评价为“被追诉前”。但本书认为，对于特别自首而言，其本质在于犯罪人的自愿认罪，其认罪情状的设置是与刑事政策以及刑事诉讼效率提高的目的是合二为一的，在这种情形下，犯罪嫌疑人先前的主动交待行为已经为司法机关查处行受贿犯罪提供实质性的帮助，已对该行贿犯罪的侦破以及受贿犯罪的性质认定和查处起到作用，这些实质性的供述和对案件侦破提供的帮助并不能因犯罪嫌疑人的再次逃脱而产生改变。从特别自首的设置初衷来看，犯罪嫌疑人的第一次主动投案行为就已经为隐蔽的职务犯罪提供了突破口，应当考虑其先前供述的价值，同时既然犯罪人选择主动认罪，也就足以表明犯罪人对其所犯罪行的违法性有认识与悔悟，再次将自己置于司法机关的控制下，已经反映出人身危险性的降低的趋势，可以将其视为特别自首，但是在减轻处罚的幅度时也应考虑该自首情节的反复性，减轻幅度应当与正常的特别自首情节有所区别。

第三节　罪后行为的减轻处罚

我国刑法分则中除特别自首之外，还有两种减轻处罚的情节类型，一是积极挽回损失，减轻犯罪后果情节，如在非法吸收公众存款罪、拒不支付劳动报酬罪、挪用资金罪以及贪污犯罪中，在提起公诉前积极的退赃退赔，减少犯罪损害后果的情节，可以减轻处罚；二是主观恶性降低的情节，如在收买被拐卖妇女、儿童罪中，没有违背被拐妇女意愿，不阻碍其返回原居住地的情节，也可以对其减轻处罚。上述两种情节本质都属于罪后行为，不论是退赃退赔抑或不阻碍被拐卖妇女返回居住地，都对刑事责任的减轻具有积极意义。这些散落在分则中的罪后行为，如何对刑事责任的减轻产生影响，能够在何种程度上减免刑事责任？通过对这些情节的分析，归纳出其作为减轻处罚情节的规范价值，以期更好地指导立法和司法实践。

一、罪后行为减轻处罚存在的问题

从整体上来看，目前我国罪后行为影响刑事责任减轻的除特别自首之外，还有在个别罪名中规定的特定情节，如收买被拐卖妇女、儿童后，不阻碍其返回原居住地，也未对被收买的儿童进行虐待的，不阻碍对其解救的，从之前的"可以不追究刑事责任"改为了"可以从轻或者减轻处罚"，这种修改的目的主要是针对拐卖妇女、儿童屡禁不止，加大对收买者的打击力度，为更好地保护妇女儿童的人身权利；非法吸收公众存款后积极退赃退赔，减少损害结果发生的，可以从轻或者减轻处罚，该情节的规定是从当前市场经济状况，中小企业融资困难以及社会关系的修复等多种角度出发而作出的基于刑事政策方面的考量，非法吸收公众存款的社会危害性主要集中在无法归还涉案资金而引发的社会矛盾，从恢复被损害的社会关系，化解社会矛盾角度来看，积极退赃退赔确实能在一定程度上减轻该罪行的社会危险性；拒不支付劳动报酬罪在提起公诉前支付劳动者的报酬，并承担相应的赔偿责任，也可以减轻或者免除处罚，这一规定同样具有刑事政策的考量，在实践中，嫌疑人存在转移、隐匿财产的行为，对于侦查以及后续的执行工作造成很大的困难，且该罪名背后很容易引发群体性事件，从维护劳动者合法权益角度出发，设立相应的从宽处罚情节有利于促使嫌疑人积极履行支付劳动报酬的义务；挪用资金罪以及贪污犯罪中，犯罪后主动退赃的行为，有利于引导案件的顺利侦破以及起到挽回损失，减少犯罪损害后果的作用。

上述规定在分则中的减轻处罚情节，一方面反映出现行立法肯定罪后行为对于刑事责任的减轻具有积极意义；但另一方面也从立法体例上反映出现有规定的零散性以及随意性，缺乏系统性的归纳，并未将罪后行为与刑事责任减轻之间的法理逻辑理清，总体而言，存在以下问题：

一是分则中减轻处罚情节的理由与标准不明确。上文中讨论的特别自首制度，虽然都作为减轻处罚情节可以在刑罚裁量时予以减轻刑罚量，但《刑法修正案（九）》对于行贿罪的特别自首情节的减轻幅度进行了限制，不仅增设了罚金刑，还对行贿人减轻处罚或免除处罚作了从严规定，但同样的对于单位行贿罪以及介绍贿赂罪却没有相应修改。当前的司法政策侧重的是行贿受贿并重惩罚，但是对于行贿罪的从严打击，并不一定能起到预想的遏制贿赂犯罪的作用，反而与其他的特别自首情节之间存在不协调，要真正起到对贿赂犯罪的惩治，并不能简单地将治理重心放在对行贿犯罪的惩治上，仅从推动行贿罪重刑化的政策角度，而放任对权力行使的监督和限制，不从受贿犯罪的根源上加强治理和预防，是无法达到对贿赂犯罪惩治与预防的效果的①。

二是分则中减轻处罚的规定未遵守同类规则。分则中规定收买被拐卖的妇女、儿童罪中，收买后不虐待儿童，不阻碍妇女、儿童返回其居住地的，可以从轻或者减轻处罚，这是从鼓励嫌疑人停止侵害，减轻对被害人的人身权利伤害的角度而作出的减轻处罚规定。但在绑架罪中却未有类似规定，绑架罪中一旦成功绑架被害人，不论是否索财成功或者其他要求得到满足，都已经符合绑架罪既遂的条件，绑架后即使未索财主动释放被害人，也无法评价为犯罪中止，我国的刑法或者相关的司法解释中，也都未规定对绑架被害人后主动释放可以予以从宽处罚。而绑架罪作为重罪其法定刑较重，从鼓励犯罪嫌疑人主动停止犯罪、减少对被害人的人身伤害角度出发，在绑架罪中设置绑架后在索财或者提出其他要求被满足前主动释放人质可以予以从宽处罚的规定具有一定的合理性。从国外其他国家的立法规定来看，绑架人质后主动释放的，许多国家都将其规定为可以免除或者减轻处罚的情节。绑架罪的社会危害性相较于收买被拐卖妇女、儿童罪更大，但从罪后行为的性质上而言具有同质性，将该行为设置为减轻处罚情节也符合犯罪惩治与预防的要求。

三是司法解释中将部分情节规定为减轻处罚情节，性质不明。除刑法条文中规定的减轻处罚情节外，现行的部分司法解释中将部分情节也规定为可以适用减轻处罚的情节，②对于错判后脱逃的罪犯在脱逃期间重新犯罪的情

① 赵军：《贿赂犯罪治理策略的定量研究》，载《法学研究》2022年第6期。

② 最早的是在1983年8月31日最高法研究室《关于因错判在服刑期“脱逃”后确有犯罪其错判服刑期限可否与后判刑期折抵问题的电话答复》中提出，对被错判徒刑的在服刑期间“脱逃”的行为，可不以脱逃论罪判刑；但在脱逃期间犯罪的，应依法定罪判刑；对被错判已服刑的日期与后来犯罪所判处的刑期不宜折抵，可在量刑时酌情考虑从轻或减轻处罚。

况，对被错判已服刑的日期与后来犯罪所判处的刑期不宜折抵，但是可以在量刑时酌去从轻或减轻处罚，这一规定有基于刑事政策考量的缘故，但本文更倾向将其看作一种酌定的减轻处罚情节。但 2017 年最高检《关于办理涉互联网金融犯罪案件有关问题座谈会纪要》第 27 条中提出“最大限度减少投资人的实际损失是办理涉互联网金融犯罪案件特别是非法集资案件的重要工作，分支机构涉案人员积极配合调查、主动退还违法所得、真诚认罪悔罪的，应当依法提出从轻、减轻处罚的量刑建议”，该座谈会纪要中要求将“配合调查、主动退还违法所得以及真诚悔罪”的酌定从宽情节作为“应当从轻、减轻处罚”情节来认定；同样有类似规定的是在 2022 年 7 月 1 日最高法《关于充分发挥环境资源审判职能作用依法惩处盗采矿产资源犯罪的意见》文件中第 8 条中提到“盗采行为人积极修复生态环境、赔偿损失的，可以依法从轻或者减轻处罚；符合《解释》第十条规定的，可以免予刑事处罚”；2003 年最高法、最高检《关于办理非法制造、买卖、运输、储存毒鼠强等禁用剧毒化学品刑事案件具体应用法律若干问题的解释》第 5 条第 2 款规定：“本解释施行以后，确因生产、生活需要而非法制造、买卖、运输、储存毒鼠强等禁用剧毒化学品饵料自用，构成犯罪，但没有造成严重社会危害，经教育确有悔改表现的，可以依法从轻、减轻或者免除处罚。”法定减轻处罚情节应当由刑法法条规定，上述这些司法解释以及政策法规中规定的要求作减轻处罚处理的情形，虽然在政策制定上具有一定的合理性，但依据规定将上述情节视为法定减轻处罚情节，抑或酌定减轻处罚情节，在性质上存疑。

二、分则中罪后行为减轻处罚规定的反思与重置

我国刑法中的减轻处罚情节多集中于总则中，分则中的减轻处罚情节明文规定得较少，总体而言，我国刑法中关于减轻处罚情节的规定并不完善，虽然总则中对量刑根据有概括性的规定，应当根据犯罪的事实、性质以及情节、社会危害程度作出判处，但是能否将该情节作为减轻处罚情节对其进行刑罚裁量上的减轻，必须从减轻处罚情节的本质含义和背后所蕴含的法理价值来进行判断，唯此才能达到罚当其罪，实现刑罚个别化的刑罚裁量目标。分则中个罪存在的量刑情节千差万别，要真正发挥减轻处罚情节的价值，应当对分则中现行的减轻处罚情节予以梳理和甄别，重置分则中减轻处罚的相关规定，提升减轻处罚功效的发挥。

（一）明确分则中减轻处罚的标准

我国刑法条文中对于减轻处罚情节的规定仅在总则条文第63条中表述为“具有本法规定的减轻处罚情节”，如上文所述，分则中的减轻处罚情节除法条明文规定的8款外，还有零星散落在司法解释以及政策法规中的部分规定，减轻处罚之所以可以对刑罚的裁量产生更大程度的宽宥，主要是减轻处罚情节不仅反映了单纯客观不法的减轻，也反映了责任的减轻，这些都足以使基本罪责发生明显改变，导致基准刑较大范围的调整。量刑作为实现刑罚个别化的重要手段，要根据犯罪情节、个案的具体情状，考虑责任与预防的必要性。

目前，分则条文中规定的减轻处罚情节，本质都反映出行为所造成的客观不法减轻，则意味着罪行的减轻，当然导致行为人所承担的责任减轻，因此相应引起在法定刑幅度以下减轻处罚的可能性。但分则中减轻处罚情节的规定相对较少，而上文中提到的司法解释以及政策法规中出现的可以减轻处罚的情节，更多的是基于刑事政策的考虑而提出可以“减轻处罚”，如主动配合调查、积极退赃、挽回损失等行为，通常反映的是行为人预防必要性的减少。因此，对于减轻处罚的情节的设置标准在我国刑法中并未明确，尤其是分则个罪本身的社会危害性以及犯罪情节、手段都存在差异，如果未能对减轻处罚情节的设置有科学及明晰的标准，会在一定程度上限制减轻处罚情节功能的发挥。

社会在动态发展，法条的成文化使其具有一定的滞后性，因此无法苛责对于减轻处罚情节必须完全法定化，但要真正发挥减轻处罚情节的作用，就应当明确其设置标准，不论是法定减轻处罚情节抑或酌定减轻处罚情节，其设置标准应当是一致的。同时，本文更倾向于在司法解释以及政策法规中明确减轻处罚情节，因为认定为酌定减轻处罚情节是一种提示性规定，而法定减轻处罚情节应当仅指由我国刑法法条规定的减轻处罚情节。我国刑法分则以及司法解释、政策法规中的减轻处罚情节的设置标准，应当是以犯罪的行为、结果等不法要素为基础，结合犯罪主观故意、犯罪动机、犯罪目的以及行为人的责任能力、违法性认识的可能性、期待可能性等责任要素来综合判断能否对其减轻处罚。

（二）区分重罪轻罪中不同的减轻处罚情节标准

根据宽严相济刑事政策的要求，对于不同的犯罪和犯罪分子要区别对待，这里的不同最主要指的就是轻罪、重罪的区别，在司法实践中，减轻处罚的减轻幅度以及适用与否在重罪和轻罪之间具有明显的不同，对于严重恶性的刑事案件，因考虑案件的社会影响力，即使存在减轻处罚情节，在刑罚裁量时也会缩小减轻幅度。我国刑法中并没有对轻罪、重罪的概念和范畴有明确规定，不同于域外法律中将重罪、轻罪作出明确划分，在实体以及程序上均存在明显界分，如俄罗斯联邦刑法中对犯罪轻重等级作出划分，这也成为实体上的刑事责任减免的基础，这种轻重罪等级的划分成为减轻处罚幅度限制的制约，其《刑法典》第 62 条对罪后减轻处罚作出原则性规定，其中第 75 条、第 76 条都规定，限于初次事实犯罪和中等严重犯罪的人，存在某些情节可以被免除刑事责任，这些规定都使得减轻处罚的适用与罪行本身的轻重产生关联，避免因罪行轻重的界限不明带来的罪刑失衡。

分则中的 8 个减轻处罚情节，除特别自首情节外，其他的散见在非法吸收公众存款罪、挪用资金罪、拒不支付劳动报酬罪、收买被拐卖妇女儿童罪、贪污罪中，这些减轻处罚情节本质都是一种罪后行为，积极退赃、挽回损失或者减轻犯罪所造成的损害等行为在其他罪行中通常作为酌定处罚情节予以考量，但是在分则中因罪名的特殊性以及上述罪后行为对于犯罪侦破以及惩治和预防中的特殊作用而将其作为法定的减轻处罚情节，从罪名以及罪后行为所起到的效果来看，将上述犯罪中的情节作为减轻处罚情节，而忽视其他罪行中具有相似情节中的规定，难免会造成量刑的偏差，影响量刑公正。我国刑法从来都未否定过罪后行为对于刑罚裁量的积极价值，但同样的行为，在部分犯罪中作为法定减轻处罚情节，而部分犯罪中仅能作为酌定从宽情节，这种不均衡现象势必会产生量刑不均衡。

对于分则中减轻处罚情节的规定，应当在明确减轻处罚情节设置标准的基础上，将减轻处罚情节与罪行本身的轻重进行挂钩，不仅要全面地考量犯罪事实、性质以及情节，和对社会的危害程度，更要结合犯罪嫌疑人的主观恶性，人身危险性以及该罪行所造成的社会影响力，从惩治与预防角度出发，综合判断是否该罪行是整体从严或从宽，进而区分出相同的罪后行为在不同的罪行中具有不同的刑罚裁量效果。

（三）增设避免严重后果发生的事后行为作为减轻处罚事由

尽管我国刑法中对于减轻处罚的事由规定得较为全面，同时还有酌定减轻处罚情节作为兜底，但是酌定减轻处罚在我国司法实践中的适用远未发挥其应有的作用，本书认为，对于某些避免了严重后果发生的罪后行为，可以作为法定减轻处罚事由。

对危险状态出现后主动排除危害后果发生的行为，应当作为减轻处罚事由。危险犯以法定危险状态的出现作为排除既遂的标志，如在《刑法》第114条放火罪中，当燃烧物独立燃烧后即作为犯罪既遂的标志，而此时在尚未造成严重后果前，将火扑灭，因本身已经满足既遂的标准，排除犯罪中止，如果没有法定的减轻处罚事由，仅凭认罪悔罪态度等酌定从宽处罚情节无法给予较大幅度的宽宥。在危险犯中犯罪嫌疑人制造危险状态后，随即主动排除危险状态并防止危害后果的发生，虽然对法益已经造成侵害，但造成的危害后果较小，处罚的必要性明显下降。这种情形下如果囿于犯罪中止的理论困境，则无法正确地对该罪行罚当其罪，即不应当将其视为已经造成危险状态后的中止，又不应对于危险犯的既遂状态作限缩解释，而对其适用轻罚。对于危险犯中危险状态出现后避免实害后果发生的情形，域外立法中多作为特别减轻处罚事由予以规定，如《德国刑法典》“危害公共安全罪”章节中都附加了“主动悔罪”作为特别减免事由。例如第306条e：（纵火）行为人在严重损失产生之前主动将所纵之火扑灭的，法院可依其裁量减轻处罚或免除刑罚。

侵害人身自由犯罪后主动释放人质，可以作为减轻处罚事由。上文中已经提到，绑架人质后又主动释放人质的，因犯罪既遂的标志已经达成，无法将该行为评价为犯罪中止，如果没有法定的减轻处罚事由，绑架罪作为起刑点为五年以上的重罪，没有法定的从宽事由，势必导致罪刑难以均衡。虽然经过《刑法修正案（七）》对绑架罪的法定刑予以调整，但是“情节较轻”却无明确具体的规定，在司法实践中对绑架后释放人质的行为的理解不同，以致所判刑期相差较大，造成量刑不均衡。为减少量刑偏差，避免同案异判，应将绑架后未索财或者提出其他请求后主动释放人质的行为，规定为法定减轻处罚事由。我国台湾地区即有类似的规定，掳人勒赎罪第5项设有减刑特例，“犯第一项之罪，未经取赎而释放被害人者，（应当）减轻其刑；取赎后而释放被害人者，得（可以）减轻其刑”。该法定减轻处罚事由的设置在我国大陆刑法其他同类罪行中亦有所体现，如收买被拐卖妇女、儿童罪中，不阻碍其返回居住地，可以从轻或者减轻处罚，同样可以将绑架罪中绑架后主动释放人质的情形细化，包括是否勒索财物，是否造成人质受伤等情形，来综合考量是否对其减轻处罚，以及在何幅度内减轻处罚。

总体而言，我国刑法分则中的减轻处罚情节设置缺乏体系性，并多基于分则罪名的特殊性予以设置，上述减轻处罚情节的设置远未能发挥出减轻处罚在实现刑罚个别化以及满足刑罚惩治与预防方面的功效，也与目前轻刑化的刑事政策相背离。因此，应在明确减轻处罚的实质内涵的基础上，结合分则罪名的特殊性，全面考量犯罪性质、情节、事实以及社会危害程度，扩展分则中减轻处罚情节的适用空间，真正实现刑罚的惩治与预防目标。

参考文献

一、著作及译著类

1. 刘宪权：《金融犯罪刑法学原理》，上海人民出版社 2020 年版。

2. 刘宪权：《刑法学名师讲演录 · 总论》，上海人民出版社 2016 年版。

3. 刘宪权：《刑法学名师讲演录 · 分论》，上海人民出版社 2016 年版。

4. 张勇：《经济犯罪定量化研究》，法律出版社 2008 年版。

5. 张勇：《刑民一体化视域下个人信息保护问题研究》，商务印书馆 2022 年版。

6. 张明楷：《责任刑与预防刑》，北京大学出版社 2019 年版。

7. 张明楷：《罪刑法定与刑法解释》，北京大学出版社 2009 年版。

8. 张明楷：《刑法分则的解释原理（上）》，中国人民大学出版社 2011 年版。

9. 张明楷：《刑法分则的解释原理（下）》，中国人民大学出版社 2011 年版。

10. 周光权：《法定刑研究》，中国方正出版社 2000 年版。

11. 石经海：《量刑个别化的基本原理》，法律出版社 2010 年版。

12. 赵廷光：《量刑公正实证研究》，武汉大学出版社 2005 年版。

13. 陈兴良：《刑法哲学》，中国政法大学出版社 1992 年版。

14. 韩忠谟：《刑法原理》，中国政法大学出版社 2002 年版。

15. 张军：《〈刑法修正案（八）〉条文及配套司法解释理解与适用》，人民出版社 2011 年版。

16. 陈兴良：《刑事司法研究》，中国人民大学出版社 2008 年版。

17. 胡学相：《量刑的基本理论研究》，武汉大学出版社 1999 年版。

18. 黎宏：《刑法总论问题思考》，中国人民大学出版社 2007 年版。

19. 陈兴良：《刑法适用总论（下卷）》，法律出版社 1999 年版。

20. 张明楷：《刑法的基本立场》，中国法制出版社 2002 年版。

21. 张明：《量刑基准的适用》，法律出版社 2008 年版。

22. 孙万怀：《刑法学基本原理的理论拓展》，北京大学出版社 2011 年版。

23. 李翔：《情节犯研究》，上海交通大学出版社 2006 年版。

24. 张苏：《量刑根据与责任主义》，中国政法大学出版社 2012 年版。

25. 李冠煜：《量刑基准的研究——以责任和预防的关系为中心》，中国社会科学出版社 2014 年版。

26. 翟中东：《刑罚个别化研究》，中国人民公安大学出版社 2001 年版。

27. 潘灯译：《西班牙刑法典》，中国政法大学出版社 2004 年版。

28. 黄风译：《最新意大利刑法典》，法律出版社 2007 年版。

29. 徐久生译：《德国刑法典》，北京大学出版社 2019 年版。

30. [日] 大谷实：《刑法总论》，中国人民大学出版社 2008 年版。

31. [俄] 库兹涅佐娃、佳日科娃主编：《俄罗斯刑法教程（总论）下卷·刑罚论》，黄道秀译，中国法制出版社 2002 年版。

32. [英] H.L.A. 哈特：《惩罚原理导论》，邱兴隆译，中国检察出版社 2004 年版。

33. [美] 约书亚·德雷斯勒：《美国刑法精解》，王秀梅译，北京大学出版社 2009 年版。

34. [德] 汉斯·海因里希·耶赛克、托马斯·魏根特著：《德国刑法教科书》，徐久生译，中国法制出版社 2009 年版。

35. [法] 孟德斯鸠：《论法的精神》，商务印书馆 1982 年版。

36. [日] 大冢仁：《犯罪论的基本问题》，冯军译，中国政法大学出版社 1993 年版。

37. [美] 查理德·A. 波斯纳：《法理学问题》，苏力译，中国政法大学出版社 1994 年版。

38. [韩] 金日秀、徐辅鹤：《韩国刑法总论》，郑军男译，武汉大学出版社 2008 年版。

39. [意] 杜里奥·帕多瓦尼：《意大利刑法学原理（注评版）》，陈忠林译评，中国人民大学出版社 2004 年版。

40. [法] 卡斯东·斯特法尼：《法国刑法总论精义》，罗结珍译，中国政法大学出版社 1998 年版。

41. [日] 木村龟二主编：《刑法学词典》，顾肖荣翻译，上海翻译出版社 1991 年版。

42. [德] 乌尔里希·贝克：《风险社会》，何博闻译，译林出版社 2004 年版。

43.［德］安东尼·吉登斯、克里斯多弗·皮尔森：《现代性——吉登斯访谈录》，尹宏毅译，新华出版社2001年版。

44.［美］安德瑞·马默：《解释与法律理论》，程朝阳译，中国政法大学出版社2012年版。

45.［美］斯科特·普劳斯：《决策与判断》，施俊琦、王星译，人民邮电出版社2004年版。

46.［英］哈特著：《法律的概念》，许家馨、李冠宜译，法律出版社2011年版。

47.［美］约翰·亨利·梅利曼：《大陆法系》，顾培东、禄正平译，法律出版社2004年版。

48.［美］E.博登海默：《法理学、法律哲学与法律方法》，邓正来译，中国政法大学出版社2004年版。

49.［美］罗纳德·德沃金：《法律帝国》，李常青译，中国大百科全书出版社1996年版。

50.［德］卡尔·拉伦茨：《法学方法论》，陈爱娥译，商务印书馆2003年版。

51.［德］卡尔·恩吉施：《法律思维导论》，郑永流译，法律出版社2014年版。

52.［德］乌尔斯·金德霍伊泽尔：《刑法总论教科书》，蔡桂生译，北京大学出版社2015年版。

53.［美］史蒂文·J.伯顿：《法律和法律推理导论》，张志铭、解兴权译，中国政法大学出版社1998年版。

54.［德］拉德布鲁赫：《法学导论（修订译本）》，米健译，商务印书馆2013年版。

55.［德］阿图尔·考夫曼：《法律哲学》，刘幸义等译，法律出版社2011年版。

56.［德］K.茨威格特、H.克茨：《比较法总论》，潘汉典等译，贵州人民出版社1992年版。

57.［丹麦］赫尔奇·克拉夫：《科学史学导论》，任定成译，北京大学出版社2005年版。

58.［英］约瑟夫·拉兹：《法律的权威》，朱峰译，法律出版社2005年版。

59.［日］佐伯仁志：《制裁论》，丁胜明译，北京大学出版社 2018 年版。

二、编著类

1. 高铭暄、马克昌主编：《刑法学（上篇）》，中国法制出版社 1999 年版。

2. 陈忠林主编：《刑法（总论）》，中国人民大学出版社 2007 年版。

3. 陈兴良主编：《刑法总论精粹（上）》，人民法院出版社 2016 年版。

4. 樊凤林主编：《刑罚通论》，中国政法大学出版社 1994 年版。

5. 陈忠林主编：《刑法（总论）》，中国人民大学出版社 2007 年版。

6. 郎胜等主编：《刑法实践热点问题探索》，中国人民公安大学出版社 2008 年版。

7. 陈兴良主编：《中国案例指导制度研究》，北京大学出版社 2014 年版。

8. 美国法学会主编：《美国模范刑法典及其评注》，刘仁文等译，法律出版社 2005 年版。

9. 何勤华主编：《外国法制史》，法律出版社 2016 年第 6 版。

10. 赵秉志、张军主编：《中国刑法学年会文集（2003 年度）》（第 1 卷），中国人民公安大学出版社 2003 年版。

11. 马克昌主编：《近代西方刑法学说史》，中国人民公安大学出版社 2016 年版。

三、文章类

1. 黄祥青：《减轻处罚情节的理解与适用》，载《人民司法》2013 年第 11 期。

2. 叶高峰：《情节犯的反思及其立法完善》，载《法学评论》1997 年第 2 期。

3. 翟中东：《刑罚个别化的蕴含：从发展角度所作的考察——兼与邱兴隆教授商榷》，载《中国法学》2001 年第 2 期。

4. 石经海：《从极端到理性：刑罚个别化的进化及其当代意义》，载《中外法学》2010 年第 6 期。

5. 莫开勤：《再论刑罚个别化原则》，载《法律科学》1997 年第 6 期。

6. 张得胜：《刑事司法实践中的普遍正义和个案正义的平衡》，载《河北工业大学学报》2018 年第 2 期。

7. 赵秉志、刘媛媛：《论当前刑法改革中的酌定减轻处罚权》，载《法学》2010 年第 12 期。

8. 储槐植、张永红：《善待社会危害性观念——从我国刑法第 13 条但书说起》，载《法学研究》2002 年第 3 期。

9. 朱建华：《量刑的理论与实践研究——量刑基准的确立》，载《河北法学》2006 年第 12 期。

10. 金泽刚：《论定罪情节与情节犯》，载《华东政法大学学报》2000 年第 1 期。

11. 陈兴良：《禁止重复评价研究》，载《法学论坛》1993 年第 12 期。

12. 熊亚文：《刑法上禁止重复评价原则之界定》，载《黔南民族师范学院学报》2014 年第 1 期。

13. 刘为军、郭泽强：《禁止重复评价原则研究》，载《山东公安专科学校学报》2003 年第 2 期。

14. 郑思科、黄福涛：《禁止重复评价原则研究》，载《山西省政法管理干部学院学报》2011 年第 3 期。

15. 李翔：《论我国刑法中的减轻处罚》，载《中国刑事法杂志》2012 年第 9 期。

16. 郑伟：《法定刑的基准点与量刑的精雕细琢》，载《人民司法》2003 年第 7 期。

17. 周光权：《量刑规范化：可行性与难题》，载《法律适用》2004 年第 4 期。

18. 张庆旭：《数量型犯罪的量刑基准计量研究——兼论盗窃罪的相对量刑法》，载《人民检察》2001 年第 8 期。

19. 李永升等：《人身危险性导入罪量要素之检讨》，载《国家检察官学院学报》2007 年第 2 期。

20. 郑伟：《法定刑的基准点与量刑的精雕细琢——〈美国量刑指南〉给我们的启示》，载《人民司法》2003 年第 7 期。

21. 王玮：《量刑实践中存在的若干问题及对策》，载《中国刑事法杂志》2000 年第 8 期。

22. 胡学相：《论从重、从轻、减轻和免除处罚的适用》，载《国家检察官学院学报》1997年第8期。

23. 陈学勇：《谈量刑情节的适用》，载《法律适用》2007年第10期。

24. 蔡伟文：《减轻处罚情节的甄别提取——以体系建构为视角》，载《政治与法律》2012年第8期。

25. 李永升：《罪刑相适应原则的解读》，载《甘肃社会科学》2005年第8期。

26. 陈兴良：《宽严相济刑事政策研究》，载《法学杂志》2006年第1期。

27. 曲新久：《论刑事政策——作为权力知识的公共政策》载陈兴良主编：《中国刑事政策检讨——以"严打刑事政策为视角"》，中国检察出版社2004年版，第117页。

28. 苗生明、周颖：《认罪认罚从宽制度适用的基本问题——关于〈适用认罪认罚从宽制度的指导意见〉的理解和适用》，载《中国刑事法杂志》2019年第6期。

29. 陈卫东：《认罪认罚从宽制度研究》，载《中国法学》2016年第2期。

30. 周光权：《论刑法与认罪认罚从宽制度的衔接》，载《清华法学》2019年第3期。

31. 陈兴良、莫开勤：《论量刑情节》，载《法律科学》1995年第2期。

32. 姜涛：《基准刑若干问题研究》，载《内蒙古社会科学》2010年第6期。

33. 李翔：《论我国刑法中的减轻处罚——兼评修正后〈刑法〉第63条第1款》，载《中国刑事法杂志》2012年第9期。

34. 储槐植、梁根林：《论法定刑结构的优化——兼评97'刑法典的法定刑结构》，载《中外法学》1999年第6期。

35. 王志祥、袁宏山：《减轻处罚制度立法再完善之探讨——以〈中华人民共和国刑法修正案（八）〉为分析样本》，载《法商研究》2012年第1期。

36. 陈伟、郑自飞：《预防刑视域下的资格刑审视：价值、困境与出路》，载《法治论坛》2019年第55辑。

37. 王利宾：《论刑罚的酌定减轻》，载《河北法学》2011年第11期。

38. 时延安：《酌定减轻处罚规范的法理基础及司法适用研究》，载《法商研究》2017年第1期。

39. 韩轶：《对我国刑罚目的之理性审视》，载《武汉大学学报》2000年第1期。

40. 孙万怀、刘环宇：《论禁止重复评价的判断标准及其适用争议问题》，载《法治研究》2022 年第 2 期。

41. 张明楷：《中国刑法学的发展方向》，载《中国社会科学评价》2022 年第 2 期。

42. 张勇：《民生刑法的品格：兼评〈刑法修正案（八）〉》，载《河北法学》2011 年第 6 期。

43. 刘宪权：《刑事立法应力戒情绪——以〈刑法修正案（九）〉为视角》，载《法学评论》2016 年第 1 期。

44. 陈兴良：《刑事政策视野中的刑罚结构调整》，载《法学研究》1998 年第 6 期。

45. 周光权：《量刑情节冲突及其解决的争议问题研究》，载《中外法学》1999 年第 7 期。

46. 赵秉志、于志刚：《刑法分则中的特别自首制度》，载《人民检察》2000 年第 3 期。

47. 赵军：《贿赂犯罪治理策略的定量研究》，载《法学研究》2022 年第 6 期。

48. 张勇：《恶意犯罪的类型阐释》，载《中国刑事法杂志》2022 年第 6 期。

49. 王丹、陈晋：《困境与出路：对酌定减轻处罚制度适用的检讨与重构——以刑法第 63 条第 2 款的司法适用为研究样本》，载《上海法学研究》集刊 2019 年第 3 卷。

50. 张勇：《行政违法行为的犯罪化及其合理限制——兼评〈刑法修正案（十一）（草案）〉中野生动物保护的规定》，载《法治研究》2020 年第 6 期。

51. 彭文华：《我国刑法中的犯罪定量及其合理化规制与运用》，载《法学论坛》2022 年第 3 期。

52. 石经海：《论量刑基准的回归》，载《中国法学》2021 年第 5 期。

53. 张勇：《“行贿与受贿并重惩治”刑事政策的根据及模式》，载《法学》2017 年第 12 期。

54. 谢望原、肖怡：《中国刑法中的“没收”及其缺憾与完善》，载《法学论坛》2006 年第 4 期。

55. 彭文华：《酌定减轻处罚的自由裁量与技术制衡》，载《法学评论》2016 年第 3 期。

四、学位论文类

1. 张明：《量刑基准论》，中国人民大学博士学位论文，2004 年。

2. 甄航：《人工智能介入量刑机制研究》，西南政法大学博士学位论文，2020 年。

3. 王洪青：《附加刑研究》，华东政法大学刑法博士学位论文，2008 年。

4. 蔡伟文：《减轻处罚研究》，西南政法大学博士学位论文，2013 年。

5. 郭磊：《量刑情节适用研究》，吉林大学博士学位论文，2011 年。

6. 江奥立：《刑事案例指导制度的理论和实践》，华东政法大学博士学位论文，2021 年。

后 记

提笔写下后记的时候，轻舟已过万重山的释然感，让过往的一切都变得那么值得和令人怀念。18年前从太行山脚下走出的那个小姑娘并不知道她和刑法学的渊源和羁绊那么深，从本科到研究生再到博士生攻读的都是刑法学专业，毕业后从事的检察工作也与刑法学密切相关。作为一名从本科就开始研习刑法的法律从业者，工作后经常感觉无法在法学理论与司法实践中找到平衡，特别在成为员额检察官独立办案后，由于认罪认罚从宽制度的普遍适用，量刑问题成为司法实践中最为困扰我的问题之一。作为刑法理论缩图的量刑问题，同刑法诸多基石范畴存在密切联系。量刑问题的核心内容诚然是量刑情节的适用，而其中最为重要的即是减轻处罚的适用问题，减轻处罚适用的正确与否是检验量刑机制的科学化、合理化的试金石。因此本专著以减轻处罚的适用问题为主题展开讨论，以期通过聚焦减轻处罚的适用，纠偏启新，助力此领域相关问题的后续研究，为司法实践中的量刑规范化、合理化提供参考和启示。囿于能力有限，深感对减轻处罚的适用研究并未足够透彻，尚未提出更有针对性和实践意义的适用方法。

天资并非聪颖的我，求学之路坎坷且充满自我怀疑。幸运的是身边有领导、老师、家人以及朋友，是他们一直给我鼓励和帮助。感谢他们一路走来的支持和陪伴，让我有机会能够挑战自我，突破自我，向着自己的梦想更进一步。本书是在博士毕业论文的基础上修改而成，得以出版，倾注了各位领导和老师们的无私帮助与支持。感谢检察院的各位领导和同事，因为你们的鼓励和支持让我最终能够兼顾工作和学业，迅速成长，完整这段人生经历。感谢各位老师的授业答疑解惑，带给我最新最前沿的学术视野，也给我最深刻最精辟的学术启迪，让我徜徉在刑法学知识的海洋中，汲取养分茁壮成长。感谢各位同门及同学，感谢你们于我读书生涯的陪伴，帮我排解烦闷的心情，并帮助我的学术论文收集资料，提出破解难题的建议，这份情谊弥足珍贵。最后，我想对我的家人说一句感谢，你们的支持是我走到现在的动力，没有你们的支持我无法顺利安心地完成此著作。

作为本人的第一本专著，当得知书要出版之时，忐忑大于喜悦。本人深知对减轻处罚的适用问题研究尚不够深入，专著构建的减轻处罚适用规则仅限于对当前司法实践中已经存在的制度进行调整，对核心问题的聚焦程度尚有欠缺，提出的解决思路并不精确，还有进一步细化和论证的空间。以此为始，不以此终，希望本书能为读者提供些许思考和帮助，也勉励自己在刑法研究的道路上不断前行。

王丽珂

2024 年 7 月